高等职业教育职业核心能力系列教材

大学生职业生涯规划与就业创业指导

主　编　徐　伟　张晔庚

副主编　苏琼瑶　丁银辉　朱爱梅

编　委　叶春燕　李伟民　孙少卿　屈秋彤

北京理工大学出版社
BEIJING INSTITUTE OF TECHNOLOGY PRESS

图书在版编目（ＣＩＰ）数据

大学生职业生涯规划与就业创业指导／徐伟，张晔
庚主编．－－北京：北京理工大学出版社，2023.8
ISBN 978－7－5763－2720－5

Ⅰ．①大… Ⅱ．①徐… ②张… Ⅲ．①大学生—职业
选择—高等职业教育—教材 Ⅳ．①G647.38

中国国家版本馆 CIP 数据核字（2023）第 150353 号

出版发行／北京理工大学出版社有限责任公司
社　　　址／北京市海淀区中关村南大街 5 号
邮　　　编／100081
电　　　话／（010）68914775（总编室）
　　　　　　（010）82562903（教材售后服务热线）
　　　　　　（010）68944723（其他图书服务热线）
网　　　址／http://www.bitpress.com.cn
经　　　销／全国各地新华书店
印　　　刷／河北盛世彩捷印刷有限公司
开　　　本／787 毫米 × 1092 毫米　1/16
印　　　张／16
字　　　数／288 千字
版　　　次／2023 年 8 月第 1 版　2023 年 8 月第 1 次印刷
定　　　价／46.00 元

责任编辑／江　立
文案编辑／江　立
责任校对／周瑞红
责任印制／施胜娟

Foreword
序

　　职业能力包括三个方面，即：职业特定能力、职业通用能力和职业核心能力。

　　职业特定能力是指从事某种具体的职业、工种或岗位，所需对应的技能要求，主要用于学生求职时所需的一技之长。职业通用能力是一组特征和属性相同或者相近的职业群（行业）所体现出来的共性技能，主要用于积淀学生在某一行业未来发展的潜力。职业核心能力是适用于各种岗位、职业、行业，在人的职业生涯乃至日常生活中都必须具备的基本能力，是伴随人终身成长的可持续发展能力，主要用于提升学生职业发展的迁移能力。

　　亚马逊贝索斯经常被问到一个问题："未来十年，会有什么样的变化？"但贝索斯很少被问到"未来十年，什么是不变的？"贝索斯认为第二个问题比第一个问题更重要，因为你需要将你的战略建立在不变的事物上。

　　随着知识经济时代的发展，职业结构也发生相应的变化，社会财富创造的动力正由依靠体力劳动向依靠体力和脑力劳动相结合的方向转变，随着生产技术的进步，处于职业结构金字塔底端的非技术工人和中间的半技术工人的比例将严重下降，而最受欢迎的将是具备多方面能力和广泛适应性的高素质技术人员。调查显示，企业最关注的学生素养因素排名前十位依次为：工作兴趣和积极性、责任心、职业道德、承担困难和努力工作、自我激励、诚实守信、主动、奉献、守法、创造性。这些核心素养比一般人所看重的专业技能更为重要，是一个企业长足发展的内在不竭动力。

　　因此，职业教育中必须有"核心素养"的一席之地，来帮助传递关键能力，如应对不确定性、适应性、创造力、对话、尊重、自信、情商、责任感和系统思维。

　　为此，昆山登云科技职业学院在广泛调研和借鉴国内外高职教育的经验基础上，在校级层面开设四类职业核心能力课程：专业能力类、方法能力类、社会能力类、生活能力类。

◆ 专业能力

1. 统计大数据与生活

在终极的分析中，一切知识都是历史：我们现在拥有的知识都是对过去发现的事物的归纳总结以及衍生；在抽象的意义下，一切科学都是数学：所有的知识都可以归纳为对数学的推理和运算。在大数据时代下，一切都离不开数据，而所有数据都离不开统计学，在统计学作用下，大数据才能发挥出巨大威力，具有实实在在的说服力。

2. 用 Python 玩转数据

数据蕴涵价值。大数据时代，选择合适的工具进行数据分析与数据挖掘显得尤为重要。Python 语言简洁、功能强大，使得各类人员都能快速学习与应用。同时，其开源性为解决实际问题和开发提供强大支持。Python 俘获了大批的粉丝，成为数据分析与挖掘领域首选工具。

3. 向阳而生，心花自开——大学生心理健康教育

保罗·瓦勒里说：心理学的目的是让我们对自以为了然于胸的事情，有截然不同的见解。拥有"心理学"这双眼睛，才能得到小至亲密关系、大到人生意义的终极答案。进入心理学的世界，让你看见自己，读懂他人，建立积极的社会关系，活出丰盈蓬勃的人生。

4. 审美：慧眼洞见美好

吴冠中说："现在的文盲不多了，但美盲很多。"木心说："没有审美力是绝症，知识也解救不了。"现在很多人缺乏的不是物质，也不是文化，而是审美。没有恰当的审美，生活暴露出最务实、最粗俗的一面，越来越追求实用化的背后，生活越来越无趣、越来越枯萎。审美力是对生活世界的深入感觉，俗话说：世界上不乏美的事物，只缺乏那双洞察一切美的眼睛。一个人审美水平的高低，在一定程度上决定了他竞争力水平，因为审美不仅代表着整体思维，也代表着细节思维。

◆ 方法能力

5. 成为 Office 专家

学习 Office，学到的不只是 Office。职场办公，需要的不仅是技能，更需要

解决问题的能力。会，只是基础；用，才是乐趣。成为 Office 专家，通过研究和解决所遇到的 Office 问题，体会协作成功之乐趣。

6. 信息素养：吾将上下而求索

会搜索是一种解决问题的能力。快速、便捷地搜索全网海量信息资源，最新、最好看的电影、爱豆视频任你选；学霸养成路上的"垫脚石"，论文、笔记、大纲、前人经验大放送；购物小技能，淘宝、京东不多花你一分钱；人脉搜索的凶猛大招，优秀校友、企业精英、电竞大神带你飞；还可以来一次说走就走的旅行，等等。让我们成为一名智慧信息的使用者。

7. Learning How to Learn 学会如何学习：从认知自我到高效学习

学会如何学习是终极生存技能。为什么学？学什么？如何学？一直是学习者关注的话题。掌握正确的学习方法，是改变学习效果的关键，也是改变人生的关键。只要找到了适合自己的学习方法，学习就会变得有意思，你也会变得更有自信，你的世界也会变得更加多元……

8. 思维力训练：用框架解决问题

你能解决多高难度的问题，决定了你值多少钱。思维能力强大的人，能够随时从众人当中脱颖而出，从而源源不断地为自己创造机会。这是一套教你如何用"思维框架"快速提升能力，有套路地解决问题的课程。

◆ 社会能力

9. 职场礼仪

我国素享"礼仪之邦"的美誉，礼仪文化源远流长、博大精深。"礼"表达的是敬人的美意，"仪"是这种美意的外显，礼仪乃是"律己之规"与"敬人之道"的和谐统一。礼仪是社交之门的"金钥匙"，是人际交往的"润滑剂"，是事业成功的"法宝"。不学礼，无以立。

10. 成功走向职场——大学生的 24 项修炼

通过技能示范、角色扮演、大组和小组讨论、教学游戏、个人总结等体验式教学法，帮助青年人加强个人能力，如沟通、自信、决策和目标设定；帮助青年人发现并分析自己关于一些人生常见话题的价值观；帮助青年人形成良好的自我与社会定位，能够用符合社会认知并且理性的方式解决问题和冲突；帮助青年人构建学以致用的职场技能，提高青年的学习生活与工作效率，让自己更加接近成功。

◆ **生活能力**

11. 昆曲艺术

昆曲，又名昆山腔、昆剧，是"百戏之祖"，属于"阳春白雪"的高雅艺术。昆曲诞生于元末江苏昆山千墩，盛行于明清年间，迄今已有600多年历史。昆曲是集文学、历史、音乐、舞蹈、美学等于一体的综合艺术。2001年，昆曲被联合国教科文组织授予"人类口述和非物质遗产代表作"称号。

12. 投资与理财

投资理财并不只能帮助我们达到某个财务目标，它还可以帮助我们建立一种未来感，让我们把目光放得更长远，实现人生目标。本课程通过介绍投资理财的基础理论知识来武装大脑，通过介绍常见的投资理财工具来铸就投资理财利器。"内服"＋"外用"，更好地弥补你和"钱"的鸿沟。

13. 大学生就业指导与创业

当你对自己的梦想产生怀疑时，生涯规划会为你点亮通往梦想的那盏明灯；当你带着梦想飞翔到陌生的职业世界，却不知如何选择职业时，科学的探索方法将成为你职业发展道路上的"魔杖"；当你在求职路上迷茫时，就业指导带给你一份新的求职心经，陪伴你在求职路上"升级打怪"；当你的目光投向创业却不知什么是创业、如何创业时，我们将为你递上一张创业名片。让我们沿着规划，一路向前，走上属于自己的职业发展之路。

14. 学生全程关怀手册

不论是课业疑惑、住宿问题、情感困扰、生活协助或就业压力，我们提供最周详的辅导、服务资讯，协助同学快速解决各类困难与疑惑。

丛书以成果导向为指导理念编写，力求将可迁移的通用能力分解为具体可操作实现的一个个阶段学习目标，相信在这些学习目标的引导下，学习者将构建形成适应当前社会经济发展需要的职业核心能力。

前言

亲爱的同学，恭喜你踏入大学校园，在这里开启人生新的旅程。当你翻开本书时，你可能会想，我为什么现在就要开始规划未来的职业？

英国哲学家罗素曾说："选择职业是人生大事，因为职业决定了一个人的未来，选择职业就是选择将来的自己。"当我们在憧憬着美好未来的同时，我们也应明白职业是成就人生价值的基础，人生因选择了理想的职业而更加精彩。

有同学可能会提出，现在的我很迷茫，我不知道将来要从事什么职业。在这个充满变化的世界里，未来充满了太多的不确定。我们可以偶尔陷入迷茫，但不可以虚度人生，更何况大学时光仅有短短的三年而已。我们都希望大学三年过得有意义，殊不知"有意义"从来都不是借他人之口来定义的。大学的意义没有标准答案，但最重要的意义就在于找到自己。在大学里，我们首先要学会的是认识自己、接受自己、和自己相处，这是我们做出选择的根基。在此基础上，我们要学会学习、学会思考、学会规划人生、学会自我管理，从而获得未来职业发展所需具备的知识和能力，用这些积累和沉淀为人生铺路，青春才能因此而绽放光芒！

本教材由具有多年就业指导工作经验的教师团队精心编写。这是本教材的第二次修订，此次修订在总结前期教材修订经验的基础上，汇聚了最新的教育教学成果，内容更全面、更具时代性、更符合高职学生的学习需求，其主要特点体现在以下三方面：

第一，注重内容的全面性。从教材修订的目录来看，共分为两个篇章、八个模块，上篇为生涯规划篇，分为四个模块，即：模块一走进职业世界，模块二开启生涯探索，模块三理想职业匹配，模块四职业生涯决策；下篇为就业指导篇，也分为四个模块，即：模块五求职行动，模块六职场权益，模块七创业赋能，模块八职场管理。八个模块的内容，涵盖了职业生涯规划的方法技巧、职业兴趣探索、职业价值观的构建以及职业决策等基本理论知识，也涵盖了求职简历制作、求职面试技巧、职场权益维护、创业行动、职业发展中的评估和调整等实践操作内容，内容系统全面，构成一个层次分明、逻辑严密的整体。

第二，注重理论与实践相结合。在传授知识的同时，我们更关注学生实际操作技能的提升，在内容的设置中增加动手动脑、知识链接、知识拓展等环节，通过这些练习强化学生的动手能力，模拟职场的真实场景，实现理论学习和实践锻炼相结合。

第三，注重知识与时代同步。在教材的修订过程中，增加了《中华人民共和国职业教育法》的相关内容，坚定了我们选择职业教育的信心；增加了未来职业的发展趋势，分析了 ChatGPT 对未来职业的影响以及未来职业的特点；分析了目前高职院校学生的就业状况以及如何推动高职学生实现高质量就业等。通过这门课程的系统学习，我们可以更加清晰地了解到未来所面临的职业挑战，以及我们如何做好相应的准备。

时代发展瞬息万变，新时代呼唤更多高素质技术人才。随着新一代信息技术、高端装备制造产业的兴起，高素质技术人才的支撑作用更加凸显，身为职业院校的我们也将顺应时代潮流，拥有更广阔的发展空间。

不积跬步，无以至千里。用心规划自己的人生，从此刻开始！

衷心祝愿每一位同学，都能通过职业规划课程的学习，找到更好的自己，成就美好的人生！

编　者
2023 年 6 月

Contents
目 录

生涯规划篇

模块一　走进职业世界

一个人若是看不到未来，就掌握不了现在；

一个人若是掌握不了现在，就看不到未来。

——金树人

📍 学习目标

1. 了解高职学生就业状况，明确职业教育前景，增强职业教育的信心；
2. 探索未来职业发展趋势，掌握获取职业信息的渠道并进行职业分析；
3. 了解职业能力的分类，掌握职业能力提升方法，明确职业素质要素。

迷茫与困惑

小飞是数控技术专业的学生，刚来学校就和父母对是否转本有了意见分歧。父母认为专科毕业不好就业，而且社会更看重高学历，有些专科生能做的工作要本科生来做，有些本科生能做的工作要研究生来做，必须获得更高的学历才能有好的发展。对此，小飞也很苦恼，他觉得自己动手能力很强，很希望毕业后直接参加工作，但父母的话又让他很苦恼。

小霞找到就业指导老师寻求帮助，她读的是幼儿教育专业，除了专业知识，她不知道这个专业还需要学习哪些知识和技能。同时，近年来全国出生人数不断下降，她很担心毕业后社会上没那么大的教师需求。而且，她还想毕业后再专升本提升学历，但不知道要做哪些准备。她希望老师能解答这些困惑。

小静很喜欢自己的专业，而且所学专业是热门专业。但她感觉自己人际交往能力差，又难于改变。和同学比起来，她的动手能力和英语交流能力也很弱。她觉得自卑又迷茫，不知道怎样去提升相关技能。

同学们，当你们背着行囊从祖国四面八方来到陌生的大学，便开始了人生中新的里程。那么，进入大学后，你心目中的大学与现实中的大学是否一致？你是否出现过迷茫、困惑、逃避？大学生活非常短暂，我们终将会走出象牙塔，去社会上闯荡。高职毕业生就业情况如何？职业教育到底有没有前景？我所学的专业到底能做什么工作，会不会被新技术取代？我目前的能力是否能胜任职业要求，在以后的三年中该如何提升职业技能？在本模块，我们将带领大家走进职业世界，和你一起解开心中的各种疑惑。

第一节　就业形势

动手动脑

（1）你对学校的就业状况了解吗？试着找 2～3 位学长了解一下他们的就业状况，并写出从他们的就业中获得的启示。

_____

_____

_____

（2）你关注过高职学生的就业状况吗？你对职业教育的前景有哪些方面的见解？请谈谈你的看法。

_____

_____

_____

_____

知识链接

一、高职学生的就业状况

教育部发布的数据显示，近十年来，高职就业率在 91% 以上，高于普通高校的平均值。2022 年职业本科招生 7.63 万人，高职（专科）招生 538.98 万人，高职学生的人数逐年增加。

1. 高职学生的就业现状

据教育部发布的数据，每年培养 1000 万左右的高素质技术技能人才，高职毕业生数量日益递增。2021 年 5 月，国家教育行政学院职业教育研究中心主任邢晖在教育部新闻发布会上介绍，十年来，高职就业率（含升学）持续在 91% 以上，近几年职业院校毕业生就业率持续保持高位水平，高于普通高校的平均值。

2. 推动高职学生高质量就业

在当前严峻的就业形势下，毕业生求职面临学历内卷、工作经历内卷的现象，无论是高职毕业生还是职业本科毕业生，都遭遇了求职难题。有些毕业生认为没有足够的知识、技能和经验来胜任工作，在学校学到的技术，到了企业用不到。其实，这是每个从学校步入社会、走向工作岗位的人都会遇到的问题。对此，有专家表示："在竞争激烈的当下，职业院校毕业生在求职过程中要做好自身定位，坦诚面对从基层工作干起的社会现实。"

职业院校毕业生要想在求职大军中突出重围，在校期间就要做好职业生涯规划，剖析自身优势与短板以及兴趣方向，找准在现阶段市场人才需求结构中的职业定位。此外，还要夯实未来将从事工作所需的技能和知识基础，例如，在校期间获得相应的学位证书和各类资格证书、掌握扎实的专业知识与专业技能等。同时还要根据社会需求确定适合自己的择业目标，只有将自身当前的职业能力、职业选择与当下社会需求适切接轨，才能获得企业青睐，也才有自我持续发展的保障。

2023 年《中国高等职业院校竞争力白皮书》显示，应用性强、实践经验丰富成为专科生的求职优势。求职市场中，在学历上不占优势的职业院校毕业生，可以通过参加社会实践、职业技能培训或定期自主学习专业技能等多种途径着重提高自身综合能力：包括与人沟通、懂得如何与他人相处等社会能力，以及提升所求职的行业的专业能力，在此基础上注重培养创新能力等。

高职、职业本科毕业生有技能和实践双重优势，在求职过程中要树立自信，通过专业技能寻找职业路径，在就业压力日益增加的情况下，毕业生更应做好充分的准备工作，扎实掌握专业技能，在就业市场上彰显优势，脱颖而出！

二、我校学生的就业状况

近年来，全国高校不断扩招，高校毕业生数量连年增加。当前，我国已经进入了高等教育大众化时期，毕业生的人数每年都大幅增加。根据教育部发布的最新信息，2023 年高校毕业生人数达到 1158 万，同比增加 82 万人。2022 年高校毕业生人数为 1076 万，高校毕业生规模首次超过千万，也是近几年增长人数最多的一年，近十年增长状况如图 1-1 所示。

图 1-1　近十年全国高校应届毕业生人数

　　自 2020 年新冠疫情爆发以来，疫情对大学生的就业产生了多方面的影响，疫情客观上在短期内减少了企业对大学生的招聘需求，从而导致大学生就业机会的减少；一些中小企业在疫情影响下长期没有业务被迫选择关门停业，这导致更多有工作经验的人才流入人才市场，加剧了应届毕业生们所面临的就业竞争和压力；同时，疫情还大大改变了大学生主流求职渠道和方式，参加线上招聘会和线上面试成为主流方式；此外，疫情还改变了一些大学生整体的职业生涯规划和职业选择，疫情期间很多行业所遭受的挑战和危机使其招聘需求减少，使很多原本有志于从事这个行业的毕业生不得不重新考虑自己的职业选择，这些将在一定时间内对大学生的就业产生影响。

　　我校认真贯彻落实国家和省高校毕业生就业创业工作方针政策，以实现毕业生更加充分更高质量就业、毕业生与用人单位双满意为工作重心，夯实就业基础，提供精准服务，积极开拓毕业生就业市场，整合有效资源，不断深化产教融合、校企合作，提供精准化就业帮扶，大力推进创新创业教育，有效提升就业创业指导服务工作的专业化水平，保障了毕业生更高质量、更充分就业。

　　近年来，尽管就业形势严峻复杂，我校积极主动作为，多方发力，于危机中寻求机会，持续精准发力，力促毕业生就业"不断线"，顺势而为打造智慧就业"云平台"，在师生的共同努力下，三年来就业工作取得了可喜的成绩。昆山登云科技职业学院 2020—2022 年毕业生就业率如表 1-1 所示，2022 年各二级学院及专业毕业生年终就业率分布如表 1-2 所示。

表 1-1 昆山登云科技职业学院 2020—2022 年毕业生就业率

	2020 年	2021 年	2022 年
毕业人数	1710	1496	2238
初次就业率（8 月）	90.82%	92.98%	92.85%
年终就业率（12 月）	96.37%	97.86%	95.22%

表 1-2 2022 年学校各二级学院及专业毕业生年终就业率分布

二级学院	专业	就业率
全校	合计	95.22%
工学院（96.60%）	汽车检测与维修技术	96.33%
	机电一体化技术	90.30%
	计算机应用技术	98.47%
	工业机器人技术	95.60%
	计算机网络技术	100%
	新能源汽车技术	98.15%
	数控技术	98.11%
	软件与信息服务	100%
	模具设计与制造	96.88%
	移动互联应用技术	100%
	智能产品开发	100%
	无人机应用技术	100%
	电气自动化技术	84.62%
	电子信息工程技术	90.00%
	新能源装备技术	100%
	城市轨道交通运营管理	100%
	汽车营销与服务	100%
管理学院（93.93%）	工商企业管理	96.64%
	会计信息管理	94.74%
	电子商务	95.80%
	财务管理	95.65%
	市场营销	100%
	物流管理	92.11%

二级学院	专业	就业率
建筑与设计学院（98.18%）	艺术设计	100%
	建筑室内设计	96.94%
	动漫制作技术	100%
	建设工程管理	96.08%
	工程造价	100%
	室内艺术设计	94.74%
	建筑工程技术	100%
	广告设计与制作	100%
	数字媒体艺术设计	100%
	环境艺术设计	100%
现代服务学院（93.03%）	高速铁路客运乘务	91.10%
	幼儿发展与健康管理	93.10%
	酒店管理	90.91%
	老年服务与管理	90.00%
	旅游管理	93.75%

从以上数据可以看出，我校全力克服疫情及就业环境双重影响，多措并举解决学生就业问题，广泛借力，积极加强与省招就中心、昆山市人社局及政府各部门的交流，打造多方参与、资源共享的就业创业工作新业态。加强对学生的就业指导，稳定学生就业信心，提升学生专业对口率和留昆率，实现好就业、就好业，荣获了 2022 年度昆山市"优秀就创服务单位"荣誉称号。

三、职业教育的前景

2022 年 4 月 20 日，第十三届全国人大常委会第三十四次会议通过了最新修订的《中华人民共和国职业教育法》（以下简称《职业教育法》），已于 2022 年 5 月 1 日施行。这也是该法自 1996 年颁布施行 26 年后的首次"大修"。新修订的《职业教育法》内容从五章四十条完善至八章六十九条，由现行法的 3400 余字修改为10000 余字，包含很多新内容。在新修订的《职业教育法》第三条明确规定：职业教育是与普通教育具有同等重要地位的教育类型，是国民教育体系和人力资源开发的重要组成部分，是培养多样化人才、传承技术技能、促进就业创业的重要途径。国家大力发展职业教育，推进职业教育改革，提高职业教育质量，增强职业教育适应性，建立健全适应社会主义市场经济和社会发展需要、符合技术技能人才成长规律的职业教育制度体系，为全面建设社会主义现代化国家提供有力人才和技能支撑。新修订的《职业教育法》第五十三条明确规定：职业学校学生在升学、就业、职业发展等方面与同层次普通学校学生享有平等机会。

对于高职学生而言，此次新修订的《职业教育法》的最大意义在于其改变了长期以来，在学生和家长的固有观念中，职业教育被认为"低人一等"，初中毕业选择读中职后与大学渐行渐远，职业学校毕业生在考公务员、事业单位招考、考研时也会遭遇学历歧视等问题。新《职业教育法》的实施标志着职业教育战略的提升，掀开了职业教育发展的新篇章，将着力提升学生的职业竞争力和职业发展，促进学生的全面发展。新时代新征程呼唤着更多的高素质技术技能人才、能工巧匠、大国工匠，而在培养这些人才的复杂过程中，职业教育无疑扮演着至关重要的角色。党的二十大报告提出，统筹职业教育、高等教育、继续教育协同创新，推进职普融通、产教融合、科教融汇，优化职业教育类型定位。这为推动我国现代职业教育高质量发展指明了方向。2022 年 12 月 20 日，中共中央办公厅、国务院办公厅印发了《关于深化现代职业教育体系建设改革的意见》(以下简称《意见》)，这也是国务院针对党中央关于职业教育工作决策的具体部署。

职业教育的发展以推动职普融通为关键，从以前的普职分流，到今天的职普融通，这一变化反映出我们对职业教育的认识在不断深化。拓宽学生成长成才通道，正是职业教育的应有之义。而无论"开展中等职业教育与职业本科教育衔接培养""完善职教高考制度"，还是"支持高水平本科学校参与职业教育改革"，《意见》都是以科教融汇为新方向。科教融汇是深入实施科教兴国战略的重要抓手。一方面，科技创新要深度融入职业教育教学各环节；另一方面，职业教育也要积极推动科技创新、催化科技成果转化。《意见》提出，打造行业产教融合共同体，并优先选择新一代信息技术产业等重点行业和重点领域，这就传递出了服务国家创新驱动发展战略的明确信号。让职业教育在高质量发展中"由大变强"，既有长期性，又有紧迫性，我们应当加快推进，并久久为功，从而为建设教育强国、科技强国、人才强国奠定坚实基础。

📅 知识拓展

职业教育大有可为：一个高职生的逆袭之路

在传统的观念中，职业院校毕业生，经常会受到一些莫名的"歧视"，比如被认为很难找到高薪好工作，或直接被贴上"学习不好"的标签，或是学生本人缺乏底气和信心，等等。近年来，随着国家对职业教育的重视，职业院校毕业生也迎来了更多的出彩机会。这两年有个叫邢小颖（见图1-2）的学姐火了，她从高职毕业后去了清华教书，让众多高职院校毕业生看到了新的希望。2014年邢小颖以专业综合排名第一的成绩被推荐到清华大学基础工业训练中心任教，和她一样毕业于陕西工业职业技术学院在清华任职的前后有5批13人。2022年5月24日，在教育部介绍职业教育发展情况的新闻发布会上，这位毕业于陕西工业职业技术学院的邢小颖进行了远程连线交流，分享她的成长经历。

　　以下为邢小颖交流时的原文：

清华大学 ✓
22-1-11 15:58 来自微博 weibo.com

【我在清华教"制造"】自从2014年来到清华大学基础工业训练中心，毕业于陕西工业职业技术学院的邢小颖，从未停止提升自己。从刚来时的惶恐不安到如今的得心应手，邢小颖最感谢的还是清华大学"大胆用人"的政策和完善的交流培训平台。除了邢小颖，基础工业训练中心还有30多位实践课教师毕业于职业院校。

我在清华教"制造"

图1-2　清华大学基础工业训练中心实践课教师　邢小颖

　　大家好，我叫邢小颖，是清华大学基础工业训练中心的一名实践课老师。挺意外的，去年我莫名其妙的"火了"，我讲铸造课的视频获得两亿播放量和百万点赞，可能职业院校的毕业生给顶尖学府的学生讲课，会让很多人觉得不可思议。下面，我从三个方面和大家分享我这十年的成长经历。

　　一是步入高职，练就技能：2011年，我考入陕西工业职业技术学院，听说材料专业的毕业生很"抢手"，用人企业来晚了，就招不到人了，所以我选择了材料成型与控制技术专业。初入校园，发现学校分布着很多工业厂房，感觉学校像个工厂。走进实训中心，映入眼帘的是一排排的实训设备，不像教室，更像是车间。铸造、钳工等实操对体力要求高，作为班里为数不多的女生，刚开始有点吃不消，但我骨子里不服输的信念一直在，每次实训课，我都是第一个到，提前做准备，向老师请教操作要点和注意事项，课上一箱接一箱，拆了练，练了拆。碰到问题，拿出书本研究工艺，再接着练。在校三年，待得最多的地方就是实训基地，通过反复实操，一项项技能就这样被我熟练掌握，这为我以后的工作奠定了坚实基础。

二是初入清华，站稳讲台：2014 年，我以专业综合排名第一的成绩被推荐到清华大学基础工业训练中心任教，和我一样毕业于陕西工业职业技术学院在清华任职的前后有 5 批 13 人。上学时，超过总学时一半的实训课，让我们掌握了扎实的专业技能，这是我们能够在清华为本科生讲授实践课的根本原因。入职之初，没有教学经验，我有些惶恐和不安，实践课操作过程多，面对国内顶尖的学生，既要保证演示的过程行云流水，还要保证学生不走神、听明白，对我是极大的考验。我抓住一切学习的机会，经过综合培训和练习，终于站稳了讲台，连续七年荣获清华大学基础工业训练中心实践教学特等奖和一等奖。每次实训课后，学生都会提交一份思想报告，我也经常会出现在学生们的报告里，有学生说："邢老师的动作特别利索，我们可能要干半小时的活，她十分钟之内就能搞定"；也有学生说："小颖老师讲课富有激情、风趣幽默、妙语连珠，简直是宝藏老师"。训练中心嘈杂，我得大声讲课，学生常提醒我："老师您小点声吧，我们能听清，您嗓子哑的让我们心疼。"我把我和学生的这种彼此体恤称为"双向奔赴"，觉得我们"这种双向奔赴的情感太美好了"。学生的评价和关心让我信心倍增。有时，学生问我是不是清华毕业的。我会从容地告诉他们，我是高职毕业的。我时常想，必须不断努力提高，才能有站稳清华讲台的十足"底气"。

三是深耕专业，学习一直在路上：2015 年，我报考了中国地质大学的专升本，2017 年顺利毕业拿到学士学位。那两年，我上班时间身份是老师，周末又变成了学生，也会疲惫，也会修改毕业设计改到崩溃，但是最后收获颇丰、内心充盈，感觉一切都值得。工作之余，我在专业领域做研究、发论文、申请专利，2021 年获评工程师职称，让自己成长为"双师型"教师。为充分发挥实践课思政育人功能，我着力将专业领域"大国工匠"元素融入课堂，用"工匠精神"感染学生，让他们体悟我国从制造大国迈向制造强国的自豪。

过去这十年，是职业教育给了我人生出彩的机会。我想，大家对我的关注也能折射出全社会对职业教育的关注。职业院校毕业的我们，可以看到更高、更远、更广阔的世界，也会有多元的发展路径和出彩的人生。我们应找到自己热爱的领域，并为之持续努力，因为，机会总会留给不断努力的人。今后，我也将继续秉承母校陕西工业职业技术学院"明德、笃学、精艺、强身"的校训，锤炼高尚品德，深挖专业理论，苦练技术技能，绘就出彩人生！

第二节　职业探索

动手动脑

（1）分组谈论，你了解的职业有哪些？哪些是你感兴趣的职业？

_____

_____

_____

（2）你关注未来的职业发展趋势吗？你从中获得了哪些启示？

_____

_____

_____

知识链接

一、职业分类

"职业"一词是"职"和"业"两个字组合而成的。"职"包含着责任，工作中所担当的职务等意思："业"含有行业、业务、事业等意思。职业一般是指人们在社会生活中所从事的以获得合理报酬作为主要生活来源并能满足自己精神需求的、在社会分工中具有专门技能的工作。它是人类经济发展以及社会劳动分工的结果。

各个国家通过职业分类将社会上数以万计的现行工作类型划分成类系有别、规范统一、井然有序的层次或类别。因此，要获得关于职业世界的主要信息，最便捷的方式是了解职业分类的知识。

职业分类是采用一定的标准和方法，依据一定的分类原则，对从业者所从事的各种专门化的社会职业所进行的全面、系统的划分与归类。职业分类的目的就是将社会上的工作类型划分成层次或类别，职业分类的发展也是职业自身发展的需要。

职业分类的方法很多，标准各异，一般划分的标准是按从事社会劳动的不同内容、手段、劳动方法、环境、劳动消耗量等方面进行的。如依据就业者主要从事劳动的性质，可以分为脑力劳动和体力劳动职业；依据对专门知识和技术所需要的程度来分类，可以分成专门职业和非专门职业或一般职业。

高职毕业生与用人单位在就业市场进行"双向选择"的过程，实际就是求职者选择职业和职业选择求职者的过程。对于在校的学生来说，了解职业的种类及分类的依据，了解不同职业对劳动者素质的不同要求，在未来求职时做出正确的择业决策及合理规划自己的职业生涯是非常必要的。

1. 中华人民共和国职业分类大典

国家职业分类大典修订工作委员会颁布的 2015 版《中华人民共和国职业分类大典》（以下简称《大典》）中，职业分类结构为 8 个大类、75 个中类、434 个小类、1481 个职业（如表 1-3 所示）。与 1999 版相比，维持 8 个大类、增加 9 个中类和 21 个小类，减少 547 个职业。《大典》首次尝试将 127 个社会认知度较高、具有显著绿色特征的职业标示为绿色职业。在新版《大典》中，多个职业被取消。

2015 版《大典》主要从以下四个方面进行了修改、调整和补充：对职业分类体系的修订；对职业信息描述内容的修订；对职业信息描述项目的调整；增加绿色职业标示。

表 1-3　中华人民共和国职业分类

大类序号	大类名称	中类	小类	细类（职业）
一	党政机关、国家机关、群众团体和社会组织、企事业单位负责人	6	15	23
二	专业技术人员	11	120	451
三	办事人员和有关人员	3	9	25
四	社会生产服务和生活服务人员	15	93	278
五	农、林、牧、副、渔业生产及辅助人员	6	24	52
六	生产制造及有关人员	32	171	650
七	军人	1	1	1
八	不便分类的其他从业人员	1	1	1
合计（类）	8	75	434	1481

2. 工作世界地图

工作世界地图（World-of-Work Map）是全世界范围内应用最广泛的职业分类系统，它是由美国大学考试中心（American College Test, ACT）于 1958 年发展出来的。

ACT 根据数据—观念（Data-Idea）和人群—事物（People-Thing）两个维度

和四个向度区分出四个主要分类象限，这四个任务的工作对象如下：

（1）数据是指文字、数字、符号等资料的收集、整理与归档程序，使之有助于进一步分析和整理；

（2）观念是指想法的启发、观念的传播、思考的运作、创意的发挥、真理的探究等认知历程；

（3）人群是指和其他人进行接触与沟通，包括了解、服务、协助或教导以及说服、组织、管理或督导等。

（4）事物是指处理物品、材料、机械、工具、设备和产品等与人或观念无关的事物。

为了将职业领域的信息系统化，ACT 把数千种职业分成 6 个职业类别，12 个职业群（见图 1-3），23 个职业簇。

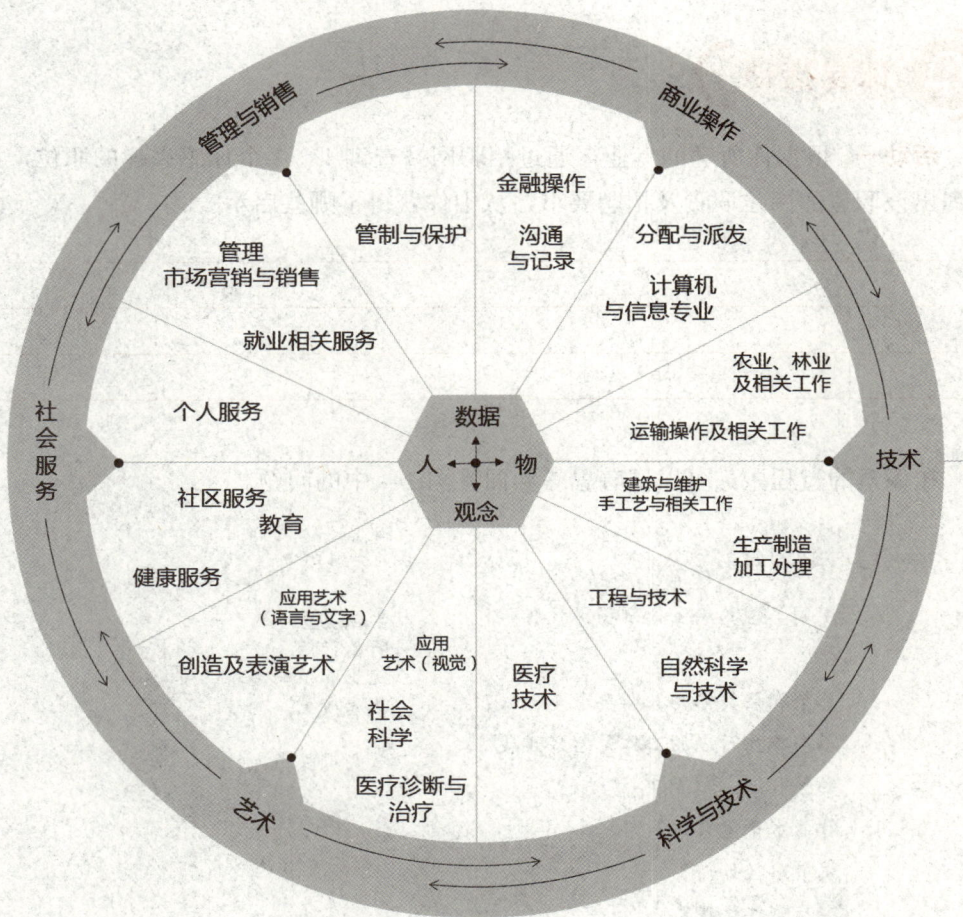

图 1-3　美国工作世界地图（12 个职业群）

二、职业分析

我们有幸生活在一个信息高度发达的社会，各种职业信息源源不断。通过各种渠道获取职业信息将会花费一定的时间和精力，但这些信息对于大学生进行职业探索和职业选择非常重要。有句话说得好："你的决定正确与否取决于你所获取的信息。"要判断一种职业是否具有自己想在工作中找到的特点，就需要了解从事该职业的普通工作者日常所做的工作、工资水平、所需的技能、工作条件、典型的工作环境以及晋升机会等。人们在工作中所做的事情决定了他们正式的职业角色、职能以及事务，职业名称就是以这些为基础确定的，通过收集相关信息可以加深了解。学生在大学期间，可以通过互联网搜索、招聘广告等渠道，了解一些职位的岗位职责，以及对任职者的胜任要求，从而对照目标、找准差距，明确今后三年努力的方向。

课堂活动

活动一：根据你所学的专业，通过招聘网站查询1～2个你感兴趣的职位，详细列出该职位的岗位职责及招聘要求，从中你获得了哪些启示？

_____

_____

_____

在探索的过程中，可以试着思考和回答图1-4中的问题。

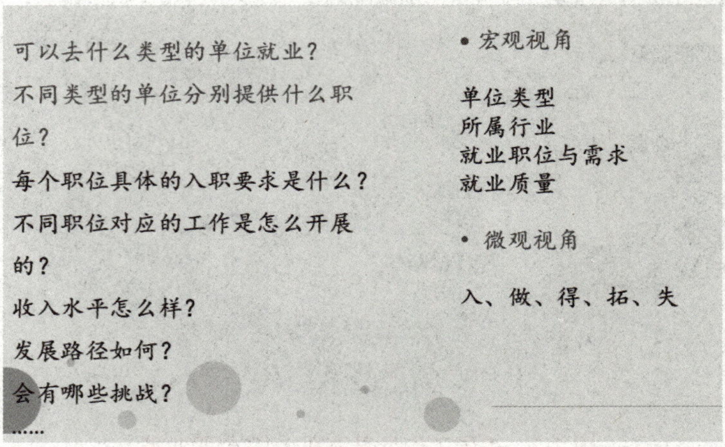

可以去什么类型的单位就业？

不同类型的单位分别提供什么职位？

每个职位具体的入职要求是什么？

不同职位对应的工作是怎么开展的？

收入水平怎么样？

发展路径如何？

会有哪些挑战？

……

● 宏观视角

单位类型
所属行业
就业职位与需求
就业质量

● 微观视角

入、做、得、拓、失

图 1-4　职业探索的主要内容

下面以"产品开发工程师"为例：

岗位职责：

（1）参与新产品研发、试制，以及生产工艺的制定，并不断改善和优化现有的工艺流程；

（2）负责产品各阶段文档资料的收集、整理、分析、总结；

（3）根据客户反馈，对现有和新研发产品不断进行优化；

（4）协助指导生产部门、品质部门对新开发产品进行导入试产及批量生产；

（5）负责上级领导交办的其他任务。

招聘要求：

（1）专科及以上学历；

（2）机械制造及自动化、机械电子、机械装备及控制工程等相关专业（机械方向），材料科学工程、化学、化学工程等相关专业（材料方向）；

（3）对本专业领域国内外产品开发及应用有着良好的市场反应及开发能力；

（4）有很好的团队精神、沟通能力及组织管理协调能力。

通过阅读、分析招聘广告，可以了解到各种职位既有对任职者专业知识的要求，又有某些技能方面的要求，同时还有一些个性特征的要求。目前，各类招聘广告中都有较为简洁的职位说明及相应的任职资格要求。同时，学校和地方人才市场每年会不定期开展针对应届毕业生的招聘会，这些招聘会大都是向所有在校生开放的，建议大家在大一期间就参加招聘会体验一下，看看用人单位对职位有什么要求。如果能够趁招聘者不忙时聊几句，听听他们对任职者的具体要求，收获会更大。

除了上网看招聘广告、到招聘会现场外，了解职业信息的渠道还有很多，比如阅读、专著、论文集、工具书等出版物，以小组为单位开展角色扮演等情景模拟活动，通过兼职、实习获得实际的工作体验等。在此，介绍一种对大学生来说非常有效的了解职业信息的方法：生涯人物访谈。事实证明，发现和最终找到一份适合自己工作的最佳途径便是进行生涯人物访谈。生涯人物是指那些已经从事某种职业较长一段时间、熟悉该职业的具体情况及发展前景，并将该职业作为长期的职业发展方向的职场人士。我们需要设法联系上这些生涯人物，向他们咨询与目标工作相关的问题。

访谈的前提应该是你已经掌握了有关某项具体工作的详细信息，希望通过访谈向该行业的从业者证实你所了解的信息。在此，建议大家结合自身目标，在访谈前搜集相关资料，列出你想知道和验证的问题。在访谈中，你可以获得除工作所要求的技能及工资报酬之外更多的信息，你可以了解意向职业的典型一日工作是否如你所想，工作环境是否让你舒适……所有这些信息只有亲临现场才有可能了解。因此，访谈的目的不仅是收集信息，还包括发展新关系和确定这份工作是否适合你的个性和职业目标。当你联系到访谈对象、定好具体的访谈时间后，还需要考虑用最短的时间获得最多的有用信息。因此，需要提前设计访谈提纲。可先从业务分类、职责描述、工作环境、福利待遇和录用条件等概括性问题问起，然后转入具体的问题。

活动二：请依据个人理想职业，试着去采访1～2位生涯人物。下面是访谈时的提问清单：

（1）你最喜欢你工作的哪些方面？为什么？

（2）你最不喜欢你工作的哪些方面？为什么？

（3）你是怎样决定进入这个行业的？采取了什么步骤？还能通过其他什么途径进入这个行业？

（4）想要进入这一行业，需要接受什么样的培训？现在要有什么样的技能或教育背景才能进入这个行业？

（5）这一行业从新人到最高层管理人员的工资范围是什么样的？

（6）哪些个人品质对从事这份工作是最重要的？为什么？

（7）每天你都做一些什么样的工作？你能描述一下吗？

（8）在工作岗位上你会感受到哪种类型的压力？

（9）哪类人可以在这个岗位上生存和发展？

（10）简历对于被录用是很重要的吗？

（11）有哪些升迁或加薪的机会？

（12）这个行业是在发展中吗？有哪些新的发展趋势？

（13）还有哪些相关的职业是我应该去了解的？

（14）你是否可以介绍三位像你一样对这一工作有热情的人？

（15）还有哪些有关这一行业的有用信息是我应该去了解的？

总之，对职业进行探索和分析是职业生涯规划的重要步骤。希望大家通过多元化的探索和实践，了解、验证各种职业的工作内容、任职要求及职业发展路径，结合自己的职业能力、性格类型、兴趣倾向、价值观等，及早确定自己喜爱并适合的职业。在接下来的三年中，根据目标职业的要求，有针对性地培养、提升自己的素质与能力，确保在毕业时能够顺利地获取理想的工作机会。

三、未来职业趋势

人类社会发展至今，世界上大多数国家把经济的增长和发展放到了中心或优先的位置，其后果是直接促使产业结构和行业结构变迁速度的加快。互联网行业从产生到发展成为当今社会的一个主要行业，仅用了短短十几年时间。产业结构和行业结构的变迁加速后，职业结构、数量和分布状况的变迁也更加频繁。科技进步给职业发展带来了巨大冲击，现代科技的发展带来了许多新技术、新产品、新工艺，这些新技术、新工艺的研究、开发、应用必然导致部分职业的新旧更替，职业市场呈现出脑力劳动职业发展速度越来越快、体力劳动职业越来越少、经济部门和服务性行业的职业越来越多、行政管理等行业的需求越来越少的特点。

1. ChatGPT 对未来职业的影响

ChatGPT 是美国 OpenAI 公司研发的一款全新智能聊天机器人模型，是一种由人工智能技术驱动的"生成型预训练语言转换器"，它基于大量数据训练，可以学习和理解人类的语言，并进行交流对话。与传统搜索引擎不同的是，ChatGPT 不是机械罗列出相关网页结果，而是将答案进行整理、优化，以对话形式呈现给用户，还能根据聊天的上下文不断互动，回答各式各样的问题。此外，还可以根据用户需要，完成撰写邮件、视频脚本、文案、代码、论文和翻译等任务。ChatGPT 展现出的智能，引发了人们的担忧，有媒体甚至列出了"被 ChatGPT 取代的 10 大高危职位"，包括媒体工作者、法律文员、市场分析师、财务工作者，等等。

对于眼下的人工智能（AI）变革，英国著名的经济学教授克里斯托弗·皮萨里德斯分析认为"AI 将会带来生产力的提升，而且 AI 技术带走的大多是枯燥、重复的流程工作，把需要创造力、有趣的部分留给人类"，对于技术变革引发大规模失业的担忧，答案可能是大部分人需要提升技能，未来需要学会使用 AI 工具。知名计算机专家吴军认为"ChatGPT 的边界是人工智能的边界，而人工智能的边界是数学的边界，数学是有边界的。无论是什么样的计算机，都只能解决世界上很小一部分问题"。人的可靠性、同理心和想象力、创造力，既是人工智能研发的瓶颈，也是人的核心价值所在。

社会发展带来新技术的变革，新技术应用必然会带来多方面的影响。从宏观上看，AI 革命会带来一定的社会冲击；从微观上，可能会有不少具体的职业被影响，甚至被替代。因此，积极应对才是关键，与其担心未来的工作被 AI 取代，不如发挥主观能动性和创造性，利用好新技术、新工具来升级自己的技能包，和技术一起成长、不断探索，才能抓住机会并立于不败之地。

2. 未来职业特点

从长远来看，未来职业将呈现出职业教育含量扩大、职业要求不断更新以及永久性职业减少等明显的特点，具体呈现如下：

（1）组织结构小而美。未来职业社会将出现一个趋势："小而美"，即职业组织结构小而美，层级雇佣将被平行协作取代。以往的职业活动中，大企业主要负责处理信息不对称和协作两个问题，如因为信息不对称，外行人士很难判断作品的好坏；由于协作问题，个体需要依靠公司的组织架构才能完成工作协作。移动互联网和社交媒体的发展，改变了职业社会，社交媒体的出现降低了信息不对称性，线上协作软件的出现打破了对公司架构的依赖，比如广告文案，可以直接去抖音找"北大满哥"。钉钉、企业微信、飞书等平台工具的发展，让大量工作可以在平台上协同完成。从经济学角度看，这不仅能降低企业的人工成本和运营成本，还能提升企业整体工作效率和利润率，使个体对传统层级型企业的人身依附越来越小。小而美的组织结构，即零工经济，成为新的职业趋势。目前在全球范围内，零工经济已经是一个趋势性方向，美国著名的 Upwork 平台预测，2028 年"零工"将达到 9010 万，占美国劳动力人口的 60% 以上。

（2）数字化将改变生活、颠覆产业。数字化是指将复杂多变的信息转变为可度量的数字、数据，建立数字化模型并由计算机进行统一处理的过程。当今世界已开始进入以数字基础设施为时代主题的第四次工业革命，即"智能革命"，以数字经济（新动能）为主要特征，"数据"是关键的生产要素，包含数字产业化和产业数字化两部分，数字产业化以传统互联网和信息产业为代表，产业数字化是指传统产业的数字化和智能化升级，典型代表如万物互联等。数字化时代既是当代年轻人的宝贵机遇，同时也可能是职业危机。

在数字化时代，数据成为新的生产要素，将重塑各行各业的生产流程，传统工作岗位的定义与边界也都在发生变化，智能技术未来将替代很多职业（如上文的 ChatGPT）。在数字化时代，每个劳动者都需要更新自己的职业技能包，才能找到自己的赛道。例如，农民开始学习操作无人机、利用人工智能技术养猪，越来越多的金融分析师们开始学习 Python、R 语言等编程语言和数据挖掘工具，律师和心理咨询师在直播平台上接触潜在客源……数字化、智能化是社会大趋势，各行各业在数字化过程中会创造大量新岗位，但同时也有很多现有岗位将被替代。

（3）服务型社会是趋势。在经济全球化和信息化的推动下，服务业产值在各国经济结构中的比重不断攀升，我国服务业在 1990 年占 GDP 比重为 31%，在 2021 年占比达 53.3%，而美、英、法等发达国家服务业占 GDP 比重基本超过 70% 以上，服务业已成为许多发达国家的主导产业。我国正在从工业经济走向服务经济，随着人均收入水平的持续提升，人民群众对高品质教育、医疗、养老、家庭服务、文化娱乐等诸多方面的需求将持续增加，人们正在从物质消费走向"意义消费"。在未来，能够服务于人们"爱美、长寿、怕孤独"需求的职业都会是强赛道。比如，近年来，宠物医生、心理咨询师、滑雪救生员、剧本杀编剧等新兴职业已陆续进入大众视野，成为新的高薪职业。在"十四五"时期，"互联网＋生活服务""互联网＋社会服务""共享经济""服务业＋人工智能"等诸多方面仍有很大发展空间；在未来，服务型社会是趋势。

（4）技能比专业更重要。目前，就业市场出现一种现象：一方面是就业难，另一方面很多HR（人力资源）找不到"合适的人"。"你拥有的是普适的'专业知识'，但企业想要的却是不可或缺的'工作技能'"。"专业知识"和"工作技能"之间的差异，是数字化带来的全球性问题。数字革命的冲击，正在颠覆很多传统岗位，著名的全球管理咨询公司麦肯锡2017年曾预测，到2055年，49%的全球工作岗位将实现自动化。这个过程会创造新的职业和岗位，但也会让很多职业逐渐衰亡。

技能比专业更重要。在可预见的未来，即使某个工作岗位没有消失，但职业技能包也需要重构，例如对于会计，整理资料、汇总数据、制作表格这些重复性劳动，容易被计算机取代，但不可标准化的技能，如"创造力、认知和分析能力、解决负责问题能力、社交能力、精细操作能力"，价值会更突出。唐涯（知名金融学者，笔名"香帅"）团队在2022年9月发布的《中国职业技能发展数据库》中，从现有的500个职业中抽象出来五种技能：创意技能、社交智慧技能、手艺技能、重复性脑力技能、重复性体力技能（如表1-4所示），其中前三种技能难以被数字技术取代，后两种技能随着时间推移，被人工智能取代的概率高。

表 1-4　职业技能类型及其对应的工作能力

职业技能类型	对应的工作能力
创意	分析能力：Analyzing Data or Information 创造性思考能力：Thinking Creatively 理解和表达能力：Interpreting the Meaning of Information for Others
社交智慧	人际融合能力：Establishing and Maintaining Interpersonal Relationships 沟通协调能力：Resolving Conflicts and Negotiating with Others 领导力：Guiding, Directing. and Motivating Subordinates 引导能力：Coaching and Developing Others
手艺	机械操作能力：Operating Vehicles, Mechanized Devices, or Equipment 手部灵活度：Manual Dexterity 协助和照看他人：Assisting and Caring for Others
重复性脑力	重复相同任务的重要性：Importance of Repeating Same Tasks 精确的重要性：Importance of Being Exact or Accurate 结构化工作：Structured Work 从事行政性活动：Performing Administrative Activities 自动化程度：Degree of Automation
重复性体力	工作速度由机器决定：Pace Determined by Speed of Equipment 控制机器、流程：Controlling Machines and Processes 重复性动作：Spend Time Making Repetitive Motions

以汉语言文学专业为例，以前最大的就业去向就是中小学语文老师；现在，在数字技术和知识消费浪潮下，其就业面大大拓宽，新媒体编辑、文案写手、编剧都能胜任。在未来，职业需求将会进一步细分到具体的技能，当工作流程、人才招聘都发生了变化，工作壁垒将可能被打破，传统的职业身份将被技能需求替代。"远程办公＋机器人招聘"让企业招聘时会更关注你的技能是不是匹配，而不是过去的专业合不合适，那时重要的是求职者拥有怎样的技能组合，而不是过去在什么岗位干过，核心是技能和能力匹配。

知识拓展

华为发布《智能世界 2030》报告，多维探索未来十年趋势

2021 年 9 月 22 日，华为携手产业伙伴举办了智能世界 2030 论坛。华为常务董事、ICT 产品与解决方案总裁汪涛以"无界探索，翻开未来"为主题演讲，发布了《智能世界 2030》报告。这是华为首次通过定量与定性结合的方式，对未来十年的智能世界，进行系统性描绘和产业趋势的展望，帮助各行各业识别新机会，发掘新价值。

以下为汪涛演讲全文：

大家好，欢迎参加智能世界 2030 论坛。尽管疫情还在继续，但这并不能阻挡我们对未来探索的脚步。

探索是人类与生俱来的天性（见图 1-5）。我想用三个手印来表达我的看法。

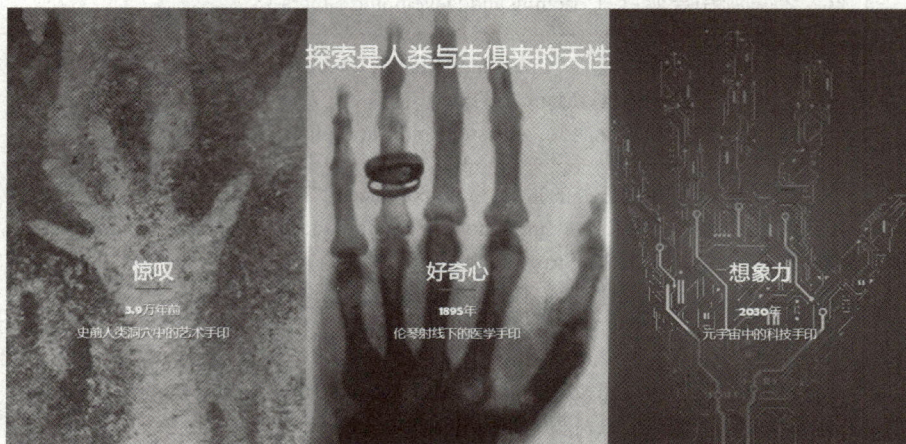

图 1-5　探索是人类与生俱来的天性

第一个手印，是几万年前人类在洞穴里留下的，我们总是会对那些非凡的创造惊叹不已。用毕加索的话来说，它的艺术表现力和我们今天的创作没有什么两样。

第二个手印，是伦琴研究中的射线拍下了他爱人的透视手骨图。他对放射性物质的好奇，为我们今天的医学带来了革命。

第三个手印，是未来智能世界中的数字手印。它将会深度融合生物特征与数字信息，让我们对未来的智能世界充满想象。

今天的创造，大多来自过去疯狂的想象

所有的探索都是为了人类的发展而创造。今天我们很多习以为常的创造，在当年往往被认为疯狂而不可思议。比如今天的汽车，你能想到在 2400 年前，墨子就提出了它的原型。比如今天的飞机，在 500 年前，达·芬奇就在充分研究风向与动力的基础上，画出了扑翼机。比如今天的视频通话，在 100 多年前，根斯巴克就大胆设想了远程视频会晤的场景。没有探索，就不会疯狂，没有疯狂，就没有创造，没有创造，就不会有人类文明的进步。

华为的探索

三十多年前，我们把电话装到每一个家庭，丰富人们的沟通与生活；十多年前，我们把网络通到每一个角落，共建全联接世界；今天和未来，我们致力于把数字世界，带入每个人、每个家庭、每个组织，构建万物互联的智能世界。我们坚信，一个波澜壮阔的智能世界正在加速到来。

无界探索，翻开未来。那么，面向未来，2030 年会是什么样子？

今天，我代表华为公司，隆重发布智能世界 2030 报告：无界探索，翻开未来！

智能世界 2030 研究

关于智能世界 2030，这次我们发布的是系列报告，主报告是一份跨学科、跨领域的未来探索报告，提出了八大探索展望，阐述 ICT（信息与通信技术）如何解决人类的发展面临的问题与挑战，为组织、个人带来哪些新机会；此外还有四份洞察通信网络、计算、数字能源和智能汽车技术产业趋势的报告，并给出了 32 个指标的预测数据，对产业的未来发展空间进行了定量的预测。

一杯咖啡吸收宇宙能量，我们相信，对于未来的探索，是一个需要共创共建，并不断发掘新思路的过程。因此，过去三年，研究团队与业界 1000 多名学者、客户、伙伴进行交流，组织了 2000 多场的研讨，参考了来自联合国、世界经济论坛、世界卫生组织等权威机构的数据；来自 Nature、IEEE 等科学杂志、

论文的线索；和相关的产业协会、咨询公司报告的洞察等。集业界、华为自身专家的智慧，共同输出了面向未来的思考。但这仅是一个开始，智能世界的未来拥有无限可能，需要各行各业持续不断地探索，创造美好的明天。

智能世界 2030 的八大展望

2030 年，人类希望活得更有质量、食物更充足、居住的空间可拓展、上班的路上不用担心拥堵；生活在宜居的城市，享有可再生能源，把重复的、危险的工作交给机器，安全放心地享用数字服务等。围绕这些需求，我们提出了八个维度的展望，下面我就分享我们每个普通人的"医、食、住、行"会有哪些变化。

（1）在健康方面。

到 2030 年，通过对公共卫生和医疗健康数据的建模计算，我们将能实现主动预防，从"治已病"到"治未病"；借助物联网、AI 等技术，让未来的治疗方案不再千篇一律。

（2）在饮食方面。

到 2030 年，利用类似"垂直农场"这样的新种植模式，可以帮助我们通过数据来打造不受气候变化和自然地理环境影响，可全球复制的智能农业形态，普惠绿色饮食；通过 3D 打印，还可以获得符合个人健康需求且口感最佳的人造肉。

（3）在居住环境方面。

到 2030 年，我们有可能在零碳建筑中工作和生活，基于下一代物联网操作系统，实现居家和办公环境的自适应，打造新交互体验，让人们拥有"懂你"的空间。

（4）在出行体验方面。

到 2030 年，有了自动驾驶技术的新能源汽车，能让我们拥有专属的移动第三空间；新型的载人飞行器不但能提升紧急救援效率，降低救急医疗物资的输送成本，甚至还能改变我们的通勤方式。

除了日常的"医、食、住、行"，我们还探索了城市、能源、企业和数字可信的未来，期待和每个人、每个家庭、每个组织一起翻开 2030，探索无限可能。

通信网络 2030：立体超宽的智能联接将无处不在

从联接百亿人到联接千亿物，我们认为通信网络 2030 将具备六大特征：立体超宽、确定性体验、智能原生、通信感知融合、安全可信和绿色低碳。

未来通信网络的性能将持续提升，从今天的 3 个千兆增长到 3 个万兆，在网络覆盖能力上要从地面走向空天地一体，满足人们居住、出行、办公多空间；

地面、空中、海洋多维度的宽带需求。

未来通信网络将面向行业智能化的确定性业务体验需求，在用户到多级算力资源之间构建起城市内 1 ms、城市群 10 ms、骨干 100 ms 三级时延圈，并支持大于 99.999% 的网络可用性，基于端到端网络切片技术，在基础网络之上构建"一网多用"，有 SLA（服务级别协议）保障的多个虚拟网络，满足多行业差异化诉求。

未来 10 年，我们乐观的判断全球联接数将达到 2000 亿，人均无线蜂窝网络流量将超过 600 GB，增长 40 倍，XR 的用户数将超过 10 亿，包括个人、家庭、组织，物理世界与虚拟世界的交互将达到一个全新的高度，超现实的体验将无处不在。

计算 2030：多样性计算将无所不及

十年前人类进入 ZB 数据时代，移动互联网、云计算、大数据刚刚起步，现在已经深刻地改变了人类社会，计算发挥着前所未有的重要作用。

今天一部智能手机的算力，已经远远超过了当年阿波罗登月时主控计算机的能力。我们预测到 2030 年，人类将进入 YB 数据时代，全球通用计算算力，将达到 3.3 ZFLOPS，AI 算力将超过 105 ZFLOPS，增长 500 倍。

数字世界和物理世界无缝融合，人与机器实现感知、情感的交互；AI 无所不及，帮助人类获得超越自我的思想力与行动力，成为科学家的显微镜与望远镜，让我们的认知跨越微小的夸克到广袤的宇宙，千行万业从数字化走向智能化。

未来计算将面临物理极限的挑战，既要从软件、架构和系统层面去创新，更要产业界共同探索新的计算基础，突破半导体物理层极限，构建智能、绿色、安全的未来计算。

数字能源 2030：全面低碳化、电气化、智能化转型

未来十年，我们将进入数字能源时代，全面推进低碳化、电气化、智能化转型。

解绑化石能源依赖，全面进行能源结构变革，是推进碳中和进程，应对气候危机最关键的举措之一。光伏、风电等新型可再生能源已经进入商业化拐点，电力电子技术和数字化技术正深度融合，形成一朵"能源云"，实现整个能源系统的"比特管理瓦特"。

预计到 2030 年，在能源生产侧，风光新能源成为主力电源之一，可再生能源占全球发电总量比例 50%，其中光伏发电成本将低至 0.01 美元，装机超过 3000 GW；在能源消费侧，终端电气化率将超过 30%，电动汽车占新车销量的

比例将超过 50%，保有量超过 1.5 亿辆，超过 80% 的数字基础设施将采用绿能供电。

华为将致力于与全球志同道合者共同推动低碳化、电气化、智能化的数字能源变革，共建绿色美好未来。

智能汽车解决方案 2030：数字世界将进入每一辆车

"电动化 + 智能化"的大潮已经不可阻挡，ICT 与汽车产业的融合成为趋势。预计到 2030 年，中国自动驾驶新车渗透率将大于 20%；车载算力将整体超过 5000 TOPS；车载单链路传输能力将超过 100 Gbps。抓住智能化趋势，产业将迎来智能驾驶、智慧空间、智慧服务和智能生产的大发展，华为希望以自身的 ICT 技术赋能产业智能化，帮助车企造好车。

让我们共同迈向智能世界 2030，十年前的选择决定了现在，下一个十年的未来，又取决于我们今天的选择。

这个未来将影响到每个人的"医""食""住""行"、每个企业的生产与效率、每个城市的建设与运营、每个国家的发展与未来。

最强的智是众智，最大的力是合力，我们坚信，思想的力量是世界进步的根本驱动，感谢您的一份助力，让我们携起手来，共同迈向智能世界 2030！

第三节　职业能力

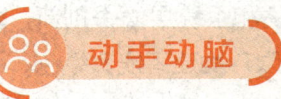

动手动脑

认识你的能力

1. 自己眼中的"我"

请同学们拿出一张空白的纸，按照给定的格式填写相应的内容。例如：

我可以 ＿＿＿＿＿＿＿＿＿＿＿＿＿＿＿，因为我有 ＿＿＿＿＿＿＿＿＿＿ 能力。

我可以 ＿＿＿＿＿＿＿＿＿＿＿＿＿＿＿，因为我有 ＿＿＿＿＿＿＿＿＿＿ 能力。

我可以 ＿＿＿＿＿＿＿＿＿＿＿＿＿＿＿，因为我有 ＿＿＿＿＿＿＿＿＿＿ 能力。

说明：在写下自己能做的事情，并解释为什么能够做好这件事情之后，大家应该对自己的能力有了初步的了解。那么在找工作时，应尽量选择自己擅长的，这样才能发挥自己最大的能量。

2. 他人眼中的"你"

请同学们 2 人一组，相互说出对方擅长的能力或缺乏的能力。交流的时间控制在 1 分钟左右。

你可以 _____，因为你有 _____ 能力。

你可以 _____，因为你有 _____ 能力。

你可以 _____，因为你有 _____ 能力。

讨论：大家对活动的感受是怎样的？别人对你的了解和你心中的自己一致吗？有没有发现被你忽略的能力呢？

说明：别人对自己的评价，往往更为客观。同时，别人对自己的评价也是了解自我的一种很好的方式。他们所说的符合你对自己的评价吗？有没有以前没有想到过的呢？哪些是你的优势？哪些是你的劣势？

只有了解自己的能力，发现自己的不足，才能在未来的学习生活中扬长补短。

你的优势 _____

_____

你的劣势 _____

_____

知识链接

在职业探索中，我们进行过职业分析和生涯人物访谈，讨论过未来职业的发展特点和趋势，本节课我们将明确并着力提升职业发展所需的核心能力。人的职业能力通常包括三个方面：职业特定能力、职业通用能力和职业核心能力（见图1-6）。对高职院校的学生而言，职业能力是从事一切工作的基础。职业核心能力适用于各种职业，是伴随人终身的可持续发展能力，是所有从业者必须具备的最根本、最关键、最核心的能力。培养从业者的职业核心能力，已成为世界职业教育的发展趋势。为提升学生的职业核心能力，我校在广泛调研和借鉴国内外高职先进教育经验的基础上，在校级层面开设了包含专业能力、方法能力、社会能力、生活能力等四类职业核心能力的 14 门职业核心课程，学生在校期间要抓住宝贵的机会，根据自己的需要学习相关的课程，努力提升职业核心能力。

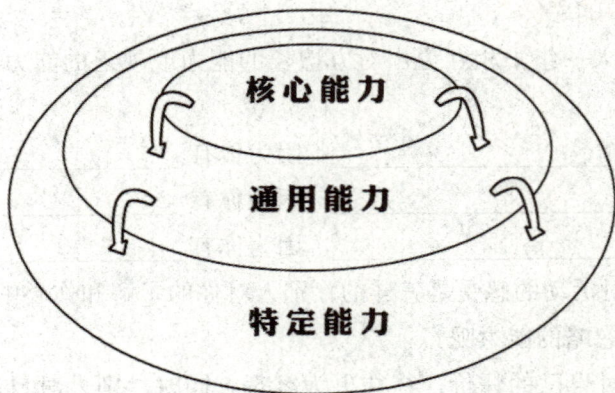

图 1-6　职业能力层次

一、能力类型

如果提到某位学生"能力很强"，你认为他是怎样的人？课堂上，不同班级学生的答案惊人的一致："他 / 她是学生干部""他 / 她的组织能力很强""他 / 她口才很好"，所指向的几乎都是社会能力、人际能力。能力的内涵十分丰富，既包括学生提及的社会能力、人际能力，也包括绘画、表演等艺术方面的能力以及打球、滑雪等体育方面的能力，更包括几乎人人都需要的学习能力、适应能力，等等。心理学中的能力是指人们成功完成某种活动所必须具备的个性心理特征。"必须"意味着如果不具备一定的能力，相关的活动就无法进行。能力是用人单位最关心的问题，也是学生最需要证明的。当一个人的能力和工作的要求相匹配时，最容易发挥自己的潜能，并且获得一种满足的感觉。相反，当一个人去做自己力所不及的工作时，就会感到焦虑，甚至产生挫败感。而当一个人能力超出工作要求太多时，又容易感到工作缺乏挑战，比较乏味。因此，在选择职业时，我们同样要寻求个人能力与职业技能要求的适配。

从定义来看，能力是一种个性心理特征，具有经常性、稳定性等特点，是影响效果的基本因素。能力按照其获得的方式（先天具有与后天培养），可以分为"能力倾向"和"技能"两大类。能力倾向（Aptitude）是指上天赋予每个人的特殊才能，如音乐、运动能力等，这是一种潜能（或称天赋）。技能（Skill）则是指经过后天学习和练习培养而形成的能力，如阅读能力、人际交往能力、表达能力等。现实生活中，个人的能力往往是能力倾向和技能两方面的结果。辛迪尼·尼法恩和理查德·鲍尔斯（Sidney Fine & Richard Bolles）将技能分为三种类型：专业知识技能、自我管理技能、可迁移技能（也称通用技能）。

1. 专业知识技能

专业知识技能，是指通过教育学习和培训，经过有意识的、专门的学习所获得的特别的知识或能力，也就是个人所学的科目、所懂得的知识，比如，语文词汇、地理知识、化学反应式、物理概念等。其最显著的特点是：他们通常都需要有意的、特殊的培训和训练来获得。专业知识技能也并非只有通过正式的专业教育才能获得，培训、自学、社会实践、资格认证考试等方式都可以帮助个人获得专业知识技能。来到大学后，学习方式、课程安排等和高中都有所不同，学生多了很多可以自由安排的时间，可以尝试在学习过程中探索自己感兴趣的领域并深入研读，成为"某一学科领域"的佼佼者。

🔔 **课堂活动**

你具备哪些专业知识技能?

请同学们对下面列举的经历进行分析，尽可能全面地列出所掌握的专业知识技能，再从中分别挑出自己感觉比较精通的和在工作中使用或希望使用的专业知识技能。

（1）在学校期间，学习到的课程有：

_____

_____

（2）通过培训、讨论、自学等方式学到的知识有：

_____

_____

（3）从志愿活动、社团活动、社会实践中学到的知识有：

_____

_____

（4）从工作（包括兼职工作、实习工作等）中学到的知识有：

_____

_____

（5）通过爱好、休闲娱乐、阅读、电影、网络等学到的知识有：

_____

_____

通过盘点了解自己现有的专业知识技能后，把你的思绪转向未来，想想有哪些技能是你目前还不具备的，但希望自己拥有的。

我尚不具备但希望拥有的专业知识技能有：

_____

_____

　　在企业招聘中，专业知识技能绝对不是用人机构唯一重视的。当前的状况是知识技能的重要性被夸大，这样的后果是导致许多的大学生投身于各种各样的考证队伍中，以获得一大堆的证书来"充实"自己的简历。他们往往忽视了自我管理技能和可迁移技能的培养。从用人单位对大学生的反馈中可以看出：大学生们通常不缺乏知识技能，但常常缺少敬业精神、沟通能力等自我管理技能和可迁移技能。因此，大学生在校期间，一定要在学好专业知识的基础上，加强对可迁移技能和自我管理技能的培养。

2. 可迁移技能

　　可迁移技能最大的特征是它不仅仅是通过学校或特殊的训练获得的，它还可以在日常生活中得到并发展，同时又可以被迁移到工作当中去。它可以不受时间、地域、行业的限制，可以在工作和生活中被广泛使用。例如，班长组织同学参加春游活动，由于在时间和地点上同学们意见不一致，班长组织全体同学开会商讨，以确定一个最佳方案。在这里，就用到了组织、商讨、解决实际问题等技能。由于无论在生活中还是工作中，都或多或少地会用到可迁移技能，所以可迁移技能也被称作通用技能。可迁移技能是专业知识技能之外的基本技能，它适用于各种职业，并伴随人终身的可持续发展。大学生常见的可迁移技能有：

　　（1）交流表达能力：通过口头或书面形式，以及其他适当形式，准确清晰地表达主体意图，与他人进行双向（或者多项）信息传递，以达到相互了解、沟通和影响的能力。

　　（2）数学运算能力：运用数字工具，获取、采集、理解和运算数字符号信息，以解决实际工作中的问题的能力。

　　（3）创新能力：在前人发现或者发明的基础上，通过自身努力，创造性地提出新的发现、发明或者改进革新方案的能力。

　　（4）自我提高能力：在学习和工作中自我归纳、总结，找出自己的强项和弱项，扬长避短，不断进行自我调整改进的能力。

　　（5）与人合作能力：与他人相互协调配合、互相帮助的能力。包括正确认识自我，尊重与关心别人，能对他人的意见、观点、做法采取正确的态度。

　　（6）解决问题的能力：在工作中把理想、方案、认识转化为操作或工作过程和行为，并最终解决实际问题、实现工作目标的能力。

　　（7）组织策划能力：计划、决策、指挥、协调、交往的能力。

（8）信息处理能力：运用计算机处理各种形式的信息资源的能力。

（9）外语应用能力：在工作和交往活动中实际运用外语的能力。

（10）学习能力：善于发现并记录，坚持不懈克服困难、继续学习的能力。

（11）管理能力：包括管理自己、信息、他人和任务的能力。

这些能力对大学生就业和获得自身发展具有重要作用，在校大学生应努力培养良好的可迁移技能。

3. 自我管理技能

自我管理技能，也被称为"适应性技能"，通常是指一个人做事的风格和特点，常常表现为一个人做事的态度、情绪等，在不同的工作环境下如何管理自己，体现了其更好地应对工作中出现的问题，所以自我管理能力是有别于一个人与他人的特质，代表一个人如何在工作生活环境中不断地调整自己，建设性地应对周围的环境，常用形容词或副词来表示，如负责的、热情的、节俭的、理性的等。

自我管理技能在人的能力结构和工作中越来越被看重。面试中，主考官除了考察应聘者的专业知识技能外，还全方位考察应聘者的自我管理技能，如面部表情、紧张程度、反应能力、应对能力，等等。一个大学生如果凭借较强的专业知识技能得到一个职位，同时，又具备较好的可迁移技能和自我管理技能，如良好的沟通能力、与他人协作能力、做事认真负责、积极进取等，那么他在工作和事业上较容易走向成功。积极的、正面的自我管理技能有利于人们以一种积极向上的心态对待自己的工作、生活和与人交往，有助于一个人得到和维持一份工作，也有助于得到他人的认可。自我管理技能的探索可以通过和他人交流、自我反省而获得。

课堂活动

自我管理技能评估

如果用几个形容词来评价你，下面几类人会用哪些词？从这些词中，总结你的自我管理技能可能会突出表现在哪些方面。

老师的评价：＿＿＿＿＿、＿＿＿＿＿、＿＿＿＿＿、＿＿＿＿＿。

父母的评价：＿＿＿＿＿、＿＿＿＿＿、＿＿＿＿＿、＿＿＿＿＿。

同学的评价：＿＿＿＿＿、＿＿＿＿＿、＿＿＿＿＿、＿＿＿＿＿。

朋友的评价：＿＿＿＿＿、＿＿＿＿＿、＿＿＿＿＿、＿＿＿＿＿。

自己的评价：＿＿＿＿＿、＿＿＿＿＿、＿＿＿＿＿、＿＿＿＿＿。

二、能力提升

通过能力类型的学习，不少学生有些泄气：我需要提升的技能太多了。不过，没关系——大家还有几年时间才真正进入职场，接下来的大学时光给了大家提升能力的充足时间和诸多机会。课堂上的能力探索能够让学生全面了解自己的"才"，然而职业世界中对能力的要求是复杂的，成才的关键在于以发展的眼光看待并提升自己的能力，可以从以下几方面着手：

1. 能力提高靠实践

能力的提升是一个复杂的系统工程，但从学生本身而言，由于学生工作经验不足、所学专业单一、平时接触社会机会较少，往往在各项能力上均有所欠缺。要想在就业和之后的职业生涯发展中立于不败之地，就需要学生在掌握扎实的专业知识技能之外，不断培养可迁移技能和自我管理技能。能力的提高可通过不同途径和渠道获得，借助勤工助学方式，既锻炼自己、积累工作经验，又增加收入、增强独立自主的能力；积极参加社会实践，提高自己的组织管理能力、心理承受能力、人际交往能力和应变能力等；参与学生社团活动，能够进一步锻炼人际交往能力和组织管理能力，并为培养自己的兴趣爱好打下良好基础；担任学生干部，能锻炼个人的组织管理能力、决策能力；做志愿者，可广泛接触社会各界和世界各地的人群和文化，学会和不同语言、不同国籍、不同行业、不同职业的人士沟通与交流。

2. 能力发展需有机整合

我们所从事的每种职业不可能只需单一能力便可胜任，它需要多种能力的组合，也就是我们常说的综合素质，但每种职业都要求有一个特别的核心能力，例如计算机专业毕业的软件工程师，对计算机编程、积极学习、学习方法、疑难排解、技术设计等都要求具备一定的能力，但其核心职业能力是计算机编程能力。对于能力的整合我们可以遵循"核心＋卫星"策略，核心就是自己的优势能力，是求职岗位所需要的核心能力，而卫星则是自己的非优势能力，是求职岗位所需的辅助或附属能力。如软件工程师，其核心职业能力是计算机编程能力，而积极学习、疑难排解、技术设计等则是辅助能力，前者是求职成功的保证，后者可视为职业发展的催化剂。

3. 能力提升需参考职业要求

经常听到学生在讲"大学期间要培养我们的综合能力"，可是何谓综合能力？综合能力可以涵盖很多能力，对于每个学生个体而言，有侧重地培养自身技能就显得尤为重要了。在充分挖掘和培养个人技能的同时，参考未来职业的要求不失为一个捷径，毕竟大学毕业之后，我们的下一站就在职场。在上节的"职业探索"中，我们进行过理想职业的分析和生涯人物访谈，大家可评估一下自己与其要求的差别，并制订相应的技能提升计划。

三、冰山模型及职业素质

冰山模型是美国著名心理学家麦克利兰于 1973 年提出，所谓"冰山模型"，就是将人员个体素质的不同表现形式划分为表面的"冰山以上部分"和深藏的"冰山以下部分"，如图 1-7 所示。"冰山以上部分"包括知识、技能，是外在表现，是容易了解与测量的部分，相对而言也比较容易通过培训来改变和发展。而"冰山以下部分"包括价值观、自我认知、品质和动机，是人内在的、难以测量的部分，它们不太容易通过外界的影响而得到改变，但却对人员的行为与表现起着关键性的作用。

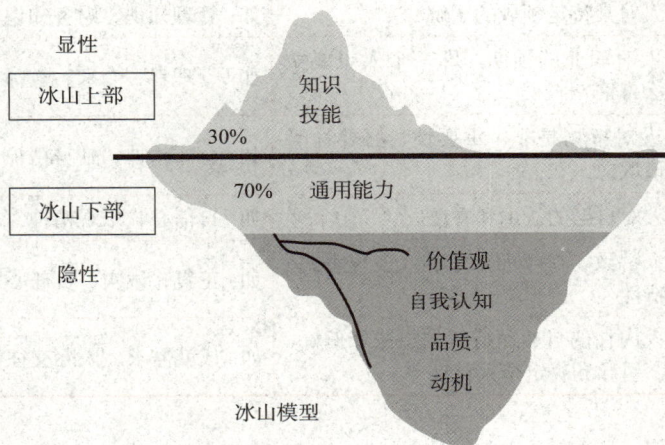

图 1-7　冰山模型及其能力划分

冰山模型全面地描述了个体素质要素，在企业管理中的应用非常广泛，很多大公司都会用它来进行人才筛选、培养以及确定薪资。企业在招聘人才时，不局限于对技能和知识的考察，而是从应聘者的求职动机、个人品质、价值观、自我认知和角色定位等方面进行综合考虑。在用"冰山模型"设计岗位胜任力模型时，通常会认为冰山模型的底层因素是基准性素质，决定是否适合做这份工作；而冰山模型的中上部因素被称为鉴别性素质，是决定是否能把这份工作做好。根据冰山模型，职业素质可以概括为表 1-5 中的七个层级。

作为职业院校的学生，我们不能仅仅关注职业技能和职业证书，还需要关注社会发展的变化及其对职业人才的需求。前些年高速公路收费站还有很多人工收费员，但现在 ETC 收费在高速公路已经全覆盖了，这就意味着，以后逐渐不会再有高速路人工收费这个职业了。快速发展的世界充满了机遇，也充满了挑战。世界不停地在改变，不改变的人将会被超越、被淘汰，甚至被遗弃。如何在未来的数字化社会打造职场核心竞争力？德国作家布什·霍尔菲尔德·卡特琳在《终身成长》中提出了适应未来职场的七大核心竞争力，为面临职业转变中的个人提供了建议。其中提到核心职业能力培养的三个关键点：一要培养成长性思维，抓住机遇和风口；二要培养创造性思维，打造个人和产品的核心竞争力；三要善用数字化，适应发展趋势。只有掌握正确的方法，认清自己，反思自己，才能在未来职场游刃有余，创造属于自己的价值。

表1-5　冰山模型的职业素质要素

素质层级	定义	主要内容
技能	一个人能完成某项工作或任务所具备的能力	如：表达能力、组织能力、决策能力、学习能力等
知识	一个人对某特定领域的了解	如：管理知识、财务知识、文学知识等
角色定位	一个人对职业的预期，即一个人想要做些什么事情	如：管理者、专家、教师
价值观	一个人对事物是非、重要性、必要性等的价值取向	如：合作精神、献身精神
自我认知	一个人对自己的认识和看法	如：自信心、乐观精神
品质	一个人一致、持续而稳定的（表现表式）行为特性	如：正直、诚实、责任心
动机	一个人内在的自然而持续的想法和偏好，驱动、引导和决定个人行动	如：成就需求、人际交往需求

知识拓展

怎样提升自己的工作能力？

抖音直播、网红带货的年代遍布月薪过万，名企高管的光鲜靓丽编织着一个个赚钱容易的谎言，很多职场人也渐渐迷失在眼前的繁花中，高估自己或者低估市场的残忍。最近几年相继爆出互联网大厂裁员的新闻，击破现有的繁华泡沫，职场人纷纷感慨：没有能力寸步难行，更加注重工作上能力的提升，希望自己持续具有市场竞争力。

但什么是工作能力呢？"工作能力"看似只有简单的四个字，却包含很多方面，比如执行能力、沟通能力、应变能力、组织协调能力、团队意识、时间规划，等等，我们经常用"这个人工作能力很强"来赞扬他人，但是具体强在哪里，又无法具象化，所以工作能力是一个全方位的体现。既然是全方位的体现，那提升自己的工作能力就不能仅局限在某一方面。通过调研整理市场上的招聘要求后，可以从以下几个方面提升自己的工作能力：

1. 积累行业经验

通过关注行业公众号、行业报告、行业协会信息，参与行业论坛等方式了解行业资讯。持开放包容的心态熟悉行业的上下游，丰富对行业的认知，比如地产的上下游有物业、商业、建筑、教育，等等。任何一个行业都可以形成一条产业链，我们了解得越多，积累的行业经验也会越多。

2. 熟悉业务知识

这里所指业务知识是除本职岗位外的所有岗位的工作内容都是业务知识，比如制造业的财务如果知道车间业务流程，制作财务报表的时候可以明确地分清楚主营业务成本和管理费用。我们可以通过日常业务沟通、业务轮岗、公司岗位介绍等方式了解每个岗位大致的工作内容，了解、知道对方需求，拥有同理心可以帮助我们更高效沟通。

3. 提高通识

如何提高通识如图 1-8 所示。

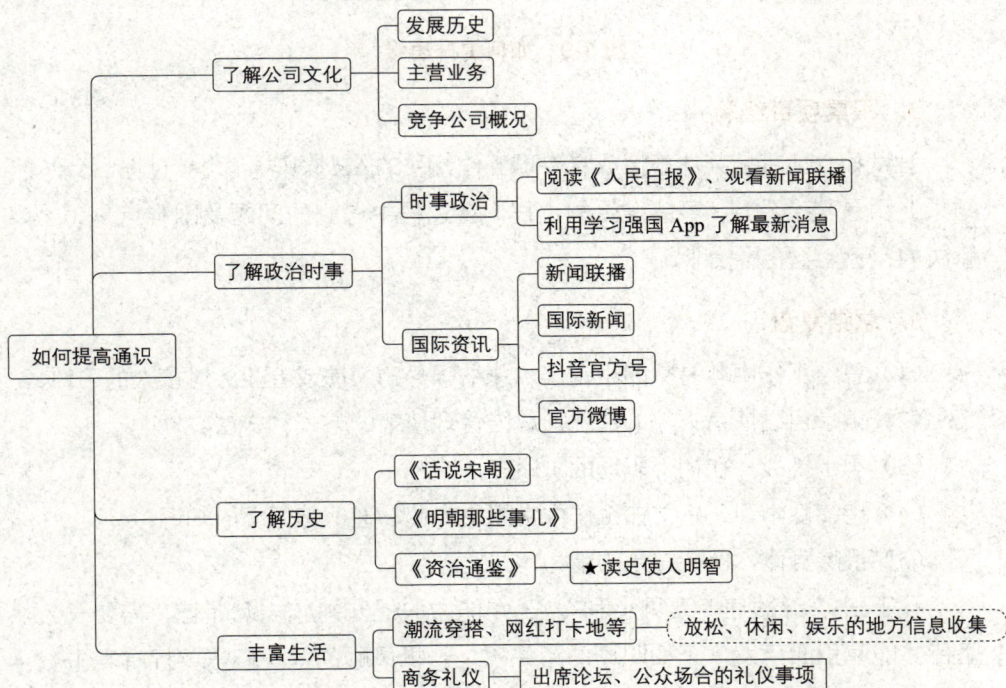

图 1-8　如何提高通识

4. 提升思维

如何提升思维如图 1-9 所示。

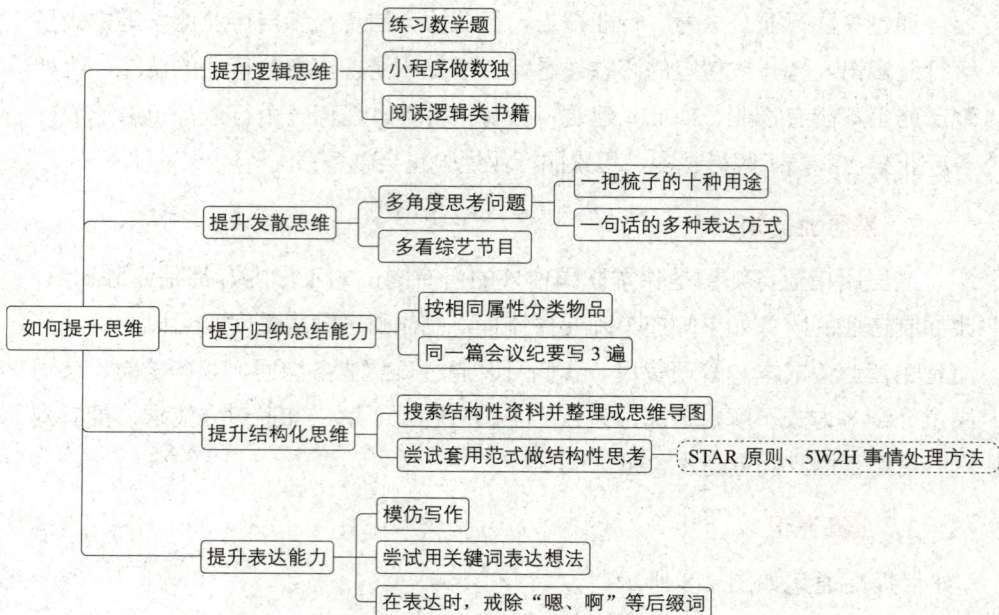

图 1-9　如何提升思维

5. 积累项目经验

尝试独立性承担某件事情或者专项工作，用 STAR 原则（背景、过程、行动、结果）记录整个项目 / 事情发生的过程，在过程中遇到的问题及困难点是怎么解决的；复盘经验及教训。

6. 总结复盘

（1）总结工作中容易犯的小错误，总结领导的习惯或者业务对接人的习惯。

（2）记录自己情绪失控的情况，总结管理情绪的方式和方法。

（3）勇于挑战，在初入职场的阶段多试错。

（4）持续性学习，总结在工作中常用的专业、通识等方面的知识。

（5）锻炼身体，保持充足的精力。

孔子曰："无欲速，无见小利"，工作能力的提升并非一蹴而就，需要长久坚持才能厚积而薄发，正如职场的路并不是一帆风顺的，我们需要拥有鹰击长空的勇气和心态，才能让生命在风中摇曳和绽放。

课后思考与实践

个人能力提升计划

　　请同学们根据职业分析和生涯人物访谈结果，对照理想职业的要求，找出目前的差距，并制订个人能力提升计划，填入表 1-6。

表 1-6　个人能力提升计划

我梦想中的职业：	
知识技能	我已经拥有的：
	我仍需发展的：
	我的计划：
可迁移技能	我已经拥有的：
	我仍需发展的：
	我的计划：
自我管理技能	我已经拥有的：
	我仍需发展的：
	我的计划：

模块二　开启生涯探索

不去掌控你的生涯规划，就是让你的存在成为一种偶然。

——欧文·亚隆《当尼采哭泣》

学习目标

1. 掌握职业生涯规划相关概念，明确生涯规划意义；
2. 学会绘制个人生涯规划图，利用彩虹图有效规划人生；
3. 了解职业生涯规划流程，开启个人职业生涯探索。

迷茫与困惑

　　小裴是大学新生，刚入学没多久就觉得自己的大学生活很灰暗。她没什么爱好，每天就是学习，逐渐觉得考试成绩 90 分和 60 分没什么区别，慢慢地学习上没有了动力。对于未来，她有些迷茫和焦虑，还觉得那应该是毕业时才考虑的事情。

　　一开学，小林就大二了。随着对大学的新鲜感逐渐淡去，她成了校园里的"老生"，天天都很忙，上课、参加社团活动、和同学逛街……但她又不知道在忙什么。有时觉得很累，可想到要为毕业后的工作打基础，就觉得这些付出也许值得。可又很茫然，甚至有些沮丧，因为忙得无头绪，不知道这样对未来有没有作用。

　　小张是大学三年级的学生。刚进入大学的时候，他对自己三年后的目标就很明确——专升本。这主要来自父母的意见："在大学扩招的背景下，大学毕业生每年以几十万的速度增长，一个专科生怎么能找到好工作？"小张开始还挺认同，但随着大学生活的深入，他参加了很多学校社团活动，乐在其中并小有成绩。渐渐地小张觉得继续深造不是他喜欢的，可是大专毕业能否找到好工作？他很痛苦。

　　什么样的选择决定什么样的生活。今天的生活是由三年前我们的努力决定的，而我们今天的选择和行动将决定我们三年后的生活。在模块一"走进职业世界"的学习和探索中，同学们了解了职业教育的前景，明确了大学期间如何去提升自己。在三年的大学生活中，有的同学对未来很清楚，制订计划，一步一个脚印。但也有同学要么对未来没想法，希望所有问题等毕业时再解决；要么忙忙碌碌，却不知往何处用力；还有同学看似对未来有想法，但又缺乏信心。同学们的困惑主要有两个方面：我要去哪里？如何去？要消除这些困惑，就跟随本模块一起开启我们的生涯探索之旅。

第一节　职业生涯规划意识

动手动脑

畅想二十年——新闻发布会

1. 活动目标

畅想二十年后的你（初步思考你的职业生涯，了解职业生涯的内涵）。

2. 活动规则

你对二十年之后的自己有憧憬吗？是否仔细想过二十年后的你是怎样的？大家来畅想一下二十年以后的自己吧。

（1）4～6人一组，想想二十年后的自己，处于人生的什么位置？你是怎样达到这个程度的？需要具备什么素质，什么能力？小组成员共同搜集信息，保证畅想内容的合理性。

（2）设想记者团可能会提出的问题，以便接受记者团的提问。

（3）针对其他各组设想出3～5个问题。

（4）选出1名同学作为新闻发言人，1名同学作为记者，新闻发言人根据本小组的畅想情况进行发言，记者负责对其他小组提出问题。

新闻发言人的职责：用3分钟来讲述"畅想二十年"的内容，然后用3分钟的时间接受记者的采访，回答记者的提问。

记者的职责：根据新闻发言人的主题提问，可以由你所在小组的成员共同提出，也可以根据新闻发言人的内容现场提出你认为重要的问题。

3. 讨论

（1）在畅想活动中，你看到的二十年后的景象是什么？

（2）你的理想与现实之间主要的差距有哪些？

（3）怎样才能实现你的理想？

4. 总结

通过对自己的理想职业生涯状态的畅想，能了解自己期待的职业生涯愿景，初步觉察自己的职业生涯状态，树立职业生涯规划意识。

知识链接

一、职业生涯

1. 生涯概述

"生涯"一词很早就在我国古代文献中出现了，庄子的《庄子·养生篇》就有对"生涯"的描述："吾生也有涯，而学也无涯。"其本意是指生命有边际、限度，后来衍生为生命和人生。生涯的英文单词是"Career"，在词源中，"Career"这个词有"疯狂"之义。因此，西方人认为"生涯"隐含未知、冒险等精神。随着时代的发展，生涯理念应用到职业领域，生涯意味着从事职业的过程，贯穿职业生涯过程是一个人终生追求的事业，并非具体的某种职业。

目前，大多数学者所接受的生涯定义是美国著名生涯教育专家舒伯（Super）提出的。舒伯认为生涯是一个人生活中各种事件的演进方向和历程，统合人生中各种角色的组合与演进，并由此表现出个人独特的自我发展形态。生涯是人生自出生到退休后，一连串有酬或无酬职位的综合，除了职位外，也包括任何与工作有关的角色，如家庭、公民角色等。

从上面的界定我们可以看出，生涯的内容比较宽泛，它不局限于单独的一份职业或工作，还包括个人的人生经历。生涯具有方向性、时间性、空间性、独特性、现象性、主动性等特点。

2. 生涯意识与培养

生涯意识就是认识到职业不仅是个人谋生的手段，也是寻求尊重、归属甚至自我实现的方式，是对人的更广领域和更高层次需求的关注、思考。生涯意识的内容包含意义、快乐、成就、传承等方面在自我、家庭、工作和社会各个领域里的具体体现。生涯意识的培养一般要经历生涯觉醒、生涯探索和生涯规划三个阶段。

第一阶段是生涯觉醒。从感受到被他人接受开始，到个体对自我职业角色、工作的社会角色、社会行为及自身应承担的责任等方面有初步的认识，这是个体生涯意识的觉醒。

第二阶段是生涯探索。从对生涯的初步认知与幻想中逐渐转向对生涯发展的试探与尝试，进行生涯思考和探索，进行初步或阶段性的生涯规划。

第三阶段是生涯规划。在进一步了解相关信息的基础上初步明确生涯发展目标，制订切实可行的计划，并在实施过程中不断调整修正，最终通过相关课程的研修与学习实施该计划。

生涯意识的培养必须涵盖生命意识、发展意识、职业意识和规划意识等，其中职业意识和规划意识的培养对于创造一种健康、积极、充实和快乐的人生尤为关键。

3. 职业生涯

职业生涯是有关一个人工作经历的过程或结果，包括一个人从职业学习开始，到职业劳动的最后结束，即个体职业发展的历程。它有狭义和广义之分。狭义的职业生涯限定于直接从事职业工作的这段时间。广义的职业生涯是从职业能力的获得、职业兴趣的培养、选择职业、就业，直到最后完全退出职业劳动的职业发展过程。一般而言，职业生涯可分为四个阶段。

第一阶段是生涯认知阶段。这一阶段的任务是培养日常生活中必需的基础能力素养和对工作世界的认知。生涯认知主要是在小学阶段完成的。第二阶段是职业探索阶段。这一阶段的任务是培养一个有素养的人所必需的能力，通过更加具体的经验探索符合自己气质、兴趣、性格、价值观、能力的职业。职业探索主要在中学阶段完成。第三阶段是生涯规划及准备阶段。这一阶段的任务是从探索的职业中选出最适合自己的职业，开发从事该职业的能力，规划并准备就业相关的事务。生涯规划及准备主要在高中、大学以及各种职业培训、就业实践中完成。第四阶段是生涯维持与改善阶段。这一阶段的任务是在工作岗位上提高业务能力，有的人会做好换工作和离职准备，以及为了充实老年的业余生活接受相关教育。也就是说这一阶段不仅包含职场生活、家庭生活、社会生活，而且包含终身学习的成人期及老年期教育。

二、职业生涯规划

1. 职业生涯规划的内涵

职业生涯规划是指组织或者个人把个人发展与组织发展相结合，对决定个人职业生涯的个人因素、组织因素和社会因素等进行分析，制订有关个人一生中在事业发展上的战略设想与计划安排。职业生涯规划既是生涯规划的重点部分，也是大学生生涯规划最困惑的一部分。因为大学生缺乏职业的实践锻炼，对变幻莫测的职业世界充满着幻想、好奇和恐惧，面对毕业后的选择，心中充满困惑。根据职业生涯规划的定义，职业生涯规划首先要对个人特点进行分析，再对所在组织环境和社会环境进行分析，然后根据分析结果制定个人的事业奋斗目标，选择实现这一事业目标的职业，编制相应的工作、教育和培训的行动计划，并对每一步骤的时间、顺序和方向做出合理安排。

2. 职业生涯规划的意义

职业生涯规划能够帮助大学生定位、定向、定点、定心、定志，明确自我职业生涯发展，认清前景路途中的障碍，有勇气、有能力克服这些障碍，指导大学生发挥潜能，实现成功就业、创业。

（1）定位。职业生涯规划就是协助大学生群体探索自我和就业市场，让他们了解自己的兴趣、能力、价值观和性格特征等，逐步澄清自己想要做什么、擅长做什么。让他们熟悉就业市场的状况、职场生存的酸甜苦辣，逐步明确行业发展的前景。只有这样，才能帮助大学生在就业前做好知己知彼的准备。

（2）定向。职业规划最主要的就是知道大学生选择适合自己的职业发展方向，其中包括毕业后第一份就业工作的选择。大学期间的学生很清楚目标对于自身的影响力，他们往往苦于没有长期目标的引导而无所事事、浪费时间或者胡子眉毛一把抓，一阵忙乱之后错失了时机。生涯规划能帮助大学生明确职业发展方向，有了远期目标和近期目标，才有可能有的放矢，做好就业入职前的准备。

（3）定点。职业生涯规划最实效的作用在于帮助大学生制订一系列循序渐进的行动计划方案，让大学生在职业生涯途中不仅有目标引导，更有行动方案作为依托，不至于因茫然、无从行动而退缩。例如，大学生的第一次就业，可以在高校就业中心的指导下，依据时间进程逐项展开，从收集招聘信息、投递简历到参加面试等，为就业做出实际努力。

（4）定心。职业生涯规划的过程就是一个不断帮助大学生了解心理的过程，使他们了解性格无好坏之说，只有倾向之分；明白五指长短各有作用。选择职业的关键在于如何找到适合的地方发挥自己的优势；明白外在的环境并非人为控制，无须自寻烦恼，需要的是学会自我积累，在困境中求生存。大学生在就业的时候，需要始终保持平和的心态，积极应对，这样才最有助于个人职业发展。

（5）定志。每件事情的成功都不是一蹴而就的，无不经历风雨。职业生涯规划的最后实现也需要有坚强的意志和持之以恒的行动付出。而对于大学生就业，第一次涉足职业世界，同样会遇到各种意想不到的挫折和痛苦，必须要具备坚韧不拔的意志力，人的意志力只有在不断的锻炼中才会越来越强大，才能确保规划顺利实施。

三、生涯行动——我的生命线

1. 活动目标

帮助你认识生涯的概念，了解过去生活中重要事件对你的影响。

2. 规则和程序

（1）请大家在白纸上画一条直线，这条直线的长度代表了你生命的长度。直线的一端视为你生命的开始，另一端写上你期待可以活到的年龄。

（2）在这条生命线中，标记出你现在的年龄。

（3）回顾你过往生命历程中发生的重大事件，在直线上方写出 2～3 件对你有积极影响的事件，并在直线相应位置上标明年龄和关键词；在直线下方写出 2～3 件对你有消极影响的事件，并在直线相应位置上标明年龄。我的生命线如图 2-1 所示。

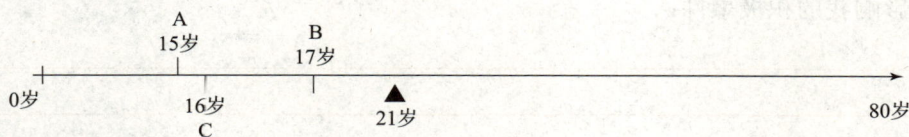

图 2-1　我的生命线

3．讨论

思考一下这些事件对你的影响，你是如何使你成为今天的你的。

（1）0～12 岁。

影响我的积极事件：

影响我的消极事件：

我的收获与经验：

（2）13～18 岁。

影响我的积极事件：

影响我的消极事件：

我的收获与经验：

_____

_____

（3）19～22岁。
影响我的积极事件：

_____

_____

影响我的消极事件：

_____

_____

我的收获与经验：

_____

_____

4. 总结

生涯规划不是一个静止的点，而是一个动态的过程，不只发生在人生的某一个阶段，而是伴随我们一生。

📅 知识拓展

吃苹果的四只毛毛虫

毛毛虫都喜欢吃苹果，有四只要好的毛毛虫约好一起去森林里找苹果吃。

第一只毛毛虫

第一只毛毛虫跋山涉水，终于来到一棵苹果树下。它根本就不知道这是一棵苹果树，也不知道上面长满了红红的可口的苹果。当它看到其他的毛毛虫往上爬时，就稀里糊涂地跟着往上爬，没有目的，不知终点，更不知自己到底想要哪一个苹果，也没有想过怎样去摘取苹果。它的最后结局呢？也许找到了一颗大苹果，幸福地生活着；也可能在树叶中迷了路，过着悲惨的生活！不过可以确定的是，大部分的毛毛虫都是这样活着的，没想过什么是生命的意义，以及为什么而活着。

第二只毛毛虫

第二只毛毛虫也爬到了苹果树下。它知道这是一棵苹果树，也确定它的"虫"生目标就是找到一颗大苹果。问题是它并不知道大苹果会长在什么地方？但它猜想：大苹果应该长在大枝叶上吧！于是它就慢慢往上爬，遇到分枝的时候，就选择较粗的树枝继续爬。它就按这个标准一直往上爬，最后终于找到了一个大苹果。这只毛毛虫刚想高兴地扑上去大吃一口，但是放眼一看，发现这个苹果是全树上最小的一个，上面还有许多更大的苹果。更令它泄气的是，要是它上一次选择另外一个分枝，它就能得到一个大得多的苹果。

第三只毛毛虫

第三只毛毛虫也到了一棵苹果树下。这只毛毛虫知道自己想要的就是大苹果，并且研制了一副望远镜，还没有开始爬时就先利用望远镜搜寻了一番，找到了一个很大的苹果。同时，它发现当从下往上找路时，会遇到很多分枝，有各种不同的爬法；但若从上往下找路时，却只有一种爬法。它很细心地从苹果的位置，由上往下反推至目前所处的位置，记下这条确定的路径。于是，它开始往上爬，当遇到分枝时，它一点也不慌张，因为它知道该往哪条路走，而不必跟着一大堆虫去挤破头。比如说，如果它的目标是一个名叫"教授"的苹果，那应该爬"深造"这条路；如果目标是"老板"，那应该爬"创业"这条路。最后，这只毛毛虫可能有个很好的结局，因为它已经有自己的计划。但真实的情况往往是，因为毛毛虫爬行得相当缓慢，当它抵达时，苹果不是被别的虫捷足先登，就是已熟透而烂掉了。

第四只毛毛虫

第四只毛毛虫可不是一只普通的虫，做事有自己的规划。它知道自己要什么苹果，也知道苹果将怎么长大。因此当它戴着望远镜观察苹果时，它的目标并不是一个大苹果，而是一朵含苞待放的苹果花。它计算着自己的行程，估计当它到达的时候，这朵花正好长成一个成熟的大苹果，它就能得到自己满意的苹果。结果它如愿以偿，得到了一个又大又甜的苹果，从此过着幸福快乐的日子。

其实，我们的人生就是毛毛虫，而苹果就是我们的人生目标——职业成功，爬树的过程就是我们职业生涯的道路。毕业后，我们都得爬上这棵苹果树去寻找未来，完全没有规划的职业生涯注定是要失败的。

第二节　职业生涯彩虹绘制

动手动脑

制定小目标

请闭上眼睛想一想，目前，有哪些事情是你想做的、关心的或是困扰的。例如，如何与宿舍同学相处，未来的职业方向是什么，如何提高英语口语能力，如何提升自信心，如何了解专业，如何安排自己的休闲生活等，尽量写下每一件你所想到的事情。

从 1～10 打分，最不满意的为 1 分，最满意的为 10 分，请你在表 2-1 为目前自己在某方面达到的满意程度打分，并试着写出可以做的一个改变。

表 2-1　目标规划

目前关心的、想做的事	当下的分值	本学期期望达到的分值	本周拟采取的行动

知识链接

一、生涯彩虹

生命有两个端点，一个是出生，一个是死亡。"生涯"这两个字在词义上即暗示了生命的这两个端点。那么，我们如何充实这两个端点之间的生活呢？舒伯的生涯发展理论，用一道瑰丽的彩虹来代表人一生的丰富多彩。生涯发展和天上的彩虹有什么关联呢？下面通过图 2-2 来了解一下生涯彩虹图。

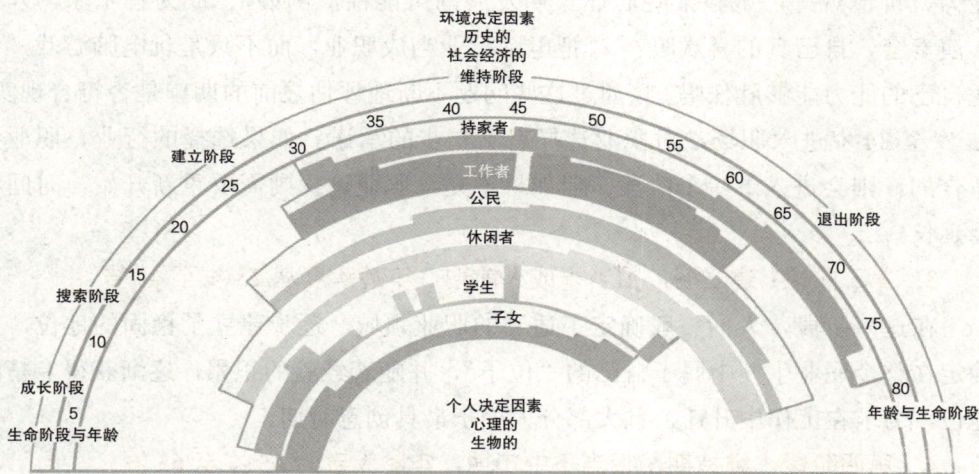

图 2-2　某人的生涯彩虹图

（注：该图未将"退休者"列入；配偶、家务者、父母亲等角色并入"持家者"中）

（一）横贯一生的彩虹：生涯广度

在生涯彩虹图中，第一层面代表的是横跨一生的生涯广度，彰显了生涯的长度。彩虹图的外层显示人生主要的发展阶段和大致估算的年龄：成长期、探索期、建立期、维持期、衰老期。每个阶段都会有一些主要的生涯发展任务需要完成。

1. 第一阶段：成长期，相当于儿童期，年龄跨度为出生至 14 岁

在人生的第一个阶段，我们首先从家庭、学校环境和重要他人的认同中发展出"职业印象"，这时期的小朋友热衷于在游戏和幻想中扮演职业角色，同时在扮演中发展出自我概念。幼儿园里每天早上的选择游戏、社会上开设的职业体验馆，都是进行早期"职业偏好试验"的好方式。随着学习行为出现，兴趣与能力也逐渐得到发展。美国每年的 4 月 22 日、加拿大每年的 11 月 7 日，都是法定的"带孩子上班日"，我们国家也有很多企业会举办这样的活动。通过带孩子上班，不仅让孩子了解了父母的实际工作状况，也让孩子了解了职业的基本常识和概念。这一阶段有两个最重要的任务：发展对于自我的图像和发展对工作世界的正确态度。

2. 第二阶段：探索期，相当于青春期，年龄从 15 岁至 24 岁

该阶段的青少年，通过学习、课外活动、打零工等活动，进行自我探索与职业探索，对自己的能力、兴趣、方向等有了初步的认识，例如，"我对音乐很有兴趣，我想以后读音乐系，将来能够去当歌唱家""我很喜欢玩电脑，我希望能整天坐在电脑面前工作"。而这一阶段也逐渐进入大学学习的阶段，通过各种社团活动、社会实践、实习、兼职等有了一些直接的职业体验，也在此过程中逐步确认兴趣、能力、价值观等，试验某些职业长期发展的可能性，例如，"成为音乐家，开个人演奏会，自己真的喜欢吗？""把电脑行业当成职业，而不只是玩电脑游戏，但凭自己的能力能够胜任吗？"通过这些问题不断地评估之前的期望是否符合现实。22岁至24岁进入职场，对职业选择有了初步的承诺。如果选择的行业、职业是适合的，则会进入下一个阶段。但如果不是，职业试探则需要重新开始，时间将会延长。

3. 第三阶段：建立期，相当于成人前期，年龄跨度从25岁至44岁

在这一阶段，人们一般确定了适当的职业领域，逐步建立了稳固的地位，能确定在整个职业生涯中属于自己的"位子"，并随着经验的积累，逐渐获得专精的地位，力求在工作中升迁，且大部分人处于最具创意时期。

4. 第四阶段，维持期，相当于中年期，年龄大致为45岁至65岁

这一阶段一般在事业上比较稳固，在某个领域逐步成为专家或管理者。丰富的人生经验可以让自己更加明白想要什么，懂得自己的人生使命。个体仍希望继续维持属于他的工作"位子"，同时会面对新人员的挑战。这一阶段发展的任务是维持既有成就与地位。当然，也有一些人会发展出新的角色，找到新的方向。

5. 第五阶段：衰退期，约相当于老年期，年龄为65岁以后

人们在这阶段身心状态逐渐衰退，需要从原有工作岗位上退隐。当然，也有的人能够发展出新的角色，寻求不同的满足方式以弥补退休的失落。在未来社会，人口的老龄化是一种趋势，65岁以后的老人仍处于工作状态可能是一件很正常的事情。因此，如何在从维持期到衰退期的过渡阶段发展出新的技能，适应新时代的变化，是老年生涯需要考虑的重要事情。对于那些成功人士来说，在这个阶段需要考虑的可能是如何使自己的事业得到传承，如何培养"接班人"。当然，还有更多的人会将精力转移到义工或休闲活动中，做以前一直想做的事，放飞自我，将老年生活过得丰富多彩。

从职业生涯发展阶段可以看出，大学生正处在职业生涯探索和建立阶段的转换期，主要任务是通过职业生涯探索，增进生涯意识，并逐渐厘清自己的发展方向，完成具体的生涯计划和准备。在这两个时期，大学生的能力迅速提高，职业兴趣趋于稳定，逐步形成对未来职业生涯的预期。

（二）纵贯上下的彩虹：生活空间

在生涯彩虹图中，第二个层面代表的是纵贯上下的生活空间，由一组职位和角色组成。

1. 生命角色

"角色"一词的本意是面具。"穿什么戏服，做什么戏"，角色赋予了人物身份、期待和要求。戏台上的红脸是夜读春秋的忠义关公，白脸是挟天子以令诸侯的奸雄曹操，黑脸是率直张飞……人生就是舞台，我们一辈子都在做人做事，也一辈子都在扮演各种角色。

舒伯将不同的生涯角色归纳为儿童（子女）、学生、休闲者、公民、工作者、配偶、家务者、父母亲和退休者等九种。有些时期我们只有单一的角色，有些时期则可能同时拥有多种角色，生涯便是在这九种生命角色之间铺陈、转换、递进的过程。以角色的观点来说，我们要完成某些自己认定或他人期许的事情，其实也就是要去扮演和这些事情有关的角色。例如，学生要用功读书，母亲要哺育抚养子女等。

生涯与整体的生活有关，因而应该与全部的生活角色有关，具有"全人"的色彩，而不应只有单一角色或狭窄的目标。所以在生涯规划的过程中，生涯角色的选择、调配与权衡是首先要面对的课题。

2. 角色人生的规划

一生中，我们会对扮演各种角色所要付出的精力，以及实施的时间顺序做一个规划。具体来讲，需要规划三个问题：其一，终其一生会扮演哪些角色。人生有些角色是要传承的、必须担当的，如子女，而更多的角色是可以选择的，如职业角色，甚至父母的角色。其二，在生涯的哪个时段扮演哪种角色。有人选择 20 出头就当了父亲或母亲，而有人可能在 30 多岁再扮演这样的角色。其三，每种角色要达到何种目标，投注多少精力，延续时间长短。这三个问题可以借助舒伯的生涯彩虹图来说明，各道彩虹的颜色深浅表明了在该角色上投入的时间、精力多少。

（1）子女角色。

在人生的头几年，父母、原生家庭构成了子女全部的生活世界，因此子女角色是我们身上唯一的角色。随着年龄的增长，我们逐渐从家庭进入学校和社会，伴随着求学的轨迹和学生角色的累积，在时间和精力的分配上，我们与父母的相处减少，子女角色的比重开始降低。随着开始工作、建立自己的家庭，在子女角色的投入上降到最低。直到中年，因为父母逐渐衰老及疾病困扰，要更多地关注、照顾父母，其子女角色比重又会上升。

（2）学生角色。

学生角色会在几个集中性的求学阶段达到高峰。从学校毕业之后走上工作岗位，最初几年面临着对工作的适应，在学生角色的投入上降到低点。随着适应工作中新要求的需要，希望学习、进步和深造以更新知识和工作技能，这时会将部分或全部精力投入到在职或脱产学习中，学生角色会再次达到高峰。学生与工作者角色的起起落落构成了我们大部分职业生涯的主要发展状态。至退休以后，许多人选择参加老年大学或以多种形式丰富退休生活，学生角色还会再一次上升。

在大学阶段的我们，是处于该角色浓墨重彩的阶段，你有没有思考过：自己为什么要上大学？怎样上大学？有的人只有升学目标，没有求学目标。他们把考研、读博士、拿证书当成目标。而有求学目标的人，会问问自己为什么考研、为什么读博士，其心中是有较为清晰的蓝图与求学动机的。因此，他们会清晰地找到自己的方向，学习更多的知识，获得更强的能力。他们不仅在时间和精力上对学生角色投入更多，而且在目标上也对学生角色认同较深。

（3）休闲者角色。

"知乎"作家张佳玮，除了其作家身份外，还身兼数职，包括美食专栏作家、篮球评论员、翻译者。他在一个月中每一天都有不同的身份，如1号负责给团队买盒饭，顺便写饮食专栏；2号负责看篮球……按照这个序号，一直可以编到30号。随着越来越多的人身兼数职，有人提出目前已经进入了一个"自由职业态"的时代，即每个人都可以从生活爱好、休闲中发展出一种职业身份。

所谓休闲，是指在闲暇时间内以"玩"的方式获得身心的调节与放松，达到生命保障、体能恢复、身心愉悦的一种业余生活，是工作之余的自我发展。从舒伯的生涯彩虹图可以看出，休闲者是伴随人一生的角色，对其投入的多少与个人的价值观、生活方式有关。

从休闲者与工作者的关系来看，休闲者既可以作为工作者角色的有益调剂，也可以作为其重要补充。当我们与职业比较协调时，休闲会成为我们工作之余的调剂，生涯彩虹会更加平衡、丰富；当我们与职业不太协调，甚至有冲突的时候，我们就会把休闲作为工作的重要补充，甚至从中逐渐发展出工作的部分。非职业、非专业的事情做长了、做久了，就有可能变成职业和专业。休闲生活的质量，直接决定了职业生涯的质量。

（4）工作者角色。

工作者角色可能不需要贯穿人的一生，但它是所有角色中在单位时间内需要投入精力最多的一个。在人的一生中，20岁到60岁，一周五天、每天八小时，最美好、精力最充沛的时间都是在工作中度过的。除去吃喝拉撒的时间，人们在工作中投入的时间，占到清醒期间可自由支配时间的一半以上。工作者角色是人生的主体，在所有角色中居于核心地位。因此，工作质量的高低、工作者角色完成的好坏，直接决定了人生的质量。

对于我们而言，工作不仅意味着养家糊口、满足温饱，而且是形成社会联系的平台和纽带。若干年未见面的同学、好友，见面之后互相关心的第一个问题可能就是问对方在做什么工作。可见，职业是我们的一个身份，是我们在社会中的一个"位置"，是我们方便被社会所了解，也方便表达自己的"标签"。通过这个"标签"，我们能快速地判断个人的学识、涵养、经济收入、人际圈子、生活状态等。而除了满足个人的生活需要、社交需要，实现"安身"的功能外，职业还有一个很重要的功能，就是"立命"，这使得职业慢慢成为实现人生意义和价值的重要载体。

（5）持家者角色。

夫妻、父母及家长角色，是我们成年之后，随着家庭关系的变化，逐渐被赋予的、持续一生的角色。夫妻/伴侣，是要跟另一半建立起亲密的、愿意承诺的、相互扶持地走完一生的关系；持家者，是家庭关系里愿意承担起一个家庭的社会功能的人，如赚钱养家、买房置业、赡养父母、善待兄弟姐妹等；父母，是愿意生育孩子，并用心去爱他、教育他的人。你了解这些角色吗？你希望自己承担这些角色吗？如果希望，何时承担，又如何承担呢？

大学是人生中重要角色的承接与铺垫阶段。在大学阶段，学生、子女、休闲者的角色占据了主要的部分，但同时也为未来的工作者、持家者角色做了铺垫与准备。大学阶段，能否掌握足够的"软""硬"实力，能否与他人建立良好的情感关系，能否进行足够的生涯探索与实践，直接关系到我们今后各方面的平衡发展。

从舒伯的生涯彩虹图可以看出，人生是一个平衡各个角色的过程。随着年龄的增长、角色的增加，平衡的任务越来越迫切。从当下这个阶段去看人生的旅程，也许觉得较为遥远，但心中有了这个愿望，就会对生涯的大蓝图有了轮廓概念，也会预先对生涯的转承启合有更充分的准备。在人生的什么阶段开启什么角色，对于各阶段角色之间重心的分配，对于每个角色在人生长河中的起伏错落，你是否心中有了一些想法呢？可以试着画一画自己的彩虹图。

二、职业生涯彩虹图

我们在自己的生命历程中正在或即将扮演很多的角色。每一重角色构成了一道风景线，多重的角色整合起来就构成了我们的生涯彩虹图。下面，我们一起动手，画出自己的生涯彩虹图，步骤如下：

1. 发挥想象
想象你期待的未来职业生涯，写出你未来的理想工作形态和生活方式。

2. 绘出你的人生彩虹
彩虹的长度代表时间的长短，彩虹的宽度代表你投入精力的多少。请在图2-3中，把自己已经扮演或者正在扮演的角色年龄段用实线描下来。根据自己已经有的感受和未来期望,给相应的扇形格涂色。幸福感、成就感越高的,用越暖的颜色,如红色、黄色等;反之用冷色,如紫色、蓝色等。

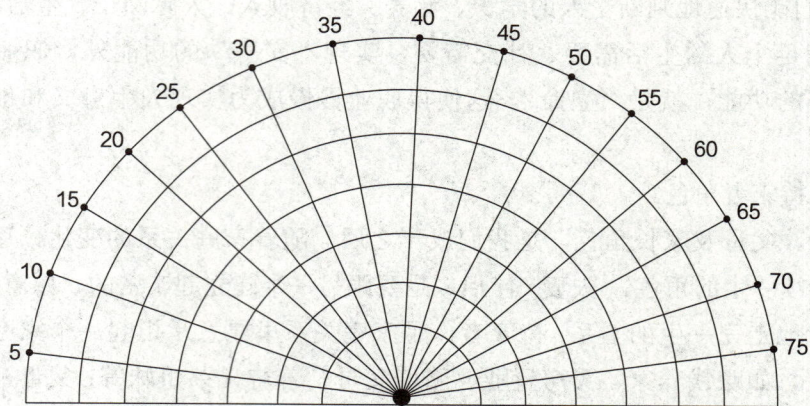

图 2-3　我的生涯彩虹图

3. 构想你未来十年的人生

先想想自己十年后在不同的角色上要完成事情的目标是什么。你会面临哪些事情?周围的环境如何?思考你要完成的事情和目标并写在下面。

预估未来十年,我可能面临的事情:

在未来十年中,我必须面对的生涯发展课题:

在不同角色中,我想要完成的事情和目标:

学生:

工作者:

休闲者:

公民:

持家者:

子女:

4．思考

（1）各个角色的起讫点如何？对你的意义是什么？

_____

_____

_____

（2）什么时间某个角色要加重？何时要减少其重要性？

_____

_____

_____

（3）不同阶段的主要任务是什么？

_____

_____

_____

（4）对每个角色的胜任情况按 1～10 打分，1 分为最不满意，10 分为最满意。目前的分数各是几分？

_____

_____

_____

（5）对你来说，最想改变的是哪个角色？在这个角色上，如果想提升 1 分，你可以做哪些不同的改变？

_____

_____

_____

职业生涯七问

第一个问题：我喜欢做什么？

从事一项自己喜欢的工作时，工作本身就能给你一种满足感，因为兴趣是最好的老师，是成功之母。调查表明：兴趣与成功概率有着明显的正相关性。在设计自己的职业生涯时，要考虑自己的特点，选择自己喜欢的职业，不要压抑自己的兴趣。一个热爱工作的人，愿意付出更多的努力，因此往往表现得更为卓越。

第二个问题：我擅长做什么？

任何职业都要求从业者掌握一定的技能，具备一定的能力条件。但一个人一生中，不可能将所有技能全部掌握。每个人最大的成长空间，在于其最终的优势领域。你可以把自己已经证明的能力，和自认为还可以开发出来的潜能一一列出来，在进行职业选择时择己所长。

同时还要分析，自己讨厌的事情是什么，自己的弱点是什么。当工作使你感到压抑、不愉快，并且成绩平平时，你干这些事的能力便是你的弱点。管理学大师彼得·德鲁克博士在1999年3—4月的《哈佛商业评论》中发表了一篇名为"管理自己"的文章，强调充分发挥自己长处的重要性，指出这是成为杰出人士的必由之路。对于集体而言，需要克服的是"短板定理"；对于个人而言，不要想着努力去补齐短板，而是应该去发挥自己的长处。

第三个问题：环境支持/允许我做什么？

回答这个问题前要分析周边的环境，包括本单位、本市、本省、本国甚至国际环境。分析内外环境给自己职业生涯带来的机遇和阻碍。只要是自己有可能借助的环境，就应在考虑范畴之内。分析在这些环境中，自己可能获得什么支持和允许；还要分析目前自己所处的行业、企业和职位有哪些威胁，任何地方的机会和威胁都是相互依存，并可相互转化的。

第四个问题：社会需要什么？

社会的需求不断演化着，旧的需求不断消失，新的需求不断产生。昨天的抢手货或许今天就变得无人问津，所以在设计职业生涯时，一定要分析社会需求趋势。

第五个问题：我要什么？

确定自己的人生目标：我为什么而活？在自己理想的框架内，制定职业生涯目标，并将它分解成阶段目标。

职业是个人谋生的手段，其目的在于追求个人幸福。在择业时，首先考虑的是自己的预期收益最大化。选择个人收益最大化的职业取向，从社会角度和个人意向中取舍，从而在由收入、社会地位等变量组成的函数中找出一个最大值，这就是在选择职业生涯中的收益最大化原则。

第六个问题：怎样设计职业生涯规划？

根据设定的目标，制定整体的职业生涯规划，作为纲领性的长期规划；制定一个三到五年的职业规划，作为一种发展的中期规划；制定一年的职业生涯规划，作为一个可操作性强、变化较小的短期规划。

职业生涯策略是指为实现职业生涯目标而制订的行动计划，一般较为具体，有很强的可行性，如构建人际关系网、参加组织培训计划、跳槽等。职业生涯策略还包含一些前瞻性的准备，包括进修班，掌握一些额外的技能或专业知识（如获得幼儿教师资格证、攻读工商管理学位）等。

第七个问题：干得怎么样，再应怎么干？

每过一段时间，要审视内在和外在环境的变化，获得反馈，并且及时调整自己既定的职业生涯规划。

第三节　大学生职业生涯规划

动手动脑

（1）与同学交流上大学的五个理由，进入大学后的愿望／梦想／期待／追求，以及大学阶段必须完成的任务，请记录在下面的横线上。

_____

_____

_____

_____

（2）综合同学上大学的理由，你知道自己追求的是什么吗？为了这份追求，你准备怎么做？

_____

_____

_____

_____

知识链接

一、职业生涯规划的准备

大学生涯通常都是从学业规划开始的。大学生应根据自身情况，分析现有条件和制约因素，通过解决学什么、怎么学、什么时候学等问题，确保自己顺利完成学业，为成功实现就业打好基础。对刚入校的新生来说，只有及早制定自己的学业规划，明确努力方向，全面提高自身素质，将来才能在激烈的竞争中把握住机会、获得成功。大学生在进行生涯规划时，应正确处理以下四种关系：

（1）学业与专业的关系。重视自己的学业，努力培养自己的专业兴趣，将自己的爱好和国家的需要以及社会发展的要求有机地统一起来，掌握专业知识、专业技能和相关能力，培养自己的专业素质。

（2）专业与职业的关系。在专业学习期间，就应注重学以致用，自觉地学好职业知识、培养职业素质，锻炼职业能力，收集职业信息，以期在将来的职业竞争中立于不败之地。

（3）专业与事业的关系。将自己现在的专业、将来从事的事业联系起来，在学习的过程中，充分认识所学专业在国家建设和社会发展中的意义、作用和发展前景，立志献身其中，在工作中充分实现自己的人生价值。

（4）学业与就业的关系。就业是学业的导向，学业对就业有重要影响。以就业为导向，有利于大学生的专业选择、学业目标的调整、学习方式的改变、学习外延的拓展以及综合素质的提高。就业是衡量学业成就的重要标准之一。想要成功就业，就必须具备强烈的事业心、广博精深的专业知识、较强的沟通协调能力、良好的心理素质和强健的体魄以及创新精神，这些都应当在完成学业的过程中培养起来。

二、职业生涯规划的流程

一个人职业生涯发展的过程就像是画圆，我们的一生就是在画这个职业生涯之"圆"，直至退休。对于在校大学生们，职业生涯规划也是如此，先认识自我，在此基础上通过不断尝试和了解，从而确立目标，再根据实际情况制定、实施策略，最后在行动中使职业生涯不断持续发展。

（一）认识自我

（1）分析自己的兴趣爱好，明确自己想从事何种工作。兴趣是理想产生的基础。认真细致地分析自己的兴趣与爱好，有助于选择适合自己的专业方向和研究领域，发挥所长。

（2）分析自己的能力、特长，明确自己能干什么。能力既是人的综合素质在现实行动中的表现，又是成就人生价值的一种主导性力量。任何职业都要求从业者掌握一定的技能，所以要在认定自己想干什么的基础上，明确自己已经具备的能力和需要培养的能力。

（3）分析未来，把握社会需求。大学生要着眼未来，关注社会不断发展变化的趋势，立足未来的需求，不盲目跟风，选择社会需要又最适合发挥自身优势的专业方向和研究领域。找出自己想干什么、能干什么和社会要求自己干什么，这三者的结合点，正是职业生涯规划的关键所在。

（二）确定目标

职业生涯目标有总目标和短期目标之分。总目标要兼顾职业生涯的发展，是未来职业发展的方向；短期目标是指在一定时间内要达到的目标。当大学期间的总目标确定后，需要逐步分解学习目标。一般情况下可遵循以下思路进行分解：三年的总目标——年目标——学期目标——月目标——周目标——天目标。通过这个方法，有利于总体规划落实到大学生活的每一天，确保每一位大学生都能有条不紊地实现自身的目标。

（三）制订实施策略

在制定职业生涯规划时，大学生要多与同学、老师、父母交流。听取他们的建议和意见，取得他们的支持和帮助。许多学生认为，规划容易实施难，诺里斯的契约学习法值得大家学习借鉴。诺里斯认为，做出学习的决定只是学习过程中的第一步，困难在于如何将这种决定和计划付诸实践。契约学习法的步骤如下：

（1）确定学习的需要。需要是你的现状和期望之间的差距。

（2）确立学习的目标。从结果的角度看，详细说明你想要学的内容。

（3）寻找资源。这是你达到目标所需要的一切因素，包括人、书本、时间等。

（4）制订学习计划。选择什么计划或方案。

（5）规定进程标准。标准能指引你及时评估计划实现的进度。

（6）找一位导师与你共同规划。导师的作用如同健身教练一般，能客观评估你的现状，指导和鼓励你实施行动。

由于现实环境中存在多种不确定因素，因此规划要具有一定的弹性，要写明评估与反馈，分析存在的问题，及时修正目标，变更实施措施。

三、生涯行动——认识我的大学

1. 活动目标

（1）认识高等教育尤其是高等职业教育的价值。

（2）明确国家对高职毕业生的具体需求。

（3）明确为了实现目标自己所要付出的努力。

2. 活动时间

第（1）项 15 分钟，第（2）项 20 分钟。

3. 活动准备

彩色卡纸、A4 纸、红笔、黑笔、磁扣、白板 / 黑板。

4. 活动步骤

（1）课堂讨论。如表 2-2 所示。

表 2-2 "认识我的大学"实施步骤

步骤	具体要求	注意事项
步骤一	教师阐明高职教育的内涵，强调高职人才对国家发展的重要性	鼓励学生增强自信
步骤二	将学生分成若干小组，每组 6～8 人，采用头脑风暴的方式讨论	鼓励学生开阔思路
步骤三	小组讨论，按照专业知识技能、自我管理技能和可迁移技能对讨论结果进行分类	教师合理掌握归类标准
步骤四	请每个学生对照教师归纳的结果，用红笔标出自己已经具备的能力，用黑笔标出自己尚不具备的能力	学生可以根据自身特点寻找可行的途径和方法
步骤五	小组讨论在校期间适合不同个体的可以提升能力的途径和方法	
步骤六	教师点评	

（2）在表 2-3 中写出"我的大学一年级"的目标。

表 2-3 "我的大学一年级"目标制定

时间	目标内容	为实现目标所需付出的努力（请详细列出）
一年后		1. 2. 3.
半年后		1. 2. 3.
五个月后		1. 2. 3.
四个月后		1. 2. 3.
三个月后		1. 2. 3.
本月		1. 2. 3.
本周		1. 2. 3.

大学生，你做好职业生涯规划了吗？

西汉·戴圣《礼记·中庸》有言："凡事豫则立，不豫则废。"作为新时代的大学生，我们应当适应时代，顺应时代潮流，把握时代特点，让时代为我们所用，因此，及早做好生涯规划对于未来就业、升学等都很有必要！

1. 一份好的生涯规划让你赢在起跑线上

有很多同学会问："大三毕业才开始就业，大一就考虑生涯规划的事情是不是太早了？"不，大一才开始生涯规划已经晚了！生涯规划是一种方向性的确定，它包含了你未来学习、就业等的专业方向，有了它，你的奋斗不是漫无目的的，恰恰相反，有了生涯规划，你不再迷茫，你的前进是直奔终点的"高效前进"。

如果高中你错过了生涯规划，没关系！还来得及！抓住大学的黄金时期，及早确定自己未来学习、升学、入党、就业等基本目标，在自我认知的基础上，提前做好个人个性化规划。在知己知彼——做出抉择——确定目标——制订计划——付诸行动——评估调整的一系列职业生涯规划、实施环节中，我们的学习才更有目标，技能训练才更有劲头，素质提升才更有效率。

2. 做好生涯规划你必须要知道的六件事

（1）自我评估。

自我评估是进行职业生涯规划的第一步。自我评估指的是个体通过各种信息确定自己的职业兴趣、价值观、个性和行为倾向，从而认识自我、了解自我的过程。因为只有正确认识了自我，才有可能对自己的未来职业发展做出正确的分析和选择，确定适合自己发展的职业生涯路线。大学生要通过科学认识的方法和手段，如可借助于霍兰德职业兴趣测验、九型人格、MBTI测试以及周围人的评价等，对自己的兴趣、特长、性格、智商、思维方式以及组织管理、协调、活动能力等进行全面认识，清楚自己的优势与劣势。

（2）环境认知。

每个人都处在一定的社会环境与组织环境之中，不同的社会环境与组织环境具有不同特点，因此在进行个人职业生涯规划时，要对所处环境进行客观分析，包括社会环境、行业发展状况和企业组织状况等。只有对环境进行充分的了解与分析后，才能做到在复杂的环境中避害趋利，使职业生涯规划具有实际意义。

（3）职业目标确立。

职业目标是指人们对未来职业表现出来的一种强烈的追求和向往，是人们对未来职业生活的构想和规划。职业目标又分中、短期目标和长期目标。长期目标一般是以后职业规划的顶点，是个人经过长期艰苦努力、不懈奋斗才有可能实现的。中、短期目标则较为具体，对人的影响也更直接，其应是长期目标的阶段性组成部分，一般是近期素质能力的提高等。

（4）职业生涯路线的确定。

职业生涯路线是对前后相继的工作经验的客观描述，而不是对个人职业生涯发展的主观感觉，可以借着职业生涯路线来安排个人的工作变动，从而训练与发展担任各级职务和从事不同职业的广泛能力。

（5）职业生涯策略的实施。

在确定了职业生涯发展目标、职业生涯发展路线之后，为了达到目标，就需要制定职业生涯发展策略的行动规划，它是大学生为达到长、短期的职业生涯目标应采取的措施。例如，为达到目标，在知识方面准备采取什么措施完善自己的知识结构；在能力方面，计划掌握哪些技能，采取什么措施挖掘自己的潜能等。方案确定后，还要有具体的行动计划，这些计划要特别具体，以便于定期检查。

（6）职业生涯规划的调整。

在行动的过程中，需要通过不断评估与反馈来检查、评价行动的效果。在职业发展的过程中，由于自身及外部环境的变化，往往需要不断对职业发展计划进行调整。职业生涯规划往往从大学生活开始制定，每个人自身条件和外部环境都不一样，对未来目标的设定也有区别，对外部情况不可能了如指掌，对自己的一些潜在能力也不一定有深入了解。因此，大学生要时刻关注自己和客观环境的变化，在一段时间的学习、生活后，有意识地回顾自己的行动，反思自己规划的职业生涯是否合理，检验自己的目标是否过高或过低，自觉总结经验教训。通过评估自己的生涯规划，发现问题，并及时修正，如职业的重新选择、实现目标的时限调整、职业路线的设定以及目标本身的修正等，使之更符合客观环境。

3. 重视生涯规划，做好生涯规划

18岁的马克思在《青年在选择职业时的考虑》中说道："如果我们选择了最能为人类福利而劳动的职业，那么，重担就不能把我们压倒，因为这是为大家而献身；那时我们所感到的就不是可怜的、有限的、自私的乐趣，我们的幸福将属于千百万人，我们的事业将默默地，但是永恒发挥作用地存在下去"。做好

生涯规划，从事自己喜欢的事业，这本身就是一件幸福的事，也是做好生涯规划最基本的意义所在。

✏️ 课后思考与实践

签订生涯目标行动协议书

甲方（老师）：

乙方（学生）：

驶向"＿＿＿＿＿＿"这一目标的旅游车已经启程啦，为了让这辆载满梦想的旅游车始终充满动力继续前进，特与甲方签订以下行动协议。

甲方（老师）的权利与义务：

（1）给予技术指导；

（2）课后不定时交谈 5~10 分钟；

（3）认真阅读报告。

乙方（学生）的权利与义务：

（1）我的大学目标是：＿＿＿＿＿＿＿＿＿＿＿＿＿＿＿＿＿＿＿＿＿＿＿＿。

（2）我本学期的行动目标是：＿＿＿＿＿＿＿＿＿＿＿＿＿＿＿＿＿＿＿＿＿。

（3）我要做的一件事（细化学期行动目标的事，如读 20 本书籍）：

＿＿＿＿＿＿＿＿＿＿＿＿＿＿＿＿＿＿＿＿＿＿＿＿＿＿＿＿＿＿＿＿＿。

（4）每天坚持做 ① ＿＿＿＿＿＿＿＿＿＿＿＿；② ＿＿＿＿＿＿＿＿＿＿＿＿；

③ ＿＿＿＿＿＿＿＿＿＿＿＿＿＿＿（有挑战的三件事），并写下记录与感受。

（5）学期末准时上交行动作业报告。本协议一式两份，签字生效。

甲方（签名）：　　　　　　　　　　乙方（签名）：

联系方式：　　　　　　　　　　　　联系方式：

　年　　月　　日　　　　　　　　　年　　月　　日

模块三　理想职业匹配

知人者智，自知者明。

——老子《道德经》

学习目标

1. 掌握探索职业兴趣、性格、价值观的方法；
2. 学会借助测评工具，实现对自己的全面认知；
3. 能够根据测评结果进行理性分析，实现自我探索。

迷茫与困惑

小文像许多大学生一样，在高考填报志愿选专业的时候懵懵懂懂，不知道选什么专业好。别人告诉她"选你喜欢的"，她却发现自己不知道真正喜欢什么。她听从家长的意见，选了"女孩子比较适合"的会计专业。她对所学的专业谈不上喜欢，但也不讨厌。但她很在意别人的看法，如她所学的专业是否有前途，其他专业怎样好，等等。每当这时候，她都会陷入困惑和迷茫，思索会计专业是否适合自己，不知道什么职业才是自己最喜欢的。

小吴是一名机电一体化专业的学生，经过一段时间的学习，他发现自己对专业越来越感兴趣，成绩也不错。按说一切都尽如人意，但他依然有困惑。他觉得自己性格上偏感性，但机械这个行业要求更多的理性，自己的性格会不会不利于专业的发展。因此，小吴不知道是否适合继续在机械领域发展。

小雅是一名室内设计专业的学生。想到大学毕业后的前途，她觉得很迷茫。一方面她觉得室内设计专业也许挺适合自己，另一方面，她又不满足于只给别人打工。从小她的心气就比较高，好强的性格促使她想去拼搏一番。不过，她又觉得三年的学习很没底。究竟自己将来能做到什么程度呢？能实现自己的价值吗？她很困惑。

上述几位同学的经历在当今的大学生中并不少见，有纠结、困惑甚至迷茫，但大家都希望自己拥有一个精彩的人生。成功的秘诀，源于对自己的充分认知。"人贵有自知之明"，自我探索就是认知自我的过程，是职业生涯规划的前提和基础。

加强自我兴趣的探索，有助于明确职业目标；加强自我性格的分析，有助于在职场上扬长避短；加强自我价值观的澄清，有助于培养健康合理的价值取向。在本模块，我们将带领大家进行自我探索，全面客观地认识自我。

第一节　职业兴趣探索

动手动脑

我感兴趣的职业

步骤一：每个人都有家庭、家族、邻居和朋友，他们的言行会影响你做人和做事的态度。他们从事的职业一般也是你比较容易接触到的。因此，在众多的职业当中，你比较容易对周围人的职业有所了解和准确认识，并可能对其中某些职业感兴趣。想了解自己感兴趣的职业，就从这里开始。确认家庭、家族、邻居、朋友们的职业，把其中你所感兴趣的三种职业写下来并交流。

你感兴趣的职业 ＿＿＿＿＿＿＿＿＿，吸引你的原因是 ＿＿＿＿＿＿＿。
你感兴趣的职业 ＿＿＿＿＿＿＿＿＿，吸引你的原因是 ＿＿＿＿＿＿＿。
你感兴趣的职业 ＿＿＿＿＿＿＿＿＿，吸引你的原因是 ＿＿＿＿＿＿＿。
步骤二：以上职业能否分类？找出其共同点？总结其特征。
特征 ＿＿＿＿＿＿＿＿、＿＿＿＿＿＿＿＿、＿＿＿＿＿＿＿。
在众多职业中，寻找具备这类特征的职业 ＿＿＿＿＿＿＿＿＿＿。

通过以上活动，了解自己感兴趣的职业，并总结归纳这类职业的特征，初步了解自己感兴趣的职业特点。

知识链接

一、兴趣是人生幸福感的来源

美国芝加哥大学心理学教授米哈利（Mihaly Csikszentmihalyi）花三十多年的时间对几百位各行各业的人进行了访谈，研究是什么东西真正令人们感到幸福和满足。他发现，和人们通常想象的不同，不是在人们很放松、什么事也不做（比如看电视）的时候，而是当人们专心致志地从事某种活动，甚至忘我地完全沉浸在这种活动中的时候，他们感到最为愉快和满足。因为这时候人们的体验好像是被一股潮流往前推动，一切都很平稳而自然地发生了。在这种状态下，人们没有考虑到做这样事情可能带来什么样的回报或担心自己的表现如何，只是整个人都忘情地投入其中，享受从事这个活动过程本身带来的快乐。

显然，如果我们所从事的事情是自己所喜欢的，那我们的工作和生活会愉快得多，多半也会对这样的工作更有激情，更有可能在这样的工作中获得满足感。

既然如此，希望每一位学生都能找到自己真正感兴趣的职业，尽可能地去做自己喜欢的事。

然而，现实和理想总是有差距的，在"你的兴趣在哪里？你到底想干什么？"这个问题上总是有些不太令人满意的回答。有的学生说：感觉自己好像没什么兴趣，也不知道自己到底想干什么。有的则说：自己的兴趣太多，不知道选择哪个好，而且，以后它们真的能成为我要从事的职业吗？还有的学生可能处于更大的困惑中：我以前喜欢这个专业，当真正接近它的时候才发现它原来并不是我想要的，我真正想干的事情到底是什么呀？兴趣这东西到底靠谱吗？基于上面种种困惑，我们在回答"你到底想干什么？"这个问题时就要多下些功夫，这就涉及对职业兴趣的探索问题。

二、自我兴趣探索

课堂活动

兴趣岛

（在本活动中请以兴趣而不是能力作为选择的标准）恭喜你！你获得了一次免费度假游的机会，有机会去下列六个岛屿中的一个。唯一的要求是你必须在这个岛上待满至少半年的时间。请不要考虑其他因素，仅凭自己的兴趣按顺序挑出你最想前往的三个岛屿。

岛屿 R：自然原始的岛屿。岛上保留着原始森林，自然生态保持得很好，有各种各样的野生动物。岛上居民生活状态还相当原始，他们以手工见长，自己种植花果蔬菜、修缮房屋、打造器物、制作工具，喜欢户外运动。

岛屿 I：深思冥想的岛屿。岛上人迹较少，建筑物多偏处一隅，平畴绿野，适合夜观星象。岛上有多处天文馆、科技博览馆以及科学图书馆等。岛上居民喜好观察、学习、探究、分析，崇尚和追求真知，常有机会和来自各地的哲学家、科学家、心理学家等交换心得。

岛屿 A：美丽浪漫的岛屿。岛上充满了美术馆、音乐厅，街头雕塑和街边艺人，弥漫着浓厚的艺术文化气息。当地的居民很有艺术、创新和直觉能力，他们保留了传统的舞蹈音乐与绘画，许多文艺界的朋友都喜欢来这里找寻灵感。

岛屿 S：友善亲切的岛屿。岛上居民个性温和、十分友善、乐于助人，社区均自成一个密切互动的服务网络，人们重视互助合作，重视教育，关怀他人，充满人文气息。

岛屿 E：显赫富庶的岛屿。岛上的居民善于企业经营和贸易，能言善道，以口才见长。岛上的经济高度发展，处处是高级饭店、俱乐部、高尔夫球场。来往者多是企业家、经理人、政治家、律师等，曾数次在这里召开财富论坛和其他行业巅峰会议。

岛屿 C：现代、有序的岛屿。岛上建筑十分现代化，是进步的都市形态，以完善的户政管理、地政管理、金融管理见长。岛民个性冷静保守，处事有条不紊，善于组织规划，细心高效。

如果是在团体内做这个活动，可以将教室分为六个区域，分别代表上述六个岛屿。请同学们按自己第一选择的岛屿就座。如果同一小组的人数太多，可分为两组。

同一岛屿的同学交流自己为什么选择这个岛屿，看看大家有什么共同的兴趣爱好，将其归纳为关键词。根据大家的交流给自己的小组命名，并选取一个标志物（Logo），在白纸上制作一张本小组的宣传图。每个小组请一位代表用 2 分钟时间展示自己小组的宣传图，并在全班分享自己小组成员共同的特点。

（1）我最想前往的三个岛屿：_____、_____、_____。

（2）我们的岛屿名称：_____。

（3）岛屿标志物及其含义：_____。

（4）岛屿关键词：_____。

提示：这六个岛屿实际上代表着美国著名的职业指导专家约翰·霍兰德（John Holland）提出的六种职业兴趣类型。做完这个活动后，你应当得出自己最有兴趣的前三个类型，并对六种类型的基本特征有所了解。需要注意的是，兴趣岛活动只是对你兴趣类型的一个初步判断。

三、找出你的霍兰德代码

有的学生可能要问：人的兴趣有很多，是不是每种兴趣都可以转化为职业兴趣？是不是每种兴趣都可以找到与之相联系的职业和专业？一个人的所有兴趣是否又都应该或能够在自己的职业中得到满足？

实际生活中，兴趣和职业往往是交织在一起的，虽然将兴趣划分为职业兴趣和非职业兴趣，但如果注意那些非职业兴趣，就会发现几乎所有的非职业兴趣都与一个人的职业生涯有一定的关系。例如，爬山的兴趣可以演变为登山或户外运动的工作；逛商场、购物的兴趣也可以演变为采购或着装指导的工作；甚至玩电脑游戏也可以演变为游戏设计方面的工作等。

当然，由于受到兴趣的广泛性和很多现实情况的影响，并不是所有的兴趣都应该或能够在自己的职业中得到满足。兴趣也可以通过兼职、志愿活动、参加社团、业余爱好等多种方式来实现。但大量的研究表明，兴趣和工作满意度、职业稳定性和职业成就感之间存在着明显的关联，因此在选择职业的时候，有必要将兴趣作为一项重要的因素考虑进去。

著名的生涯辅导理论家约翰·霍兰德自20世纪70年代以来提出了一系列的研究假设。他认为人的人格类型、兴趣与职业密切相关：某一类型的职业通常会吸引具有相同人格特质的人，而具有相同人格特质的人对许多生活事件的反应模式也是相似的。他们创造了具有某一特色的生活环境，也包括工作环境。在这种思想的基础上，霍兰德归纳了人的六种人格类型（也称职业兴趣类型，如图3-1霍兰德六角形模型所示），即实用型（Realistic Type，简称R）、研究型（Investigative Type，简称I）、艺术型（Artistic Type，简称A）、社会型（Social Type，简称S）、企业型（Enterprising Type，简称E）和常规型（Conventional Type，简称C）。

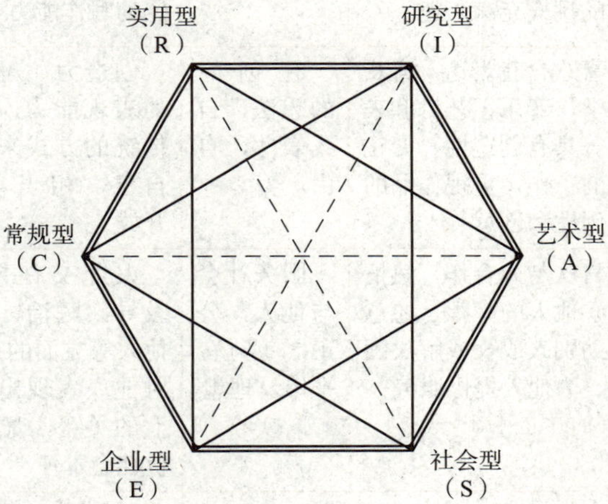

图3-1 霍兰德六角形模型

个人的职业兴趣往往是多方面的，很少只是集中在某一种类型上。大家可能或多或少地具备所有六种兴趣，只是偏好程度不同。因此，为了比较全面地描绘个人的职业兴趣，通常用偏好程度最强的三种兴趣的字母代码来表示一个人的兴趣，这个代码就称为"霍兰德代码"（Holland Code）。三个字母间的顺序表示了兴趣的强弱程度，第一个是主要兴趣，第二、第三个是辅助兴趣。比如，SAI和

AIS 的人具有相似的兴趣，但他们对同一类型事务的兴趣强弱程度是不同的。

下面，请结合兴趣岛活动和表 3-1 霍兰德职业兴趣类型倾向，在表中"喜欢的活动、重视、职业环境要求"中符合自己情况的语句下面画线，并思考自己日常生活中哪些与之相符的事例使自己做出这样的判断。按一、二、三的顺序选出你认为符合自己情况的三种类型，这就是你的霍兰德代码。

表 3-1 霍兰德职业兴趣类型倾向

类型	喜欢的活动	重视	职业环境要求	典型职业
实用型 R	用手、工具、机器制造或修理东西。愿意从事实物性的工作、体力活动，喜欢户外活动或操作机器，而不喜欢在办公室工作	具体实际的事物，诚实，有常识	使用手工或机械技能对物体、工具、机器、动物等进行操作，与"事物"工作的能力比与"人"打交道的能力更为重要	园艺师、木匠、汽车修理工、工程师、军官、兽医、足球教练员
研究型 I	喜欢探索和理解事物，喜欢学习研究那些需要分析、思考的抽象问题，喜欢阅读和讨论有关科学性的论题，喜欢独立工作，对未知问题的挑战充满兴趣	知识，学习，成就，独立	分析研究问题、运用复杂和抽象的思维创造性地解决问题的能力，谨慎缜密，能运用智慧独立地工作，有一定的写作能力	实验室工作人员、生物学家、化学家、心理学家、工程设计师、大学教授
艺术型 A	喜欢自我表达，喜欢文学、音乐、艺术和表演等具有创造性、变化性的工作，重视作品的原创性和创意	有创意的想法，自我表达，自由，美	创造力，对情感的表现能力，以非传统的方式来表现自己，相当自由、开放	作家、编辑、音乐家、摄影师、厨师、漫画家、导演、室内装潢设计
社会型 S	喜欢与人合作，热情关心他人的幸福，愿意帮助别人成长或解决困难、为他人提供服务	服务社会与他人，公正，理解，平等，理想	人际交往能力，教导、医治、帮助他人等方面的技能，对他人表现出精神上的关爱，愿意担负社会责任	教师、社会工作者、牧师、心理咨询师、护士
企业型 E	喜欢领导和支配别人，通过领导、劝说他人或推销自己的观念、产品而达到个人或组织的目标，希望成就一番事业	经济和社会地位上的成功，忠诚，冒险精神，责任	说服他人或支配他人的能力，敢于承担风险，目标导向	律师、保险代理、政治运动领袖、营销商、市场部经理、电视制片人

类型	喜欢的活动	重视	职业环境要求	典型职业
常规型 C	喜欢固定的、有秩序的工作或活动，希望确切地知道工作的要求和标准，愿意在一个大的机构中处于从属地位，对文字、数据和事务进行细致有序的系统处理以达到特定的标准	准确、有条理、节俭、盈利	文书技巧，组织能力，听取并遵从指示的能力，能够按时完成工作并达到严格的标准，有组织有计划	文字编辑、会计师、银行家、簿记员、办事员、税务员和计算机操作员

注："实用""事务"等只是霍兰德用来概括某一人格特征的词，有其特定的含义，与日常用语中的含义不完全等同。表中对某种类型特征的描述，是一种理想的、典型的形式。

兴趣类型都有很多适合的职业，查查你的兴趣适合哪种职业：

R（实用型）：计算机程序员、工程师、医疗技师、飞机机械师、鱼类和野生动物专家、自动化技师、机械工（车工、钳工等）、无线电报务员、机械制图员、电器师、雕刻师、钟表维修员、救生员、勘察员、测量员、职业运动员等。

I（研究型）：气象学者、生物学者、天文学者、药剂师、动物学者、化学家、科学报刊编辑、地质学者、植物学者、物理学者、数学家、实验员、科研人员、科技作者、营养学家、心理学家、化验员等。

A（艺术型）：室内装饰专家、摄影师、音乐教师、演员、记者、诗人、作曲家、编剧、雕刻家、漫画家、舞者等。

S（社会型）：老师、社会学者、导游、福利机构工作者、心理咨询师、社会工作者、社会科学教师、学校领导、护士等。

E（企业型）：销售人员、旅馆经理、饭店经理、广告宣传员、调度员、律师、政治家、零售商、审计员、保险人员、企事业单位中高层管理者、人事专员等。

C（常规型）：记账员、会计、银行出纳、法庭速记员、成本估算员、税务员、核算员、打字员、校对员、办公室职员、统计员、计算机操作员秘书、行政人员等。

（1）根据以上活动找出自己的霍兰德代码：

_____

_____

（2）与你的兴趣类型相关的职业有：

_____

_____

（3）你认为可以实现的职业有：

_____

_____

_____

　　除了霍兰德代码以外，还有其他各种职业兴趣的测评方法，但这些众多的兴趣测评的结果，严格地讲，不能被解释为"哪种职业适合我"，只能说根据测评的常模样本，拥有某类型兴趣特征的人通常会更多选择某些类型的职业，并且在这样的职业中感觉比较愉快、满足。此外，做兴趣测试的目的是帮助你增进对自我及工作世界的认识，拓宽你在职业前景上的思路、为未来发展提供方向性的指导，而不是限定自己。因此，不要局限于测试结果所建议的职业，也不要简单地用某些类型给自己贴标签、限制自己。大学生应树立这样一种观念：做职业兴趣测评，重要的不是得出某个确定的职业结果，而是以兴趣类型作为自己探索和定位的参考依据。

📅 知识拓展

刘欢的音乐奇缘

　　说到刘欢，恐怕没有人会对他感到陌生。他上学时，是个学习成绩中等但对音乐比较痴迷的学生。他一直是学校的文艺骨干，经常在学校里组织演出，那时他常常夜里在楼道弹吉他、唱歌，同屋的同学都无法忍受。当年，学法语的刘欢曾参加过一次由法国大使馆举办的法语歌曲大赛，刘欢的一曲法国民歌《奥维涅人之歌》赢得了大家的掌声，于是刘欢得到了到法国旅游半个月的机会。那时候大家出国多带回香水和时装，而刘欢却整日待在法国小镇的酒馆里，带回了一段属于自己的灵感，他创作的《阿尔卑斯山的小雨》就是其在法国的灵感结晶。为《雪城》《便衣警察》等电视剧演唱歌曲时，制作方邀请刘欢唱歌也只是抱着让这个年轻人来试试的态度，那时，身为国际关系学院团委老师的刘欢不断地穿梭于北京的各大录音棚，为的不是成名，也不是得利，仅仅是因为他喜欢音乐、喜欢唱歌。正是迷恋音乐的强烈兴趣最终造就了刘欢的音乐成就。

　　兴趣是人们选择职业的重要影响因素，很多人都是因为自己的兴趣选择了相关的职业，并且取得了很大的成就。一份自己感兴趣的工作能够给人带来愉悦感和满足感，也是推动人们去寻求知识和从事活动的巨大内在动力。

第二节　职业性格认知

动手动脑

签　名

（1）请同学们拿出一张空白纸，用平常写字的手在纸上签下自己的名字。

（2）请换一只手，再次在纸上签下自己的名字。

（3）两次签名有什么感受？请用形容词来描述一下。

_____

_____

当我们用自己常用的那只手签名时，通常感觉得心应手。而当我们用另一只手签名时，签的名字歪歪扭扭，会感到力不从心。不过，我们发现自己还是可以用这只手签名的。我们在其他事情上也是如此，天生有自己擅长的一面，也有自己不擅长的一面（就如我们的左右手）。如果我们知晓自己性格上的"惯用手"，并了解与之相适应的环境和职业，那么工作起来会自如且自信，甚至游刃有余。这样的最佳匹配，会带来满意的职业发展状态。

知识链接

一、什么是性格？

"人之初，性本善；性相近，习相远。"这两句话出自《三字经》，意思是人刚出生时，本性都是善良的，人的天性差别不大。由于后天的环境和所受的教育不同，彼此的习性差别越来越大。从中可以看出，性格的形成是一个长期的、复杂的过程，不但受遗传因素的影响，还受一个人生活环境和生活经历的影响。关于性格（Personality），心理学家有多种定义，但其中有两个基本概念是一致的：独特性以及行为的特征性模式。具体而言，性格也称为人格特质，是一个人在生活中对他人、对事、对自己、对外在环境所表现出来的一致性适应方式。每个人在其成长经历中，可能受到生理、遗传、家庭教养、文化、学习经验等因素的交互作用，从而形成自己的独特个性，在不同的环境中表现出特定的气质。

二、性格与职业发展的关系

人的性格类型与职业之间具有一定的相关性：一方面，不同的职业有不同的性格要求；另一方面，从事某种特定职业的人员，会按照职业的要求不断巩固或者调整原有的性格特征，培养、发展相应的职业性格，甚至可能因此影响职业原有的一些特点。

职业心理学认为，性格影响着一个人对职业的适应性，一定的性格适合从事一定的职业。当你从事的职业与自己的个性相吻合时，就可能发挥出才能，容易做出成就；反之，则可能导致其原有才能的浪费，或者必须付出更大的努力才能成功。例如，乐群的人适合从事教师、社会工作者等职业，冷静的人比较适合会计、科研人员等职业，理性的人适合成为工程师、技师等，世故性高的人适合心理学家、商人等职业。如果自己的性格和职业需要的性格相反，那么在工作中就会遇到较大的心理冲突。例如，一个比较缄默的人担任销售工作，往往会延迟其职业适应。

但性格和职业之间并不存在严格的一一对应关系，任何对性格与职业关系的固定、静止、片面的看法都是失之偏颇的，同一性格的人在不同的职业领域也会有各显魅力的展示。同时，性格没有好坏或对错之分，认识性格有利于反省自己，提高性格修养，使自己更加适应职位的要求。

三、通过 MBTI 了解性格

1. MBTI 及其四个维度

MBTI（Myers-Briggs Type Indicator）的理论基础来源于瑞士心理学家卡尔·荣格（Carl Jung）有关知觉、判断和人格态度的观点，由美国的伊莎贝尔·布里格斯·迈尔斯（Isabel Briggs Myers）和她的母亲凯瑟琳·库克·布里格斯（Katherine C. Briggs）研究发展成为心理测评工具，因此称作 Myers-Briggs Type Indicator（简称 MBTI）。MBTI 有许多研究数据的支持，属于信度、效度都较高的心理测评工具。它的用途非常广泛，用于自我探索、职业发展、人才选拔、团队建设、管理培训、恋爱与婚姻咨询、教育（学业）咨询及多元文化培训中。MBTI 衡量的是个人的类型偏好（Preference），或称作倾向。所谓"偏好"，是一种天生的倾向性，是一种特定的行为和思考方式，就像右利手的人大多数情况下使用右手，我们就说他具有右利手的"偏好"。但同时，并不代表他不用左手，在很多情况下是左、右手配合。MBTI 用四维度偏好二分法来评估一个人的类型偏好，四个维度如同四把标尺，每个人的性格都会落在标尺的某个点上，这个点靠近哪个端点，就意味着个体具有哪方面的偏好。如在外倾（E）—内倾（I）维度上，个体的性格靠近外倾这一端，就偏外倾，而且越接近端点，偏好越强。

大家可在表 3-2 中根据具体描述评估自己的维度"偏好"，因环境的限制，常常导致个人不能按照天性所喜好的那样生活，因此，在评估自己更偏向于哪一方面的时候，要注意区分到底是出于天性的倾向，还是出于别人的期望，关注哪些是第一反应。同时，不要期望每条标准都完全符合，大部分符合基本上就可以确定了，也不能要求每时每刻都以同样类型的方式行事，人常会根据外在环境来调整自己的行为。关键在于：到底以什么样的方式行事，才是自己感觉最好最习惯的。同样的，不能仅仅依赖于环境维度，而是要看个体在环境中的具体行为，例如对于外倾（E）—内倾（I）维度，假如一个人喜欢在家而不是参加聚会，我们不能据此判断喜欢独处就是内倾，如果这个喜欢在家的人是喜欢在家上网聊天，那么也是一种能量倾向于外的内外互动方式，这个人依然是外倾型的人。

表 3-2　MBTI 维度解释

能量倾向：你更喜欢将自己的注意力集中于何处？你从何处获得活力？ 外倾（E）—内倾（I）	□ 外倾 Extraversion（E）	□ 内倾 Introversion（I）
	注意力和能量主要指向外部世界的人和事，从与人交往和行动中得到活力	注意力和能力集中于自己的内心世界，从对思想、回忆和情感的反思中得到活力
	·关注外部环境 ·喜欢用谈话的方式进行沟通 ·通过谈话形成自己的意见 ·用实际操作或讨论的方式能学得最好 ·兴趣广泛 ·好与人交往，善于表达 ·先行动，后思考 ·在工作和人际关系中都很积极主动	·关注自己的内心世界 ·更愿意用书面方式沟通 ·通过思考形成自己的意见 ·用思考、在头脑中"练习"的方式学得最好 ·兴趣专注 ·安静而显得内向 ·先思考，后行动 ·当情境或事件对他们具有重要意义时会采取主动
获取信息方式：你如何获取信息？ 感觉（S）—直觉（N）	□ 感觉 Sensing（S）	□ 直觉 iNtuition（N）
	用自己的五官来获取信息。喜欢收集实实在在的、确实已出现的信息。对于周围所发生的事件观察入微，特别关注现实	通过想象、无意识等超越感觉的方式来获取信息。喜欢看整个事件的全貌，关注事实之间的关联。想要抓住事件的模式，特别善于看到新的可能性
	·着眼于当前的实际情况 ·现实、具体 ·关注真实的、实际存在的事物 ·观察敏锐，并能记住细节 ·经过仔细周详的推理一步步得出结论 ·通过实际运用来理解抽象的思维和理论 ·相信自己的经验	·着眼于未来的可能 ·富于想象力和创造性 ·关注数据所代表的模式和意义 ·当细节与某一模式相关时才能够记得 ·靠直觉很快得出结论 ·希望在应用理论之前先能对之进行澄清 ·相信自己的灵感

处理信息方式：你是如何做决策的？ 思考（T）—情感（F）	□ 思考 Thinking（T）	□ 情感 Feeling（F）
	通过分析某一行动或选择的逻辑后果来做出决定。会将自己从情境中分离出来，对事件的正反两方面进行客观分析。从分析和确认事件中的错误并解决问题中获得活力。目标是要找到一个能应用于所有相似情境的标准或原则	喜欢考虑对自己和他人来说什么是重要的。会在头脑中将自己放在情境所牵涉的所有人的位置上并试图理解别人的感受，然后在此基础上根据自己的价值判断做出决定。从对他人表示赞赏和支持中获得活力。目标是创造和谐的氛围，把每一个人都当作一个独特的个体来对待
	·好分析的 ·运用因果推理 ·以逻辑的方式解决问题 ·寻求一个合乎真理的客观标准 ·爱讲理的 ·可能显得不近人情 ·公平意味着每个人都能得到平等的待遇	·善于体贴别人、感同身受 ·受个人价值观的引导 ·衡量决定对他人产生的后果和影响 ·寻求和谐的气氛和积极的人际交往 ·富于同情心 ·可能会显得心肠太软 ·公平意味着每个人都被作为独特的个体来对待
行事方式：你如何与外部世界打交道？ 判断（J）—知觉（P）	□ 判断 Judging（J）	□ 知觉 Perceiving（P）
	喜欢将事情管理得井井有条，过一种有计划的、井然有序的生活。喜欢做出决定，完成后继续下面的工作。生活通常会比较有规划、有秩序，喜欢把事情敲定下来。照计划和日程安排办事对他们来说很重要。从完成任务中获得能量	喜欢以一种灵活、自发的方式生活，更愿意去体验和理解生活而不是去控制它。详细的计划或最后决定会使他们感到被束缚。愿意对新的信息和选择保持开放，直到最后1分钟。足智多谋，善于调节自己适应当前场合的需要，并从中获得能量
	·有计划的 ·喜欢组织管理自己的生活 ·有系统有计划 ·按部就班 ·爱制订短期和长期计划 ·喜欢把事情落实敲定 ·力图避免最后1分钟才做决定或完成任务的压力	·自发的 ·灵活 ·随意 ·开放 ·适应，改变方向 ·不喜欢把事情确定下来，以留有改变的可能性 ·最后1分钟的压力会使他们感到活力充沛

2. 十六种 MBTI 类型

🔔 **课堂活动**

你的 MBTI 类型是什么？

通过对照上表四个维度的描述，你或许已经能识别出自己在每个维度上的偏好，取每个维度上偏好类型的代表字母，即可以由四个字母构成你的性格类型。写下自己的 MBTI 类型：

能量倾向：_____　　　获取信息方式：_____

处理信息方式：_____　　　行事方式：_____

四个维度、八个端点可组合成表 3-3 中的十六种性格类型，你必然属于其中的一种。

表 3-3　MBTI 性格类型

内倾感觉思考判断 （ISTJ）	内倾感觉思考知觉 （ISTP）	内倾直觉思考知觉 （INTP）	内倾直觉思考判断 （INTJ）
内倾感觉情感判断 （ISFJ）	内倾感觉情感知觉 （ISFP）	内倾直觉情感知觉 （INFP）	内倾直觉情感判断 （INFJ）
外倾感觉情感判断 （ESFJ）	外倾感觉情感知觉 （ESFP）	外倾直觉情感知觉 （ENFP）	外倾直觉情感判断 （ENFJ）
外倾感觉思考判断 （ESTJ）	外倾感觉思考知觉 （ESTP）	外倾直觉思考知觉 （ENTP）	外倾直觉思考判断 （ENTJ）

MBTJ 十六种性格类型的人具有的特征如下：

ISTJ：沉静，认真。所有工作都完成得准确细致，贯彻始终；讲求实际，注重事实，实事求是和有责任感；能够合情合理地去决定应做的事情，而且坚定不移地把它完成，不会因外界事物而分散精神。以做事有次序、有条理为乐；不论在工作上、家庭上还是在生活上都重视传统与忠诚，是组织忠诚的维护者、支持者。

ISFJ：沉静，友善，有责任感和谨慎。能坚定不移地承担责任。做事贯彻始终、不辞劳苦和准确无误。忠诚，替人着想，细心；往往记着他们重视的人的种种微小事情，关心别人的感受。努力创造一个有秩序、和谐的工作和家居环境。

ESFJ：有爱心，合作。喜欢与人共事，渴望和谐的环境。善于组织，能够记住并利用各种事实。能够注意别人在日常生活中的需要而努力满足他们。渴望别人赞赏他们和欣赏他们所做的贡献。忠诚，乐于遵守各种规章制度。

ESTJ：讲求实际，务实。果断，能很快做出切实可行的决定。能够安排计划和组织人员工作，以最有效率的方法达到目的。能够注意日常例行工作的细节。天生的组织者，善于看到工作中不合逻辑、不协调、不合实际的和无效的部分。以坚定的态度去执行计划，甚至是坚韧不拔。

ISTP：容忍，有弹性。是冷静的观察者，当有问题出现便迅速行动，找出可行的解决方法。能使杂乱的资料和难以分辨的材料有序化，从大量资料中找出实际问题的重心。通常喜欢手工活和掌握工具的用法，重视效率。

ISFP：沉静，友善，敏感和仁慈。喜欢亲身参与，尤其是助人的职业。喜欢变化并能很好地适应新环境。喜欢有自己的空间。不喜欢争论和冲突，喜欢在积极支持的气氛中成长。

ESFP：外向，友善，包容。热爱生命，喜欢与人共事。在工作上，能用常识，注意现实的情况。在工作中创造生动、愉悦的氛围，使工作富有趣味性。易接受新朋友和适应新环境。与别人一起学习新技能可以达到最佳的学习效果。

ESTP：有弹性，容忍。讲求实际，专注即时的效益。能够通过实践达到最佳的学习效果，对理论和概念上的解释感到不耐烦，希望以积极的行动去解决问题。专注于"此时此地"，喜欢主动与人交往，对于不同类型的人有很好的适应性。

INTP：对任何感兴趣的事物，都要探索一个合理的解释。喜欢理论和抽象的事物，喜欢理念思维多于社交活动。沉静，满足，有弹性，适应力强。在他们感兴趣的范畴内，有非凡的能力去专注而深入地解决问题。有怀疑精神，有时喜欢批评，善于分析。

INFP：理想主义者，忠于自己的价值观及重视的人。外在的生活与内在的价值观配合。有好奇心，能很快看到事情的可能与否，能够加速对理念的实践。试图了解别人，协助别人发展潜能。适应力强，有弹性；如果和他们的价值观没有抵触，往往能包容他人。

ENFP：热情而热心，富于想象力。认为生活充满很多可能性。能够很快地找出事件和资料之间的关联性。很需要别人的肯定，又乐于欣赏和支持别人。即兴而富于弹性，时常信赖自己的临场表现和流畅的语言能力。

ENTP：思维敏捷，机灵。能随机应变地应付新的和富于挑战性的问题。善于看到概念上的可能性，然后很有策略地加以分析。善于客观公正地看待事物。对日常例行事务感到厌倦。甚少以相同方法处理同一事情，能够灵活地处理接二连三的新事物。

INTJ：有创意，善于创造体系，有很大的冲劲去实践理念和达到目标。能够很快地掌握事情发展的规律，从而想出长远的发展方向。一旦做出承诺，便会有条理地开展工作，直到完成为止。有怀疑精神，独立自主，有高水准的工作能力和表现。

INFJ：探索意念，关心事物的意义和它们之间的关系。希望了解什么可以激发人们的推动力，对别人有洞察力。尽责，能够履行他们坚持的价值观念。有一个清晰的理念以谋取大众的最佳利益。能够有条理地、果断地去实践他们的理念。

ENFJ：温情，有同情心，反应敏捷和有责任感。高度关注别人的情绪、需要和动机。能够看到每个人的潜质，帮助别人发挥自己的潜能，积极地协助个人和组织的成长。忠诚，对赞美和批评都能很快做出回应。社交活跃，在一组人当中能够惠及别人，有启发别人的领导才能。

ENTJ：坦率，果断，乐于成为领导者。善于处理复杂而要求创造性的问题，容易看到不合逻辑和缺乏效率的程序和政策。能够做出合乎逻辑的决定。雄心勃勃，工作勤奋，能够时刻牢记长期和短期的目标。

3．MBTI 与职业的对应

知道自己的 MBTI 类型，可以帮助你了解职业倾向。有研究数据表明，S-N、T-F 两种维度的组合（ST、SF、NF、NT）与职业的选择更为相关（Hammer and Macdaid, 1992）：

（1）ST 型的人更关注通过实效和实际的方式应用详细资料，如商业领域。例如，一位 ST 型的心理咨询硕士将会成为心理测评和应用方面的专家。

（2）SF 型的人喜欢通过实践的方式帮助别人，如健康护理和教育领域。例如，一位 SF 型的心理咨询硕士将关注自己的管理、督导技能，以发展和促进同事之间有效的工作关系。

（3）NF 型的人希望通过在宗教、咨询、艺术等领域的工作来帮助人们。例如，一位 NF 型的心理咨询硕士将成为临床专家来帮助人们成长、发展，学习如何更好地了解自己和他人。

（4）NT 型的人更关注理论框架，如科学、技术和管理，喜欢挑战。例如，一个 NT 型的心理咨询硕士将运用他的战略重点和管理技巧，成为人力资源领域的管理者。

工作安全感则受 IJ、IP、EP、EJ 的影响最大，其中 EJ 类型的人最易有工作安全感，而 IP 类型的人常常在工作中对组织、未来等缺乏安全感。

当然，如表 3-4 所示，十六种 MBTI 类型各有其职业倾向。其中，职业倾向的描述都是从大的类别描述的，从中了解自己的职业倾向时，请不要陷入类别名称的描述，而更重要的是看到这一类别工作的特点。每种类型个体适合的职业很多，但表中所显示的只是其中的典型代表。

表 3-4　MBTI 的十六种性格类型的职业倾向

ISTJ	ISFJ	INFJ	INTJ
·管理者 ·行政管理 ·执法者 ·会计 　或其他能够让他们可以利用自己的经验和对细节的注意完成任务的职业	·教育 ·健康护理（包括生理、心理） ·宗教服务 　或其他能够让他们运用自己的经验亲力亲为帮助别人的职业，这种帮助是协助或辅助性的	·宗教 ·咨询服务（包括个人、社会、心理等） ·教导／教学 ·艺术 　或其他能够促进他们情感、智力或精神发展的职业	·科学或技术领域 ·计算机 ·法律 　或其他能够让他们运用智力创造和技术知识去构思、分析和完成任务的职业
ISTP	**ISFP**	**INFP**	**INTP**
·熟练工种 ·技术领域 ·农业 ·执法者 ·军人 　或其他能够让他们动手操作、分析数据或事情的职业	·健康护理（包括生理、心理） ·商业 ·执法者 　或其他能够让他们运用友善、专注于细节的相关服务的职业	·咨询服务（包括个人、社会、心理等） ·写作 ·艺术 　或其他能够让他们运用创造和集中于他们的价值观的职业	·科学或技术领域 　或其他能够让他们基于自己的专业技术知识独立、客观分析问题的职业
ESTP	**ESFP**	**ENFP**	**ENTP**
·市场 ·熟练工种 ·商业 ·执法者 ·应用技术 　或其他能够让他们利用行动关注必要细节的职业	·健康护理（包括生理、心理） ·教学／教导 ·教练 ·儿童保育 ·熟练工种 　或其他能够让他们利用外向的天性和热情去帮助那些有实际需要的人们的职业	·咨询服务（包括个人、社会、心理等） ·教学／教导 ·宗教 ·艺术 　或其他能够让他们利用创造和交流去帮助促进他人成长的职业	·科学 ·管理者 ·技术 ·艺术 　或其他能够让他们有机会不断承担新挑战的工作
ESTJ	**ESFJ**	**ENFJ**	**ENTJ**
·管理者 ·行政管理 ·执法者 　或其他能够让他们运用对事实的逻辑和组织完成任务的职业	·教育 ·健康护理（包括生理、心理） ·宗教 　或其他能够让他们运用个人关怀为他人提供服务的职业	·宗教 ·艺术 ·教学／教导 　或其他能够让他们帮助他人在情感、智力和精神上成长的职业	·管理者 ·领导者 　或其他能够让他们运用实际分析、战略计划和组织完成任务的职业

　　在运用 MBTI 性格类型时，可能有的学生会觉得自己适合的职业倾向怎么都不如别人的好，其实职业类型只有不同，没有好坏，每种类型都是独特的，只要

适合自己就好。每种类型都是独特的，会在适合的环境中发挥自己的特点，人生的秘诀就是经营自己的长处而不是短处，更好地发挥自己的个性特长。认识自己的性格类型，可以让你更好地了解自己，理解自己的行为特点，根据自己的特点学习、工作和解决问题。当然，这并不意味着它可以成为约束你不做某事或不选择某种事业的借口。世界上没有百分之百适合某种性格的职业，也没有百分之百不适合某种性格的职业，懂得用己所长，整合资源，才是问题解决之道。性格认识旨在帮助我们更好地了解自己的行为和做事特点，理解他人为何与自己不同。评价的标准不止一个，人与环境的互动也很复杂，很难用某个标准来评价。所以，请注意不要在生活、工作中因性格类型而固化地看待甚至歧视某些人。

🔔 **课堂活动**

探索性格的其他方法——你我眼中的"他"

（1）通过生活中的行为方式和过往经验，每人写"我是一个 _____ 的人"（从性格方面描述自己的特点，尽量多写一些）。

我是一个 _____ 的人　　　我是一个 _____ 的人

我是一个 _____ 的人　　　我是一个 _____ 的人

我是一个 _____ 的人　　　我是一个 _____ 的人

我是一个 _____ 的人　　　我是一个 _____ 的人

（2）10 人一组，最好相互之间比较熟悉。每个人拿一张空白的纸，在纸的正面写下自己的名字，接着把这张纸轮流传给每个人，要求每个人在纸上写下自己所了解到的这个人的性格特征。最后，统计别人对你评价最多的词语，它们是：

_____ 、 _____ 、 _____ 、 _____ 、 _____ 、

_____ 、 _____ 、 _____ 、 _____ 、 _____ 。

"不识庐山真面目，只缘身在此山中。"我们眼中的"自己"，常常和别人眼中的"自己"有一些甚至是很大的差别，一个人对自己的认识常常是有局限的。所以，对自己性格的了解，不要局限于借助 MBTI 或其他的性格测评，还可以尝试访谈法、问卷法、投射分析法等非正式评估的方法去探索。当你疑惑你的 MBTI 类型有些描述与你不符合时，或许借助身边的资源可以更好地认清你是谁。从另一角度讲，对性格、兴趣、技能等的结构性研究与描述都是为了让人可以更有思路地去觉察自己，所以让这些研究与描述服务于你，而不是因它们而纠结。所以，无

论何时，都要允许自己有时间和空间从心里去感受自己是什么样的人，或想成为什么样的人，而不是凭借外在的答案来判断自己。

🗓 知识拓展

每种性格都能成才

19世纪末，一个男孩降生于布拉格一个贫穷的犹太人家里。随着男孩一天天长大，人们发现他虽生为男儿身，却没有半点男子气概。他的性格内向、敏感、多虑，防范和躲避的心理在他心中根深蒂固。

男孩的父亲竭力想把他培养成一个男子汉，希望他具有刚毅勇敢的性格。在父亲严厉的培养下，男孩的性格不但没有变得刚烈勇敢，反而更加懦弱自卑，以至于生活中的每一个细节、每一件小事对他都是一个不大不小的灾难。他常独自躲在角落里，小心翼翼地猜度着会有怎样的伤害落到他身上。

父亲面对儿子彻底失望了，你能够让他去当兵，去冲锋陷阵吗？不可能，部队还没有开始选拔，他也许就已经当逃兵了。让他去从政？依靠他的智慧、勇气和决断力，要从各种纷杂势力的矛盾冲突中寻找出一种平衡妥当的解决方法，那更是可望而不可即的幻想。他也不可能做律师，内向、懦弱的性格怎么可能面对紧张激烈的法庭辩论。

这个男孩后来成为一位闻名世界的文学家，他就是捷克的作家卡夫卡。

为什么会这样？原因就在于卡夫卡找到了适合自己性格的职业。性格内向、懦弱的人往往有丰富的内心世界，能敏锐地感受到一般人感受不到的东西。他们也许是外部世界的懦夫，却是精神世界的国王。在自己营造的艺术王国里，在这个精神家园里，卡夫卡的懦弱、悲观、消极等性格弱点，反倒使他对世界、生活、人生、命运有了更尖锐、敏感、深刻的认识。他以自己在生活中受到的压抑、苦闷为题材，开创了文学史上一个全新的艺术流派，给我们留下了《变形记》《城堡》《审判》《美国》等不朽的文学巨著。

想象一下，如果卡夫卡当初听从父亲的意见去做律师，法律界可能就多了一个失败的律师，而少了一位伟大的作家。每个人都有自己的性格，每一种性格都有擅长的职业。如果找对职业，每一种性格都能成功。

第三节　职业价值观探索

动手动脑

畅想职业

（1）进行有关"职业"的1分钟联想。

（2）请在1分钟的时间内尽可能地写下头脑中所联想到的任何短语。我希望工作：

_____

_____

_____

（3）思考：你在职业中寻找的是什么？判断职业好坏的标准是什么？请将自己所写的内容和思考与同学一起分享。

_____

_____

_____

下面是一些大学生写的例子：

能激发我的灵感，具有<u>创造性</u>；有较大<u>成就感</u>，不要总是<u>重复、单调（多样性）</u>；可以发挥自己的<u>才能和潜质</u>；能够从中<u>学习到很多东西</u>；受人尊重，有一定的<u>社会地位</u>；<u>机会多</u>。

有<u>挑战性</u>，不沉闷单调；是我所热爱的，可以成为生活的乐趣。有发展前途。不要太累，让我有足够的<u>自由支配时间</u>，能够劳逸结合。可以让我快乐，有成就感。

<u>清闲，离家近，赚钱多，时间短，环境优越</u>，单位领导正直，单位同事心地善良，工作稳定。

请大家注意横线标注的词语，它们反映出个人在职业中所寻找的是什么、需要什么，它们描述的就是我们的职业价值观。通过活动的体验与感悟，我们应该知道自己所追求的是什么，自己想要的职业是什么。追求的工作内容往往决定了一个人一生是否幸福。

知识链接

追求是由价值观所决定的，而职业中的追求是由职业价值观来决定的，价值观又对个人职业生涯规划起着决定性的作用。通过前面的活动，大家已经对价值观与职业价值观有所了解，下面将具体阐述价值观和职业价值观的关系，以及如何去探索和澄清自己的价值观。

一、价值观和职业价值观

所谓价值，就是人们赋予事物的重要性、优点或实用性。它是一种使某些东西值得我们需要的性质。存在主义大师萨特认为："所谓价值，也就是你所挑选的意义"。价值观是关于价值的观念，一言以蔽之，就是人对事物好坏对错的判断。"好坏对错"的下位概念包括得失、荣辱、成败、福祸、善恶，等等。不管什么时候，当你说某样东西对你很重要或者对你意义重大时，你都是在陈述一种价值观。

在动手动脑活动的练习中，大家可能会写下：能够发挥特长、符合自己的兴趣、有挑战性、自由、发展空间大、稳定、社会地位高、赚钱多、压力适度、工作环境好、假期多……其实你在陈述"好"工作的标准时，就是在陈述你的职业价值观。人各有志，"志"体现在职业选择上就是职业价值观。职业价值观是一个人对职业以及自己职业行为结果的意义、作用、效果和重要性的评价和看法。简单地说，就是对职业及职业活动好坏对错的判断。它是一种具有明确目的性、自觉性和持续性的职业选择态度和行为，对一个人的职业目标和择业动机有着决定性的作用。职业价值观一旦形成，相对比较稳定。

职业价值观体现了职业的属性、功能及职业活动对主体需要的满足关系。不同的职业能满足人的不同价值需求。比如，科研工作可以满足人的智性激发、成就、声望等价值需求，但不能满足管理权力、多样性等价值需求；自由撰稿人能满足人的审美、独立自主等需求，但不能满足安全、同事关系等价值需求。如果对创造性要求比较高，那么与设计、建筑、广告创意、艺术等有关的工作可能会符合要求。

二、职业价值观构建

每个人希望从工作中获得的、追求的、重视的东西都不同，请大家按照以下步骤，选出你心中的重要的职业价值观。职业价值观大概有以下几条：

（1）声望：受到大家的尊重与礼遇。

（2）独立自主：能够自己做决定。

（3）助人：能够协助或教导别人。

（4）多变化：工作的内容不单调，有挑战，需创新。

（5）领导：工作时能够督导他人、分配工作。

（6）兴趣：符合自己的喜好。

（7）待遇：薪水高、利润多。

（8）休闲：自己拥有较长的休闲时间。

（9）福利：工作的地方能够提供良好的福利。

（10）前景：这个职业将来会有很好的发展。

（11）安定：收入稳定，不受环境景气程度的影响。

（12）升迁：有明确的升迁制度和机会。

（13）有意义：对人、社会或世界的贡献比较大。

（14）环境：工作环境舒适。

（15）人际：同事修养好，人际关系和谐。

步骤一：从上面十五项价值观中选出对自己较重要的八个。

步骤二：在八个选项中删除三个（不是选出五个，而是删除三个。注意：假如你删除了"待遇""福利"，则意味着你永远无法在这个选项上感到满意了；可以反复体验这种感受）。

步骤三：继续删除一个选项，留下四个。

步骤四：再删除一个，留下三个选项。

步骤五：最后将三个选项按照重要程度排序，确定自己的职业价值观，尝试用实例说明自己对职业价值观的理解，并且对当前学习、生活或工作做出满意度评价。

（1）职业价值观排序：＿＿＿＿＿＿＿＿＿＿＿＿＿＿＿＿＿＿＿＿＿＿

＿＿＿＿＿＿＿＿＿＿＿＿＿＿＿＿＿＿＿＿＿＿＿＿＿＿＿＿＿＿＿＿＿。

（2）实例及满意度评价：＿＿＿＿＿＿＿＿＿＿＿＿＿＿＿＿＿＿＿＿＿

＿＿＿＿＿＿＿＿＿＿＿＿＿＿＿＿＿＿＿＿＿＿＿＿＿＿＿＿＿＿＿＿＿。

大家所选出的就是你工作中所看重的东西，也就是你的职业价值观。与同学分享职业价值观，分享的过程中了解别人的价值观。请给每一条你认为很重要的价值观下定义，即：这一价值观要达到什么样的水平才能使自己满意？

现在，如果不得不放弃其中的一条，你会放弃哪一条？继续下去，直到最后一条。最后留下这条是否是你无论如何也不愿放弃的？

（1）放弃的价值观：＿＿＿＿＿＿＿＿＿＿＿＿＿＿＿＿＿＿＿＿＿＿＿。

（2）留下的价值观：＿＿＿＿＿＿＿＿＿＿＿＿＿＿＿＿＿＿＿＿＿＿＿。

（3）保留理由：＿＿＿＿＿＿＿＿＿＿＿＿＿＿＿＿＿＿＿＿＿＿＿＿＿。

讨论：

（1）通过这个活动，你对自己的职业价值观有了哪些了解？

_____

_____

（2）价值观会对职业选择和人生产生什么样的影响？

_____

_____

（3）其他人的价值观会对你的生活造成什么影响？

_____

_____

在价值观探索活动中，可能有人会发现对价值的取舍和排序是一个艰难的过程，有些人甚至做完这个活动仍然不清楚自己想要的到底是什么。这样的情况也是正常的，因为大学生还处在建立和形成个人价值观的生涯探索期，有一些混乱是必然的。重要的是对自己的职业和生活不断地进行思考和探索。价值观的澄清本身也不是一劳永逸的过程。因此，有必要进行进一步的探索和澄清，并在今后的生活中对其不断反思。

三、职业价值观测试：职业锚

职业价值观往往决定了人们的职业期望，影响着人们对职业方向和职业目标的选择。当人们按照自己的价值观生活时，会得到最大程度的满足感。对自己的价值观有清楚认识的人在进行职业生涯规划时比较容易做出决策。澄清个体的价值观是有效生涯规划的重要组成部分。一个人看中什么价值事实上是一个比较难以确切回答的问题。对于"实习阶段"的人来说，收入多少不要紧，开阔眼界最重要，因为此时"可能性"正是他的核心价值。对于"职业发展前期"的人来说，"发展速度"是他的核心价值，钱多钱少也不那么重要。对于有孩子还背着房贷的中年人，"稳定的收入"也许是他最看重的。等到家庭稳定、经济宽松时，"实现自身价值，做点有意义的事"又成了一个人新的核心价值。

当我们不清楚自己要什么时，就会下意识地盯着自己最缺的东西——有了钱会和别人比兴趣，有兴趣了又和别人比稳定，稳定了又觉得别人的生活挑战多、过得更有意思……永不满足。所以，一个不清楚自己价值观的人是永远无法满足的人，因为这种人的预期不是要自己变得更好，而是不能比别人差。

要了解自己的职业价值观，就需要在做出职业选择的过程中仔细觉察自己选择时所依据的内心价值观。在职业价值观上，美国施恩教授提出的概念"职业锚"

是目前最有效的测试工具。"职业锚"是指当一个人不得不做出选择的时候，无论如何都不会放弃职业中那种至关重要的东西或价值观，即人们选择和发展自己的职业时所围绕的中心。

课堂活动

你的职业锚

步骤一：职业锚自测。

下面有四十个问题，请根据自己的实际情况，从①～⑥中选择一个数字，数字越大，表示这种描述越符合自己的情况。示范："我梦想成为公司的总裁"可做出如下选择：

◎选"①"代表这种描述完全不符合自己的想法；

◎选"②"或选"③"代表自己偶尔（或者有时）这么想；

◎选"④"或选"⑤"代表自己经常（或者频繁）这么想；

◎选"⑥"代表这种描述完全符合自己的日常想法。

确定最符合自身情况的选项：①从不；②偶尔；③有时；④经常；⑤频繁；⑥总是。

职业锚测评题目如下：

（1）我希望做我擅长的工作，这样我的内行建议可以不断被采纳。

  ①从不 ②偶尔 ③有时 ④经常 ⑤频繁 ⑥总是

（2）当我整合并管理其他人的工作时，我非常有成就感。

  ①从不 ②偶尔 ③有时 ④经常 ⑤频繁 ⑥总是

（3）我希望我的工作能让我用自己的方式、按自己的计划去开展。

  ①从不 ②偶尔 ③有时 ④经常 ⑤频繁 ⑥总是

（4）对我而言，安定与稳定比自由和自主更重要。

  ①从不 ②偶尔 ③有时 ④经常 ⑤频繁 ⑥总是

（5）我一直在寻找可以让我创立自己事业（公司）的创意（点子）。

  ①从不 ②偶尔 ③有时 ④经常 ⑤频繁 ⑥总是

（6）我认为只有对社会做出真正贡献的职业才算是成功的职业。

  ①从不 ②偶尔 ③有时 ④经常 ⑤频繁 ⑥总是

（7）在工作中，我希望去解决那些有挑战性的问题，并且胜出。

  ①从不 ②偶尔 ③有时 ④经常 ⑤频繁 ⑥总是

（8）我宁愿离开公司，也不愿从事需要个人和家庭做出一定牺牲的工作。

①从不　　②偶尔　　③有时　　④经常　　⑤频繁　　⑥总是

(9) 将我的技术和专业水平发展到一个更具有竞争力的层次是成功职业的必要条件。

①从不　　②偶尔　　③有时　　④经常　　⑤频繁　　⑥总是

(10) 我希望能够管理一个大公司（组织），我的决策将会影响许多人。

①从不　　②偶尔　　③有时　　④经常　　⑤频繁　　⑥总是

(11) 如果职业允许自由地决定自己的工作内容、计划、过程时，我会非常满意。

①从不　　②偶尔　　③有时　　④经常　　⑤频繁　　⑥总是

(12) 如果工作的结果使我丧失了自己在组织中的安全稳定感，我宁愿离开这个工作岗位。

①从不　　②偶尔　　③有时　　④经常　　⑤频繁　　⑥总是

(13) 对我而言，创办自己的公司比在其他的公司中争取一个高的管理位置更有意义。

①从不　　②偶尔　　③有时　　④经常　　⑤频繁　　⑥总是

(14) 我的职业满足感来自我可以用自己的才能去为他人提供服务。

①从不　　②偶尔　　③有时　　④经常　　⑤频繁　　⑥总是

(15) 我认为职业的成就感来自克服自己面临的非常有挑战性的困难。

①从不　　②偶尔　　③有时　　④经常　　⑤频繁　　⑥总是

(16) 我希望我的职业能够兼顾个人、家庭和工作的需要。

①从不　　②偶尔　　③有时　　④经常　　⑤频繁　　⑥总是

(17) 对我而言，在我喜欢的专业领域内做资深专家比总经理更具有吸引力。

①从不　　②偶尔　　③有时　　④经常　　⑤频繁　　⑥总是

(18) 只有在我成为公司的总经理后，我才认为我的职业人生是成功的。

①从不　　②偶尔　　③有时　　④经常　　⑤频繁　　⑥总是

(19) 成功的职业应该允许我有完全的自主与自由。

①从不　　②偶尔　　③有时　　④经常　　⑤频繁　　⑥总是

(20) 我愿意在能给我安全感、稳定感的公司中工作。

①从不　　②偶尔　　③有时　　④经常　　⑤频繁　　⑥总是

(21) 当通过自己的努力或想法完成工作时，我的工作成就感最强。

①从不　　②偶尔　　③有时　　④经常　　⑤频繁　　⑥总是

(22) 对我而言，利用自己的才能使这个世界变得更适合生活或居住，比争取一个高的管理职位更重要。

①从不　　②偶尔　　③有时　　④经常　　⑤频繁　　⑥总是

(23) 当我解决了看上去不可能解决的问题，或者在必输无疑的竞赛中胜出，我会非常有成就感。

①从不　　②偶尔　　③有时　　④经常　　⑤频繁　　⑥总是

（24）我认为只有很好地平衡了个人、家庭、职业三者的关系，生活才能算是成功的。

①从不　　②偶尔　　③有时　　④经常　　⑤频繁　　⑥总是

（25）我宁愿离开公司，也不愿频繁接受那些不属于我专业领域的工作。

①从不　　②偶尔　　③有时　　④经常　　⑤频繁　　⑥总是

（26）对我而言，做一个全面管理者比在我喜欢的专业领域内做资深专家更有吸引力。

①从不　　②偶尔　　③有时　　④经常　　⑤频繁　　⑥总是

（27）对我而言，用我自己的方式不受约束地完成工作，比安全、稳定更加重要。

①从不　　②偶尔　　③有时　　④经常　　⑤频繁　　⑥总是

（28）只有当我的收入和工作有保障时，我才会对工作感到满意。

①从不　　②偶尔　　③有时　　④经常　　⑤频繁　　⑥总是

（29）在我的职业生涯中，如果我能成功地创造或实现完全属于自己的产品或点子，我会感到非常成功。

①从不　　②偶尔　　③有时　　④经常　　⑤频繁　　⑥总是

（30）我希望从事对人类和社会真正有贡献的工作。

①从不　　②偶尔　　③有时　　④经常　　⑤频繁　　⑥总是

（31）我希望工作中有很多机会，可以不断挑战我解决问题的能力。

①从不　　②偶尔　　③有时　　④经常　　⑤频繁　　⑥总是

（32）能很好地平衡个人生活与工作，比达到一个管理职位更重要。

①从不　　②偶尔　　③有时　　④经常　　⑤频繁　　⑥总是

（33）如果在工作中能经常用到我特别的技巧和才能，我会感到特别满意。

①从不　　②偶尔　　③有时　　④经常　　⑤频繁　　⑥总是

（34）我宁愿离开公司，也不愿意接受让我离开全面管理的工作。

①从不　　②偶尔　　③有时　　④经常　　⑤频繁　　⑥总是

（35）我宁愿离开公司，也不愿意接受约束我自由和自主控制权的工作。

①从不　　②偶尔　　③有时　　④经常　　⑤频繁　　⑥总是

（36）我希望有一份让我有安全感和稳定感的工作。

①从不　　②偶尔　　③有时　　④经常　　⑤频繁　　⑥总是

（37）我梦想着创造属于自己的事业。

①从不　　②偶尔　　③有时　　④经常　　⑤频繁　　⑥总是

（38）如果工作限制了我为他人提供帮助和服务，我宁愿离开公司。

①从不 　　②偶尔 　　③有时 　　④经常 　　⑤频繁 　　⑥总是

（39）去解决那些几乎无法解决的难题，比获得一个高的管理职位更有意义。

①从不 　　②偶尔 　　③有时 　　④经常 　　⑤频繁 　　⑥总是

（40）我一直在寻找一份能够最大程度地减少个人和家庭之间冲突的工作。

①从不 　　②偶尔 　　③有时 　　④经常 　　⑤频繁 　　⑥总是

步骤二：计分方法。

在四十个题中挑出三个得分最高的项目，如果得分相同，则挑出最感兴趣的项目，在这三个项目的得分上再加 4 分。例如，第 40 题得了 6 分，则该题应当加 4 分，变为 10 分。将每一题的分数填入表 3-5 中，然后按照"列"进行分数累加，得到每列总分，将每列总分除以 5 得到每列平均分，并填入表中。记住：在计算前，不要忘记将最符合自己日常想法的三项额外加 4 分。

表 3-5　计分表

类型	TF 技术/职能型	GM 管理型	AU 自主/独立型	SE 安全/稳定型	EC 创造/创业型	SV 服务/奉献型	CH 挑战型	LS 生活型
加分项	(1)（　）	(2)（　）	(3)（　）	(4)（　）	(5)（　）	(6)（　）	(7)（　）	(8)（　）
	(9)（　）	(10)（　）	(11)（　）	(12)（　）	(13)（　）	(14)（　）	(15)（　）	(16)（　）
	(17)（　）	(18)（　）	(19)（　）	(20)（　）	(21)（　）	(22)（　）	(23)（　）	(24)（　）
	(25)（　）	(26)（　）	(27)（　）	(28)（　）	(29)（　）	(30)（　）	(31)（　）	(32)（　）
	(33)（　）	(34)（　）	(35)（　）	(36)（　）	(37)（　）	(38)（　）	(39)（　）	(40)（　）
总分								
平均分								

通过以上表格得出的最终平均分就是你的自我评价结果，最高分所在列总结出最符合你的职业锚类型是：＿＿＿＿＿＿＿＿＿＿＿＿＿＿＿＿＿＿＿。

注意：职业价值观测评只是给出一个解释的可能、一个参照的途径，并不代表一定要严格按照它的解释去执行。

国外许多大公司均将职业锚作为员工职业发展、职业生涯规划的主要参考点。自 1992 年以来，麻省理工学院将职业锚拓展为八种锚位，说明如下：

1. TF 型（技术/职能型）

技术/职能型的人追求技术/职能领域的成长和技能的不断提高以及应用这种技术/职能的机会。他们对自己的认可来自专业水平，喜欢面对来自专业领域的挑战。他们不喜欢从事一般的管理工作，因为那样意味着他们将放弃在技术/职能领域的成就。

2. GM 型（管理型）

管理型的人致力于工作晋升，倾心于全面管理，当独自负责一个部分时可以跨部门整合其他人的努力成果，他们想去承担整体的责任，并将公司的成功与否看成自己的工作。具体的技术/功能工作仅仅被看作通向更高、更全面管理层的必经之路。

3. AU 型（自主/独立型）

自主/独立型的人希望随心所欲地安排自己的工作方式、工作习惯和生活方式。追求能施展个人能力的工作环境，最大限度地摆脱组织的限制和制约。他们宁愿放弃提升或工作发展机会，也不愿意放弃自由与独立。

4. SE 型（安全/稳定型）

安全/稳定型的人追求工作中的安全与稳定感。他们为可以预测将来的成功而感到放松。他们关心财务安全，如退休金和退休计划。稳定感包括诚实、忠诚及完成老板交代的工作。尽管有时可以达到一个较高的职位，但他们并不关心具体的职位和具体的工作内容。

5. EC 型（创造/创业型）

创造/创业型的人始终不肯放弃凭借自己的能力和冒险愿望去扫除障碍，创立属于自己的公司或组织。他们希望向世界证明自己有能力创建一家企业。现在他们可能在某一组织中为别人工作，但同时他们会学习并评估未来的机会，一旦认为时机成熟就会尽快开始自己的创业历程。他们希望自己的企业有非常高的现金收入，以证明他们的能力。

6. SV 型（服务/奉献型）

服务/奉献型的人是指那些一直追求他们认可的核心价值，例如帮助他人、改善人们的安全、通过新的产品消除疾病等。他们一直追寻这些机会，这意味着他们即使换公司也不会接受不允许他们实现这种价值的工作变换或工作提升。

7. CH 型（挑战型）

挑战型的人喜欢解决看上去无法解决的问题，战胜强硬的对手，克服无法克服的困难障碍等。对他们而言，参加工作或职业的原因是工作允许他们去战胜各种不可能。新奇、变化和困难是他们的终极目标。如果事情非常容易，就会马上变得非常令他们厌烦。

8. LS 型（生活型）

生活型的人希望将生活的各个主要方面整合为一个整体，喜欢平衡个人的、家庭的和职业的需要，因此，他们需要一个能够提供"足够弹性"的工作环境来实现这一目标。生活型的人甚至可以牺牲职业的一些方面——如放弃职位的提升来换取三者的平衡。他们将成功定义得比职业成功更广泛。相对于具体的工作环境、工作内容，生活型的人更关注自己如何生活、在哪里居住、如何处理家庭事业及怎样自我提升等。

正如许多分类一样，以上的分类也无好坏之分，之所以将其提出是为了帮助大家更好地认识自己，并据此重新思考自己的职业生涯，设定切实可行的目标。一个人的所有工作经历、兴趣、资质等集合成为他的"职业锚"。它告诉此人，到底什么才是自己认为最重要的。在人生的进程中，梳理自己的职业经历，明确自己的职业定位，可以让自己少走弯路，大步迈向成功。关键是要找准自己的定位，过想要过的生活，而不是盲从别人的做法。

温馨提醒：不同的企业有着不同的价值观，也就是通常所说的企业文化，它反映出一个企业所追求的目标与重视的价值。选择工作时，同样需要考虑到个人价值观与企业文化的匹配。因为即使是同一行业的机构，彼此之间所重视的价值也可能有很大的不同，例如，一家公司可能会非常重视员工的独立与创新，而另一家公司却更提倡合作与互助，那么一位野心勃勃、独立进取的销售人员也许更适合在第一家公司的环境中工作。入职之前，可以通过公司的网站、文字介绍及人物访谈等方式了解组织机构的价值观。

知识拓展

梦想于此，心乐之
——访谈《南京日报》社副总编辑陈正荣

1. 背景介绍

访谈对象：陈正荣，男，安徽人，毕业于南京大学中文系，现任南京报业传媒集团党委委员、《南京日报》社副总编辑。

访谈人员：金姿妏，河海大学马克思主义学院思想政治教育专业2012级本科生。

2. 访谈记录

问：您是怎样进入新闻行业的？能简单分享一下您的职业经历吗？

答：我本科就读于南京大学中文系，研究生毕业后先到大学做了一年的老师，后来发现自己对记者行业十分感兴趣，就进了电视台，在电视台工作了十多年后又到了报社。一开始在记者行业做了大概十年，也积累了很多宝贵的经验，再加上我是学中文的，比较喜欢写东西，我认为转行到平面媒体更加能够让我回归到与文字打交道的理想轨迹，因此，我就做了这一选择。从编辑开始，一路做到了现在的《南京日报》

社副总编辑。

　　我现在工作的南京报业传媒集团是一家基于互联网的新型主流媒体集团，2002年12月17日挂牌组建，历经十多年的创业创新，目前已拥有《南京日报》《金陵晚报》等"十报多网多刊"，成为南京市新闻宣传主阵地和文化产业主力军。

问：您曾经做过一线记者，现在又是《南京日报》社的副总编辑，在新闻行业一路走来，您有什么感想吗？

答：新闻行业的每一个岗位，我都亲身体验过。对于我自己来说，兴趣是我职业路上的最大动力。我热爱写作，因此当记者的时候，我从来不把写稿件当成一种负担，而是看成一种享受。正是有了这样的职业兴趣，我在工作岗位上的各项文字任务才总是能够很顺利地完成。现在作为总编辑，我依旧享受文字工作的乐趣，审查稿件，完成论文或专著都是我工作乐趣的一部分。所以，我建议你们年轻人将自己的兴趣点与工作相结合，这样的人生才是一种享受。

问：我们都知道新闻记者非常辛苦，请问您认为从事新闻记者工作会有哪些困难和感到懊恼的事？

答：每个职业都有自己懊恼的事情，作为一个记者也不例外，比如说稿件被领导"枪毙"、重大新闻未能抢先报道、工作环境不稳定、难以照顾家庭等，这些都是对记者的考验。

问：您觉得记者这份工作最能体现价值、最能产生成就感的地方在哪里？您有亲身经历的例子吗？

答：记者这份工作的成就感太多了。第一，看到自己的稿件被刊登出来，被很多人阅读，产生了社会效益、社会作用，这是最直接的认同感。第二，记者天南地北跑新闻，可以经常与各类人士，包括名人近距离接触，能够看到很多不一样的风景，这也是很多职业所不具备的成就感。最让我难忘的就是曾经三次前往日本北海道采访"二战"老兵东史郎，东史郎来南京大屠杀纪念馆的时候，我也在场，完成了多篇新闻报道。但是现实生活中，多数记者很难有机会接触到这些特殊场景和特殊任务。在我看来，一个普通记者依然需要在平淡中发现美的存在，在日常工作中提升自己的境界，保有一颗平常心，在生活常态中去寻找快乐，而不要以形而上的角度去笼统概括一个职业的价值体现。

问：现在大文科普遍存在就业难的问题，新闻专业也不例外，那您觉得现在新闻行业的就业状况如何？

答：传统媒体正在不可逆转地走向衰落，"报纸即将消亡"这个预言在圈内广泛流传，所以在这样的大背景下新闻专业毕业生就业肯定困难。从我多年在大学的经历以及从业经验来说，大文科背景的学生要想在社会立于不败之地，就必须从进入大学开始就注重练就自己的看家本领，包括四个方面：文字能力、口头表达能力、人际交往能力和外语能力。只要具备了这些能力，哪怕只是具备其中一项，将来就会在职场就业中极具竞争力，将来社会拥抱的是这些人。

问：那么未来新闻行业需要具备什么素质的记者？

答：总体来说，首先，有文字表达与口头表达能力、敏锐的新闻嗅觉、人际交往能力这三方面的基本素质要求。其次，也希望记者能有一些专业背景，如经济背景、地质背景等，便于在专业领域进行采访。这就是所谓的"3+1"模式，也是我们招聘记者时所看重的。再次，要有锲而不舍的精神和承受挫折的心理素质。

问：事实上记者行业现在有这样的一个困境：缺乏高素质、令人满意的、对公众生活产生一定影响的记者，您觉得一个记者如何才能用自己的行为、表达去影响大众？

答：这就要求记者具备高度的责任感和对社会的担当意识。做记者要有职业感，也就是社会责任感，要用手中的笔去影响社会。社会上那么多问题，记者不可能全部去改变，但是要不懈地去做，正能量的东西可以影响人、改变人，我们执着的理念和精神也会感动人，正如黑格尔说的：我们要无限地去接近真理。

问：作为新闻记者，在专业技术上的晋升途径是什么？

答：记者的职业发展路径是：实习记者→助理记者→记者→主任记者→高级记者。如管理、协调等综合能力出色，也有机会转入行政管理岗位工作。

问：您对于我从事新闻记者的职业规划有何建议？

答：通过和你的交流，我觉得你的语言表达能力是很强的，而且亲和力也非常好，这些都是记者的基本素养。之前看了一些你发给我的自己写的文章，我觉得你的文字表达能力也是没有问题的。在你的职业生涯规划书中，我发现你的计划非常详细，每一步都规划得很扎实，我相信，只要你能继续坚持下去，成为新闻记者的理想一定会实现。

问：我作为一个非新闻专业的学生，您认为我在追求新闻理想的过程中，可能会面临什么样的困难与挑战？

答：现在新闻行业非常开放，对于专业并没有太大限制，关键看能力。在我看来，非新闻专业的学生可能会在理想实现的过程中面临三个挑战：首先是对新闻行业缺乏介入性认知，其次是文字能力可能欠缺，再次是缺少一种新闻素养和专业习惯。但是，这些只是就一般而言，并不是一概而论。但同时，你的哲学专业背景会让你具备一些新闻及相关专业学生难以拥有的竞争力，比如说，学习哲学所带来的敏锐的思维能力、深度的思辨能力和从审美角度看待世界的能力，同时，学习哲学也会有助于我们形成理性、冷静、辩证的特质，这都是新闻专业学生难以在短期内具备的品格，也是你的竞争优势。总体来说，还是要努力放大自己的优势，不断消解自己的劣势，综合发展自己。

问：接下来，我的职业发展规划是考取新闻专业研究生以弥补自己的专业背景缺失以及提升自己的综合竞争力，不知道您对于我研究生阶段的学习有什么建议？

答：如果你有意向新闻记者方向发展，我给你的建议是：提升新闻素养，多看一些这方面的书籍来弥补自己理论的不足；通过报纸、电视、网络等渠道多多关注新闻媒体的发展动态；同时，培养自己的新闻敏锐、新闻洞察、新闻表达以及人际交往能力。总的来说，在这一阶段不要怕犯错误，多多尝试、广泛接触，相信你一定会实现自己的梦想。

3. 访谈小结

（1）职业小结。

职位名称：记者。

工作内容：新闻的采集编写和报道，随着职位的不断晋升，还会有内容审核等职责或行政职责。

任职条件：本科及以上学历，身体素质佳，具有强烈的事业心和使命感，具有较好的思想修养和政治水平，有较强的社会活动能力，具有广博的知识、较强的写作能力，具有新闻眼光和新闻职业道德修养。

发展路径：实习记者→助理记者→记者→主任记者→高级记者。在能力出色的情况下，也会转入行政岗位工作。

（2）访谈体会。

此次采访《南京日报》社陈正荣副总编辑，是我第一次与新闻行业资深专家面对面访谈。通过一个多小时的深入交流，我对于新闻行业以及记者这一职业有了更加清晰、真实、直观、完整的认识，也让我对自己未来的职业规划有了更加深刻的理解。

作为文科专业学生，真正需要努力的方向应当是不断提高文字能力、表达能力、外语水平与人际交往能力，同时，我也深刻认识到成为一名优秀的专业新闻记者，我还需要更加努力地提高自身的新闻素养，并及时关注媒体动态。只有在实践中不断磨炼，才能真正向着职业目标不断迈进！

（摘自《职场印象——江苏省大学生职场人物访谈》）

找准职业定位——事业人生双赢

通过本节的学习，同学们已经对职业定位做好了充足的准备，已经明确知道了自己的性格、兴趣和价值观，找到了内在我的需求；在模块一我们探索过自己的知识、技能，厘清了外在我的能力。现在，我们唯一要做的就是找到自己喜欢做、擅长做和环境允许做的事情的最佳结合点。下面请同学们对内在我、外在我、环境我进行梳理，并填写职业定位分析表（见表 3-6）。

表 3-6　职业定位分析表

内在我（喜欢做）	外在我（擅长做）	环境我（允许做）
兴趣类型： 	知识： 	适合职业领域所属的行业、产业及专业发展前景：
性格类型： 	技能： 	期望的企业类型：
价值观（最看重）： 		
适合职业领域： 	适合职业领域： 	适合职业领域：
我的职业定位： 		

模块四　职业生涯决策

> 人生的道路虽然漫长，但紧要处常常只有几步，特别是当人年轻的时候。没有一个人的生活道路是笔直的，没有岔道的。有些岔道口，譬如政治上的岔口，事业上的岔道口，个人生活上的岔道口，你走错一步，可以影响人生的一个时期，也可以影响一生。
>
> ——柳青《人生》

◎ 学习目标

1. 了解职业生涯决策的相关概念，发现自我职业决策风格；
2. 了解职业决策的基本方法，能合理运用相应方法做出决策；
3. 掌握职业生涯规划书的内容和要求，制作自己的专属规划书。

迷茫与困惑

小王是一所高职院校物流专业大三的学生，他不知道自己当时入学时为什么选择了并不喜欢的物流专业，这几年来，他努力学习，也学到了一些专业知识，但他毕业后并不想从事物流相关的工作，他班级的同学也有转行的，他不知道自己要不要转行，转行又能做什么工作。看着身边很多优秀的同学都在读本科，他又在想自己要不要也读个本科呢？为此，他询问了父母和朋友们的意见，但他们意见不一。小王更加迷茫了，从小就不习惯自己做决定的他，眼看毕业时间越来越近，要怎么做出选择呢？

小涵是一所高职院校计算机专业的学生，毕业工作三年多了，工作中一直勤勤恳恳的她却没有很大突破。她一直在困惑：为什么身边很多同事在工作中游刃有余，好像每天都很有劲头，工作能力和职位一路"高歌猛进"，而同样认真工作了三年多的她，却每天无精打采且收入微薄？她开始怀疑是因为自己学历低、能力不足，可又不知道如何提升自己。这两年，很多本科生、硕士生纷纷加入她所在的公司，她越来越觉得自己不如他们。她默默地伤心难过，想到了离职，可是离职后还能干什么呢？难道就在家里躺平？自己到底适合往哪些方面发展？到底要如何做出决策呢？她感到非常苦恼，陷入了迷茫。

读完以上同学的故事，你有何感想？会不会觉得这是未来的自己呢？如果不想将来面临这样的处境，现在应该做点什么呢？存在主义大师萨特曾说过，"我们的决定，决定了我们"。我们想要未来怎样，今天就需要做出相应的努力。在本模块的学习中，我们将带领大家了解职业决策，教会你职业决策的基本方法，帮助你制作一份自己的专属职业规划书，描绘出属于自己的理想蓝图。

第一节　职业决策风格

动手动脑

请回想当时高考或中职报考志愿或选择专业时的情景，并按以下内容给予描述：当时的目标或者情景，面临的选择是什么，选择的过程是怎样的，最后是如何做出选择的？

_____

_____

_____

_____

_____

_____

知识链接

一、职业决策的概述

（一）决策的概念

广义的决策，就是做出决定，是指人们为实现一定的目标所做的行为设计及其抉择。

狭义的决策，是指社会组织在管理活动中所做的决定，是社会组织为实现一定的目标或解决面临的问题制定行动方案并加以优化选择的过程。

我们需要清醒地认识到，决策活动不能被理解成决策者拍板做决定的片刻行为，而是一个动态的行为过程，是基于已有知识和水平形成的一种判断。

（二）职业决策的内涵

管理的核心是决策，职业生涯管理的核心是决策。职业决策也有广义、狭义之分。广义的职业决策把职业决策看成是一个完整的过程。决策者对职业的确定要经过提出问题、搜集资料、确定目标、拟定方案、分析评价、最后选定等一系列环节。而在方案选定之后，还要检查和监督它的执行情况，以便发现偏差，加以纠正。狭义的职业决策把决策理解为广义决策过程中的一个环节，即从几个职业备选方案中选择一个"确定"的环节。

事实上，职业决策是一个复杂的认知过程，通过此过程，决策者组织有关自我和职业环境的信息，仔细考虑各种可供选择的职业前景，做出职业行为的公开承诺。其中，个人必须在多项选择之间权衡利弊，以实现价值最大化。

（三）职业决策的基本内容

在做出职业决策的时候，我们需要考虑很多方面的因素。在自身因素方面，比如个人能力、兴趣、价值观、心理需求、社会地位、满足自己的生活形态，以及自己的健康、工作环境、工作发展前景、工作内容是否有变化等一系列的因素都是在做出决策时要考虑的内容。当然，在做出职业决策的时候，还会考虑到一些外部因素，如家人支持、社会地位、经济收入、社会资源、适合目前的处境、择偶及建立家庭、与家人相处时间，以及未来该职业能提供培训机会、发挥个人的才能等都应在考虑范围之内。

总之，要使职业决策更为简便可行，避免在过程中因过分纠结而产生心理矛盾。通常，就职业决策内容而言，主要包括以下几方面：

（1）选择何种行业；

（2）选择行业中哪一种工作；

（3）选择所使用的策略，以获得某一特定的工作；

（4）从数个工作机会中选择其一；

（5）选择工作地点；

（6）选择生涯目标或升迁目标。

以上六个方面通常是我们在做出职业决策时，需要考虑的基本内容，至于其中的哪一方面成为我们考虑时的关键因素，就要看我们的职业风格了。你是怎样一种决策风格呢？

二、职业决策的风格

美国职业生涯专家斯科特（Scott）和布鲁斯（Bruce）指出，决策风格是在后天的学习经验中逐渐形成的，将决策风格划分为五种类型：理智型、直觉型、依赖型、回避型和自发型（见图 4-1）。

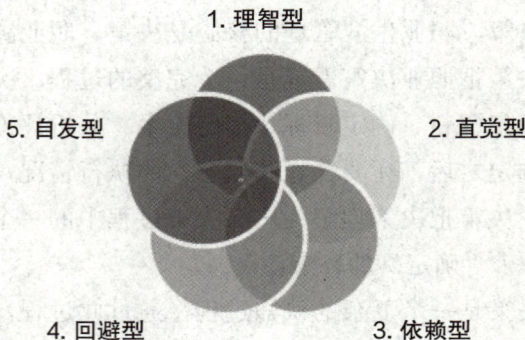

图 4-1　职业决策的五种风格

（一）理智型

以周全的探求，对选择的逻辑性评估为特征。理智型的决策者具备深思熟虑、分析、逻辑的特性。这类决策者会评估决策的长期效用并以事实为基础做出决策。理智型决策风格是比较受到推崇的决策方式，强调综合全面的收集信息、理智的思考和冷静的分析判断，是其他决策风格的个体需要培养的一种良好的思考习惯。但理智型的决策风格也并不是理想的、完美的决策方式，即使采用系统的、逻辑的方式，也会出现因为害怕承担决策的后果而不能整合自己和重要他人观点的困扰。

（二）直觉型

以依赖直觉和感觉为特征，比较关注内心的感受。直觉型的决策风格以自我判断为导向，在信息有限时能够快速做出决策。当发现错误时能迅速改变决策。由于以个人直觉而不是理性分析为基础，这类决策发生错误的可能性较大，因此，易造成决策不确定性，容易丧失对直觉型决策者的信心。

（三）依赖型

以寻求他人的指导和建议为特征。依赖型的决策者往往不能承担自己做决策的责任，允许他人参与决策并共同分享决策成果，会受到他人的正面评价，但也可能因为简单地模仿他人的行为导致负面的反应。依赖型的决策者需要理解生活中重要的他人对自己的影响程度，而不能过度依赖他人。

（四）回避型

以试图回避做出决策为特征。回避型的决策风格是一种拖延、不果断的方式。面对决策问题会产生焦虑的决策者，往往因为害怕做出错误决策而采取这样的反应。往往是由于决策者不能够承担做决策的责任，而倾向于不考虑未来的方向，不去做准备，不知道自己的目标，也不思考，更不寻求帮助。这样的决策者更容易受到忽略。所以，有这些习惯的决策者需要意识到自身的决策风格及其可能造成的危害，努力调整，增强职业生涯规划的意识和动机，才能从根本上得到帮助。

（五）自发型

以渴望即刻、尽快完成决策为特征。自发型的个体往往不能够容忍决策的不确定性以及由此带来的焦虑情绪，是一种具有强烈即时性，并对快速做决策的过程有兴趣的决策风格。自发型决策者常会基于一时的冲动，在缺乏深思熟虑的情况下做出决策，此类决策者通常会给人果断或过于冲动的感觉。

总的说来，理智型、直觉型和自发型这三种风格比较积极主动，而依赖型和回避型则比较消极被动。当然，不同的决策风格都有其优劣之处，都可以在某种程度上满足决策者的需要，重要的是识别自身的决策风格，并有针对性地进行调整。

课堂活动

桃园摘桃小测验

下面有个小测验，让我们一起来测试下你是哪一种决策风格呢？

测验开始：

路边有一片桃园，假如你可以进入桃园摘桃子，但只许前进不许后退，只能摘一次，要摘一个最大的，你会怎么办？

A. 对视野内的桃子进行比较，形成一个大概的标准，再根据这个标准选择最大的桃子。

B. "我感觉这个大！"就摘这个了。

C. "去问看桃园的人，让他告诉我什么样的最大！"或者问旁边的人什么样的最大。

D. 先别管了，走到最后再说吧。

E. 稍微比较，迅速摘一个。

结果说明：

A是理智型。强调综合全面的收集信息、理智的思考和冷静的判断分析。

B是直觉型。以自我判断为导向，在信息有限时能够快速做出决策，发现错误时能迅速改变决策。

C是依赖型。倾向于采用他人建议与支援，往往不能承担自己做决策的责任。

D是回避型。拖延不果断，倾向于不考虑未来的方向，不知道自己的目标，也不思考，不寻求帮助。

E是自发型。不能容忍决策的不确定性以及由此带来的焦虑情绪，具有强烈的即时性，对快速做决策的过程有兴趣。

从以上的小小实验，我们可以快速了解到自己属于哪一种决策风格，在学习和生活中，我们就有必要针对自己的风格进行适当的调整，通过学习积累提升自己的判断能力和决策能力，从而做出更加理想的决策。

三、职业决策的基本原则

在生活中，我们经常做出各种决策，不管做出什么样的决策，我们始终都需要遵循决策的一些基本原则，如掌握一定的信息、遵循客观规律、树立系统的观念、借助外脑发挥集体智慧、富有远见和预见性、遵守法律法规等，这些是我们做出决策时的基本遵循。

职业决策对大学生来说，是在人生关键时期的一项重要选择。在做出职业决策时，通常要遵循以下几项基本原则（见图4-2）：

择己所爱　择己所能　择己所利　择世所需

图 4-2　职业生涯决策的基本原则

（1）择己所爱。兴趣是最好的老师，兴趣是成功之母。多项有关大学生的就业调查表明，兴趣与成功的概率有着明显的正相关性。从事一项你所喜欢的工作，你可能就会主动投入很多的时间和精力去研究，在工作的过程中也会给自身带来一种强烈的职业价值感，从而对职业有更多的发展期待，形成自己一种长远的职业。因此，择己所爱成为众多大学生做职业决策时遵循的首要原则。

（2）择己所能。任何职业都要求从业者具备一定的职业技能，具有较强的专业知识和特长，尤其是对于高职院校的学生来说，过硬的技术本领是未来职业决策的重要考虑因素。因此，在做职业决策的时候，一定要清晰地认识到自己的个性特点和能力特征，寻找到与自身职业技能和性格特征相匹配的职业，最终找到适合自己的理想职业。

（3）择己所利。职业是个人生存发展的基本手段，通过职业发展寻求到更多的幸福和快乐成为众多求职者的价值追求。那么，我们做出职业决策的时候，如何才能达到自己的预期效益呢？明智的做法是在由收入、社会地位、成就感和工作付出等变量组成的函数中寻找到一个最大值，或者是得到一个最大的平衡点，从而实现自己对于职业期待所带来的利益。

（4）择世所需。社会处于不断变化发展中，随着互联网时代的到来，一些传统的职业逐步被淘汰，一些新型的职业正在不断涌现。因此，在选择职业时，要考虑社会的需求与未来社会发展的趋势，主动顺应社会的发展需求，选择一些具有较好发展前景的行业和职业。因此，在做出职业决策时，需要先搜集各方面的信息，既要提升自己的职业竞争力，又需要关注社会发展的大势，将自己的职业梦想价值的实现融入祖国社会发展的大潮中，在为国家、为社会的发展做出积极贡献的过程中，更好地实现个人的职业发展和自身价值。

知识拓展

习近平总书记：青年要立志做大事，不要立志做大官

2017 年 5 月 3 日，五四青年节前一天，中共中央总书记、国家主席、中央军委主席习近平来到中国政法大学昌平校区考察。这是十八大以来，习总书记在五四青年节前夕又一次走进高校。

习总书记步入中国政法大学学生活动中心，正在这里举行"不忘初心跟党走"主题团日活动的同学们以热烈掌声欢迎总书记的到来。习总书记说，如何发挥共青团的积极作用是新的时代课题，要与时俱进、积极探索。你们正在做这样的探索，我为你们的主题团日活动点赞。习总书记在中国政法大学民商经济法学院本科二年级 2 班团支部主题团日活动上，对大家树立远大的志向表示肯定。他说，立志是一切开始的前提，青年要立志做大事，不要立志做大官。

"立志做大事"是习近平总书记对青年的殷切期望。实际上，早在 2011 年 5 月 9 日，时任中共中央政治局常委、中央书记处书记、国家副主席的习近平在贵州考察期间专门来到贵州大学，鼓励青年"立志做大事"。在贵州大学，习近平鼓励大学生：不要立志做大官，而要立志做大事。梅花香自苦寒来，宝剑锋自磨砺出，大学生们不要怕吃苦、回避吃苦，而要找苦吃，这样才能得到全面的锻炼。希望大学生们积极到基层去，到国家最需要的地方去成长成才，报

效祖国。在报效祖国、服务人民的过程中，实现自己的人生价值。希望大学生们自强不息，做中华民族的脊梁。

第二节　职业决策应用

动手动脑

在生活中，当你面临多项选择时，你通常如何做出决策？你是理性地进行利弊分析，还是随意做出选择呢？你怎样看待运气和实力？

_____

_____

_____

_____

知识链接

一、职业决策的步骤

生涯决策发生在人生的重要转折点处，是根据自身的特点与社会需要而做出合理的职业方向的选择。生涯决策是一个复杂的过程，它涉及个人的兴趣、性格、价值观、能力及家庭、社会环境等因素，而未来不确定的因素又太多。生涯规划不只是为了让我们找到职业方向，更重要的是让我们学会决策的技能与方法，成为生涯问题的解决者及决策者，在未来的人生旅途中克服困难，自信地迈向成功。

大学生在做出职业决策时，需清醒认识到职业决策是一个动态的过程，在这个过程中需要遵循一定的步骤，才有利于做出更为明智的决策。

一般来说，职业决策有以下步骤：

（1）探索。即根据自己的专业知识、社会经验和自身具备的各种能力，来收集各种自己比较感兴趣的有关职业信息。

（2）成形。就是在搜集到的基础信息上进行具体的定向。主要考虑所确定的职业生涯方向的价值、目的和能够获得的价值回报等因素。

（3）分析。对每一项可选择的内容进行初步的分析、考虑并初步选择确定具体的职业目标。

（4）决定。就是在初步选择的基础上，从多方面、多角度进行自我质疑，也就是进行各方面因素的权衡，最终确定好具体的职业目标。

（5）职业尝试。经过以上的各环节，大家对于自己的职业有了一个初步的判断，针对职业选择，做出实际行动，开始进行职业尝试，走上工作岗位。

（6）坚定或调整。对于任何一个职业尝试，在经历过一段职业实践之后，大家会做出初步的判断，如果大家所选择的职业目标是正确的，那就坚定地走下去，在职业发展中进行摸索，争取获得更大的成就；然而，如果所选择的职业目标是部分不正确或完全错误的，自己感觉选择错了，或者是完全不符合自己的职业期待，那就适时地进行调整，重新选择更为合适的职业目标。

（7）总结提高。任何一次职业决策，无论当初大家考虑得多全面，或者认为多理想，只有在经过实践证明之后才能得到检验。因此，不管之前的职业尝试成功与否，都要不断地进行自我总结，积累职场经验智慧，成就精彩人生。

二、职业决策的基本方法及应用

（一）5W 提问法

1. 职业决策中的 5W

五个 W 分别指：

第一，What are you？（你是谁？）

第二，What do you want？（你想做什么？）

第三，What can you do？（你能做什么？）

第四，What can support you？（环境支持或允许你做什么？）

第五，What can you be in the end？（你最终的目标是什么？）

以上五个 W 涵盖了目标、定位、条件、距离、计划等诸多方面，在职业决策中，只要我们在以上几个关键点上加以细化和精心设计，使自身因素和社会条件达到最大限度的契合，对实施过程加以控制，并能够在现实生活中知晓趋利避害，就能使职业生涯规划更有实际意义。

2. 5W 职业决策方法的应用

在思考和回答以上五个 W 时，最重要的是转换角色，把你转化成我，分别回答以下问题：

第一，我是谁？要回答这一问题，必须对自己进行一次深刻的反思，把自己的优点和缺点一一列出来，从而形成一个比较清醒的、全面的自我认识。

第二，我想做什么？这一问题要求你对自己的职业发展心理趋向进行检查。每个人在不同阶段的兴趣和目标并不完全一致，有时甚至是完全对立的。但随着年龄和经历的增长，个人的兴趣和目标会逐渐固定下来，并最终形成自己的终生理想。

第三，我能做什么？个人职业的定位最终以自己的能力为根本基础，而其职业发展空间的大小则取决于自己潜力的大小。因此，必须对自己的能力与潜力进行全面总结。对于自身潜力的了解应该从以下几个方面着手：个人兴趣、毅力、遇事的判断力与决断力，以及知识结构是否全面、是否及时更新，等等。

第四，环境支持或允许我做什么？环境对于职业选择的重要影响包括两个方面：一是客观方面，如经济发展、人事政策、企业制度、职业空间等；二是人为主观方面，如家庭支持、朋友关系、同事关系、领导态度、亲戚关系等。对于涉世未深的大学生来说，事实也证明人脉资源对职业规划有很大的影响；同时，职业发展也很容易受家人、朋友等人的态度的影响。

第五，我最终的目标是什么？明晰了前面四个问题，就能从各个方面找到对己有利的和不利的条件，那么，对于第五个问题自然就有了一个清楚明了的方向，从而发现不利条件最少的、自己想做而且又有希望实现的最终生涯目标。

（二）SWOT 分析法

小调查：你有几个不知道。

（1）不知道自己能干什么；

（2）不知道自己想干什么；

（3）不知道自己适合干什么；

（4）不知道社会需要什么样的人；

（5）不知道自己所学专业的发展状况；

（6）不知道到哪里找工作；

（7）不知道现在该做些什么；

（8）不知道是否应该深造、择业、创业。

如果你有三个"不知道"，做 SWOT 分析就非常必要了。

1. SWOT 分析法

SWOT 四个英文字母分别代表：优势（Strength）、劣势（Weakness）、机会（Opportunity）、威胁（Threat）。所谓 SWOT 分析，即态势分析，就是将与研究对象密切相关的各种主要内部优势、劣势、机会和威胁等，通过调查列举出来，并依照矩阵形式排列，然后用系统分析的思想，把各种因素相互匹配起来加以分析，从中得出一系列相应的结论，而结论通常带有一定的决策性。

运用这种方法，可以对研究对象所处的情景进行全面、系统、准确的研究，从而根据研究结果制定相应的发展战略、计划以及对策等。SWOT 分析法常常被用于制定发展战略和分析竞争对手情况，在战略分析中，是最常用的方法之一。

2. SWOT 分析法的应用

在做出职业决策时，运用 SWOT 分析方法，大家可以遵循以下四个步骤：

第一，评估自己的长处和短处。每个人都有自己独特的技能、天赋和能力。请做一个表，列出你自己喜欢做的事情和你的长处所在（如果你觉得界定自己的长处比较困难，你可以做一些测试习题，做完之后，可以发现你的长处所在）。同样，通过列表，你可以找出自己不是很喜欢做的事情和你的弱势。找出你的短处与发现你的长处同等重要，因为你可以基于自己的长处和短处做两种选择：一是努力去改正你常犯的错误，提高你的技能，二是放弃那些对你不擅长的技能要求很高的职业。列出你认为自己所具备的很重要的强项和对你的职业选择产生影响的弱势，然后再标出那些你认为对你很重要的强项、弱势。

第二，找出职业中的机会和威胁。不同的行业（包括这些行业里不同的公司）都会面临不同的外部机会和威胁，所以，找出这些外界因素将帮助你成功地找到一份适合自己的工作，对你求职是非常重要的，因为这些机会和威胁会影响你的第一份工作和今后的职业发展。请列出你感兴趣的一两个行业，然后认真地评估这些行业所面临的机会和威胁。

第三，提纲式地列出今后五年内的职业目标。仔细地对自己做一个 SWOT 分析评估，列出你从学校毕业后五年内最想实现的 4～5 个职业目标。这些目标可以包括：你想从事哪一种职业，你将管理多少人，或者你希望自己拿到的薪水属于哪一级别。此时，很重要的一条就是你必须竭尽所能地发挥出自己的优势，使之与行业提供的工作机会完满匹配。

第四，提纲式地列出一份今后五年的职业行动计划。这一步主要涉及一些具体的内容，需要列出一份实现上述第三步列出的每一目标的行动计划，并且详细地说明为了实现每一目标，你要做的每一件事，何时完成这些事。如果你觉得你需要一些外界帮助，还需要说明你需要何种帮助和你如何获取这种帮助。

表 4-1 为某大学生做的职业生涯决策 SWOT 分析，请参照表 4-1 列出你的 SWOT 分析表。

表 4-1 大学生职业生涯决策 SWOT 分析

	优势 S：可利用的内在积极因素	劣势 W：可以努力改善的内在消极因素
内部因素	教育背景（丰富的专业知识和技能）	学习成绩一般、专业与工作不对口
	实践经验（重要的实习工作经历）	缺乏工作经验、工作经历较少等
	特定的综合素质能力（沟通能力、团队合作、领导能力等）	对自我和挫折的认识不足、沟通协调能力不突出等
	人格特质（自律性强、适应能力强、抗压力强、创造性强等）	性格较为内敛、有点情绪化、容易冲动等

续表

外部因素	机会 O：可利用的外在积极因素	威胁 T：可以使其弱化的外部消极因素
	就业机会的增加	就业机会的减少
	继续教育提升的机会增加	具有丰富技能、经验、知识的竞争者
	专业领导急需人才或专业发展带来的机会	本专业发展前景不乐观
	自我认识不断提高，具有更强的核心职业竞争能力	缺少培训、再学习造成的职业发展障碍
	地理位置的优势	行业带来的职位薪酬不高

（三）平衡单法

面临重大决定时，如果能客观地评估各种状况，那么将来再后悔的可能性就会减少。下面看看一种可以权衡轻重的妙方，它可以帮助你在下决定时，做出更理性、更正确的决择。

即采用平衡单方法。采用平衡单法，可以参照以下步骤：

第一步：列出面临需要选择的问题时你所考虑的因素。

第二步：把你需要选择的项目填入平衡单的选择项目中。

第三步：对你所考虑因素的重要性进行赋值（重要性加权值），赋值越大说明你越重视那个因素。

第四步：打分。根据每个选择方案中的要素进行打分，越有优势得分越高，计分范围是 1～10 分。

第五步：算分。将每一项的得分乘以权数，得到加权后的得分或失分。

第六步：统计总得分。将每一个选择方案下面那一列中加权后的得分（括号里的分数）相加，得到每一个选择方案的总得分。

第七步：比较两种选择方案的得分情况，得分越高，说明这种选择方案更适合你。

课堂活动

生涯活动——我的生涯平衡单

某大学生根据决策平衡单做出了职业决策，请你参照该大学生做决策的步骤，尝试采用决策平衡单做出职业决策。

生涯实践：小夏大学三年级，会计专业。她的个性外向、活泼、能力强、自主性高。面临毕业。父母希望她能考事业单位，将来的生活比较安定；男朋友希望她可以专升本，和自己志同道合；而她自己很希望毕业之后直接工作，实现财富自由，尽快融入职场。考事业单位、国内专升本、出国留学，三条道路各有利弊，鱼与熊掌不可兼得，这导致她内心很矛盾。

在老师的指导和帮助下，她采用决策平衡单的方法帮助自己进行决策，具体步骤如下：

步骤一：列出希望所做的选择能够满足的条件：

（1）适合自己的能力；

（2）适合自己的兴趣；

（3）符合自己的价值观；

（4）满足自己的自尊心；

（5）较高的社会地位；

（6）带给家人声望；

（7）符合自己理想的生活形态；

（8）优厚的经济报酬；

（9）足够的社会资源；

（10）适合个人目前处境；

（11）有利于择偶建立家庭；

（12）未来有发展性。

充分收集信息对这三个选项做定性分析，包括主观和客观方面，具体如表 4-2 所示。

表 4-2　职业决策目标的优劣势分析

考虑方向	考事业单位（公务员）	专升本	直接就业
优点	满意的工作收入	和国内产业发展不会脱节	有自己的收入
	铁饭碗	能建立与师长、同学、朋友的人际关系网	尽早融入职场
	工作稳定轻松，工作压力较小	较高文凭	工作有很大的选择性
	一劳永逸	日后工作升迁较容易	工作提升空间大

缺点	铁饭碗会生锈，容易产生厌倦	课业压力大	就业压力大
	不易升迁	没有收入	收入起点不够高
	不容易转行，而且无法想象自己会一辈子当公职人员	未来就业的竞争	专科生在职场上竞争力不如本科生、硕士生，工作后要同时提升学历
	不符合自己的个性	周围没有朋友	不一定能找到合适的工作
其他	父母支持	男朋友的期望	自己的兴趣

步骤二：根据情况给每个选项打分，每项最高分为 10 分，填入表 4-3 中。

表 4-3　职业决策目标的分值分布

考虑选择因素 （加权范围 1~5 倍）		第一方案 （考事业单位）		第二方案 （专升本）		第三方案 （直接就业）	
		分数	加权	分数	加权	分数	加权
1. 适合自己的能力		3		5		4	
2. 适合自己的兴趣		3		4		7	
3. 符合自己的价值观		3		5		6	
4. 满足自己的自尊心		5		5		7	
5. 较高的社会地位		6		6		7	
6. 带给家人声望		6		6		6	
7. 符合理想的生活形态		3		5		6	
8. 优厚的经济报酬		6		3		2	
9. 足够的社会资源		5		6		3	
10. 适合个人目前处境		5		7		5	
11. 有利于择偶建立家庭		7		7		4	
12. 未来有发展性		4		7		5	
合　计		56		66		60	

步骤三：决定加权系数，计算加权后得分，最终分值如表 4-4 所示。

表4-4　职业决策目标的最终分值

考虑选择因素 （加权范围1～5倍）	第一方案 （考事业单位）		第二方案 （专升本）		第三方案 （直接就业）	
	分数	加权后得分	分数	加权后得分	分数	加权后得分
1. 适合自己的能力 ×5	3	15	5	25	4	20
2. 适合自己的兴趣 ×2	3	6	4	8	7	14
3. 符合自己的价值观 ×4	3	12	5	20	6	24
4. 满足自己的自尊心 ×2	5	10	5	10	7	14
5. 较高的社会地位 ×3	6	18	6	18	7	21
6. 带给家人声望 ×2	6	12	6	12	6	12
7. 符合理想的生活形态 ×5	3	15	5	25	6	30
8. 优厚的经济报酬 ×3	6	18	3	9	2	6
9. 足够的社会资源 ×2	5	10	6	12	3	6
10. 适合个人目前处境 ×5	5	25	7	35	3	15
11. 有利于择偶建立家庭 ×4	7	28	7	28	4	16
12. 未来有发展性 ×3	4	12	7	21	5	15
合计	56	181	66	223	60	193

步骤四：比较每一种方案的综合得分，做出职业决策。

方案一最终得分：181分；方案二最终得分：223分；方案三最终得分：193分。根据平衡单，小夏同学做出生涯决策，此决策就是用生涯抉择平衡单所做出的综合效用最大化的决策。最终，小夏决定专升本。

我们在做每一个选择的时候要目的明确，并且理智进行。喜欢的东西不一定适合，适合我们的选择会让我们比较得心应手，我们喜欢的选择会让我们充满动力，我们要根据自己最在意的因素进行考量。我们遇到两难选择的问题可以使用平衡单法去解决，决策方法的应用范围可以延伸到我们的实际生活中。

三、职业决策的评估

对于每一个人而言，若想取得事业发展上的成功，需要采用正确的决策方法对自己的职业进行评价。评价就是对于职业决策的各个结果价值进行"评估"，英文单词"PLACE"通常是用来梳理决策内容的参考评估指标：

P：指职位或职务（Position），包括该职位的经常性任务、所需要担负的责任、工作层次等。

L：指工作地点（Location），包括地理位置、环境状况、城市或乡村、室内或户外、工作地点的变化、安全性等。

A：指升迁状况（Advancement），包括工作的升迁通道、升迁速度、工作稳定性、工作保障等。

C：指雇用情形（Condition of Employment），包括薪水、福利、进修机会、工作时间、休假情形及特殊雇用规定等。

E：指雇用条件（Entry Requirements），包括所需要的教育程度、证书、训练、经验、能力、人格特征等条件。

在整个生涯决策的实施过程中，一般人感到最困难的是对不同选择方案不知道如何评估。在评价一个人的职业时，大多数人可能会考虑公司名声、工作地点、Offer 水平、个人岗位的适应性、工作强度、岗位发展机会（横向），以及收入水平和其他福利等。考虑这些并没有错，但仅仅考虑这些是不够的。

在参照以上评估标准后，我们还需要记住以下四点：

第一，一个好的职业决策应当将工作的可发展性放在首位。职业经理人明白，个人职业的发展性并不单纯只依靠自己的能力，它还与以下内容高度相关：行业前景、行业地位、公司性质、部门在公司中的地位、岗位的可发展性、公司盈利水平等。道理很简单，因为一个正在发展上升期的行业、一个从行业排名第 20 到进入行业前 3 的公司，一个业务增加迅速的部门，对于人才的态度更加积极，同时会毫不吝啬地提供大量发展的机会。这些行业、公司、部门更有可能提供快速发展的平台和新的工作挑战、建立新的部门、委任新的职位、增加新的项目、开拓新的市场。只要你具备相应的能力水平，你就会在较短的时期内，获得在其他公司三年五年都未必能争取到的机会。如果你是新人，绝不要浪费这些宝贵的发展机会，积累工作经验，以及发现自己的潜力。即便你没有打算在一家公司工作一辈子或者十年，仍需要有更长远的眼光。因为在任何时候，机会都是被懂得争取的人发现的。

第二，一个好的职业决策应当强化你已经被证明的才干并拓展新的能力范围。职业生涯发展好比是攀登一个网格梯子，而不是爬山。这两者最大的区别是，当你要爬另一座山的时候，你必须首先要从现在这座山峰的顶端撤退下来，直到回到山脚底部。然后你才能开始从另一座的山脚开始重新慢慢往上爬。而职业生涯并不需要你这么做，事实上如果你每次都回到底部，那么你再次登上顶端的速度就比别人慢了许多。最好的方法是在你向上攀登的时候，你为自己搭建了很多横向的通道，从这些通道中，你很容易转移到另一条向上的道路上去。这些横向的通道就是你上一份工作中得到发展的技能和经验。因此，善加利用你已经被证明的才干，并从这里再次出发，努力攀登另一条向上的道路才是正确的做法。

第三，一个好的职业决策应当尽量减少你的职业损耗。任何职业转换都会带来损耗，最主要的包括人脉资源的损耗、客户合作资源的损耗、工作经验的损耗，等等。通常进入一个公司，从适应工作环境、了解工作内容，到掌握工作技巧、能够产出良好稳定的工作绩效，需要一定时间。因此在选择换工作的时候，要考虑这些资本被损耗的程度，以保证你可以较快证明你是胜任这份工作的。如行业的转换会涉及人脉资源和客户合作方面的损耗，岗位的转换也会涉及工作经验的损耗。如果一个人同时在两个方面进行改变，则需要谨慎考虑这份工作。

第四，谨慎做出你的职业决策，选择工作时需要进行综合衡量。带有远见地看待工作，就不会犯低级的错误。如果一份工作从工作内容、职责要求、岗位技能、部门团队人数上都不能超越你的上一份工作，那么不要仅仅因为收入高了30%而去选择这家公司。这份工作不能为你增加更高的横向通道，因此，在这家公司工作几年后，你的价值并没有得到提高，你还是停留在原来的位置上，并没有更高。因此，在选择工作跳槽时，需要对行业发展、企业文化、岗位职责以及自身职责发展的目标等做全面的分析，在经过科学的评估和理性的思考之后再做出最终的决定，这样才能合理地利用自己的专业知识和技能优势，为将来的职业发展和薪资提升获取空间。

📅 知识拓展

职业决策到底怎么做？

谁都想要钱多事少离家近的工作，如果不行，起码要做得开心吧。但事实是，一份工作，往往是好与坏的因素并肩而行：

它可能薪水丰厚，但晋升空间小，还会有个不讨人喜欢的上司；

它可能能让你快速成长，但要忍受无休止的加班和失去生活、工作的平衡；

它可能是现阶段的好选择，但你不喜欢，你有自己想做的事。

我们一天24小时，至少有8小时是花在工作上的。工作已经不仅仅是经济来源，它还决定了我们生活的幸福度和未来的人生状态。可以说，20多岁的你选择了怎样的工作，决定了40多岁的你过着怎样的生活。

很多时候，选择比努力更重要。

什么是合适的工作？早就不是钱所能定义的。

哪怕是你心心念念的名企，以为这就是既有发展潜力，又能满足薪资要求，自己也喜欢的工作，但很可能你进去之后因能力不够而导致挫败感，又或者自己所认为的喜欢并非是可持续的，久而久之失去了刚开始的新鲜感，又开始怀疑人生的方向。

无论你是初出社会对职业方向很迷茫，还是已经工作了一段时间想要切换跑道，你都应该先考量以下几点：

我是否清楚自己喜欢什么，又擅长什么？

对我而言，从工作中获取的什么是最重要的？

我所擅长的，是否能为公司提供相应的价值，获取我想要的回报？

你喜欢的并且工作所能提供给你的，是你为一份工作持续投入激情的关键因素；你所擅长并且公司认可的，决定了你在工作中的发展空间和市场为你提供的机会大小。就好像找对象，女神男神虽然是终极梦想，但要把日子过好，还是要找彼此适合的，这样才能共同成长。

第三节　职业生涯规划书

动手动脑

表 4-5 为某大学生列出的不同年级阶段的职业规划重点和主要任务，思考并列出你在大学不同阶段的职业规划重点和主要任务，写下自己的理想规划。

表 4-5　大学不同学习阶段的规划重点和主要任务

学习阶段	规划重点	主要任务
一年级	进行职业定位，明确大学三年的专业目标和职业发展方向，科学制定生活、学习和职业发展规划	实现角色转变，思考大学与人生的关系；对自己的专业方向、职业需求进行深入了解和认识；制订学习和职业发展规划的步骤及实施计划；根据计划有目的、主动地学习知识、培养能力
二年级	进行职业体验，积累职场应该具备的基本职业素质和技能	制定清晰的职业方向，使学习更有目标、有动力；进行职业体验，深入了解职业。通过学习、实践等多种形式的职业体验，进一步分析和了解该职业所要求的职业技能和职业素质；进一步修订和完善之前的职业规划目标，有针对性地进行专业知识的补充和职业技能的培养与训练
三年级	深入实习、强化和提升职业核心竞争能力，准备择业面试，尽快实现职业化和社会化的转变	深入学习，通过有目的的毕业前实习，逐步完成由校园到社会的过渡，实现由学生到职场人的过渡，优化、完善、提升职业的核心竞争能力；认真做好求职准备，设计好自己的求职简历和求职信等，做好面试及笔试的各种准备，办理好离校前的各种手续

知识链接

一、职业生涯规划书的基本内容

职业生涯规划书是对职业生涯规划的书面化呈现，不仅能呈现学生个人的宏观职业生涯规划，还能对具体的学习和工作起到指导和鞭策的作用。一般来说，职业生涯规划书的基本内容就是职业生涯规划的基本步骤，分为自我认知、职业认知、职业定位、计划实施、评估与调整，具体内容要点如表4-6所示。

表4-6 职业规划书的基本内容

基本内容	内容要点
自我认知	个人基本情况（专业、年级、年龄、家庭背景、教育背景） 职业兴趣（兴趣爱好有哪些？哪些能与职业相结合？） 职业性格（性格适合什么职业？性格中的优缺点有哪些？） 职业价值观（福利待遇和未来发展哪个优先？就业还是创业？就业去哪？和谁一起创业，在哪创业？） 职业能力（具备哪些专业知识、能力？还需要提升哪些？专业相关还是改行？）
职业认知	行业前景（选择哪个行业？行业未来的发展前景怎样？） 职业前景（职业的薪资待遇、职业的替代性怎样？未来五年、十年职业发展目标能否得到实现？）
职业定位	运用职业决策方法：5W法、SWOT分析法、平衡单法等做出职业决策（决策中应充分考虑个人自身情况、家庭环境、学校专业背景、行业发展前景、职业目标实现等多方面的因素，运用科学的方法做出决策）
计划实施	目前所处的学习年级阶段，如何为职业规划做好准备工作 毕业时的选择，如何创造条件实现自己的职业目标 毕业后短中期规划，毕业后1～3年的职业发展目标、措施 毕业后中长期规划，毕业后3～5年的职业发展目标、措施和行动计划
评估与调整	分析职业实施过程中，可能会遇到的阻碍，计划采取的措施 如果重新选定职业目标，如何做好备选方案

二、职业生涯规划书撰写的基本要求

职业生涯规划的过程是个体探索自我、科学决策、统筹规划的过程，为了保证职业生涯规划的实用性和科学性，撰写职业生涯规划书时应注意以下几点：

1. 重点突出

语言朴实简练，用词精练准确，行文流畅，条理清楚，这是最基本的写作要求。撰写时还应密切注意整体的逻辑层次和重点所在，必须紧紧围绕职业目标这条主

线来展开，从而体现文章论述的逻辑性和连贯性。规划只有建立在对自我和职业充分认识的基础上才能体现出它的科学性和可行性。

2．目标适中

撰写职业生涯规划书应围绕职业目标来展开，职业目标的设定不能过于理想化。职业生涯规划书撰写是否成功，很大程度上取决于职业目标是否正确适当、是否切实可行、是否符合自己的职业价值追求。

3．论证有据

职业目标的相关支持材料要有理有据，分析要深入。要充分分析外部环境来确定自己的职业方向，达到"知彼"；要了解有关的测评理论及知识，认真审视并思考自己的测评报告并对照自我认识与测评结果的差异，分析原因，从而确定自我评估的结果，达到"知己知彼"的目标。

4．措施具体

在校学习阶段的准备工作，如何达成自己的职业目标，这些目标的分析要有科学性和逻辑性，具体的行动方案要有可行性和针对性，最好能展示出正在采取的措施，取得了哪些效果，未来将要采取的措施和达成的目标，都要清晰明了，合理可行。

5．资料翔实

通过动态、静态的各种方式获取的资料（尽可能注明资料的出处），并尽可能运用图表数据来说明问题，格式清晰、图文并茂，提高资料来源的可信度和说服力。同时要注意资料的真实性，尽量采用官方或权威机构的数据或分析图表，采用为大众所知晓的理论来支持自己的观点，增加整个方案的可接受度。

三、职业生涯规划书的撰写步骤

在今天这个人才竞争的时代，职业生涯规划开始成为职业竞争的一件重要利器。对每个人而言，职业生命是有限的，如果不进行有效的规划，势必会造成生命和时间的浪费。作为当代大学生，若是带着一脸茫然，踏入这个竞争激烈的社会怎能满足社会的需要，使自己占有一席之地？因此，一定要提前做好职业生涯规划，有了目标，才会有为之奋斗的动力。

（一）封面设计

职业生涯规划书首先要有一个封面，这个封面可以简单列上自己的个人信息。当然，你也可以挑选美观的封面图片，或者直接亮出你的职业梦想，使封面看起来不过于单调。职业生涯规划书封面示例如图 4-3 所示。

（二）目录设置

目录是职业生涯规划书正文前必备的内容大纲，体现规划顺序、指导阅读、检索步骤等，这个可以按自己的风格来做，也可以采用传统式样。不过最重要的是醒目、有条理、一目了然。目录可以参照职业生涯规划书的五项基本内容，也可以根据自己的特色增加想要体现的内容。职业生涯规划书目录示例如图 4-4 所示。

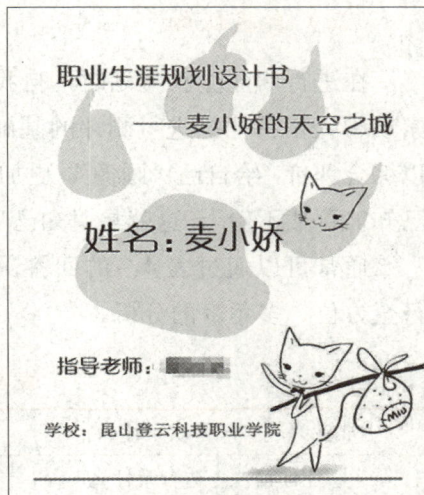

图 4-3　职业生涯规划书封面示例

❤目录❤

图 4-4　职业生涯规划书目录示例

（三）自我认知

在进行职业生涯规划时，自我分析主要是依据心理学测评系统对自己的心理素质、人格特征等进行测评的基础上，结合自己的兴趣爱好以及以往的经历等加以综合评价，给自己"画像"，更加客观地了解自己的性格、爱好等特性。所谓"知己知彼百战不殆"，这就是"知己"的过程。

通常可以通过表4-7的回答，并结合人才测评以及各种分析方法，对自己进行全方位、多角度的分析。

表4-7　自我认知分析

职业兴趣——喜欢干什么？	
职业性格——适合干什么	
职业价值观——最看重什么？	
职业能力——能够干什么？	
个人经历	教育经历
	社会实践经历
	培训经历

（四）职业认知

在做职业生涯规划时，首先清楚自己要的是什么，自己要提前做哪些准备工作，以及都会受到哪些因素的影响。在做职业分析之前，先要对行业前景和职业前景进行分析，决定选择哪个行业，了解行业未来的发展前景。拟选择的职业的前景，职业的薪资待遇、职业的替代性、未来的职业发展目标能否得到实现，等等，这些都是你做职业分析时需要考虑的因素。职业认知分析如表4-8所示。

表4-8　职业认知分析

行业发展前景怎样？	
职业发展前景怎样？	
职业目前薪资待遇怎样？	
职业胜任具备的条件有哪些？	
专业知识背景的匹配度怎样？（学校特色、专业知识、实践经验等）	
家庭环境是否支持该选择？（父母的工作期待、工作地点要求、未来定居地点等）	
个人未来发展是否支持该选择？	

在做职业决策时，如果能够把表4-8中的问题清楚地想一遍，或通过查找资料对相关行业、职业有一定的了解，做出的选择将会是比较合理的，对未来发展必将更加有利。

（五）职业定位

在进行职业定位时，可以采用职业决策的方法，在对自身和行业有一定了解的基础上，运用 SWOT 分析法，分析出自己的优劣势，或利用决策平衡单法，计算出每项职业选择的得分，最终选出适合自己的职业。职业定位的 SWOT 分析示例如图4-5所示。

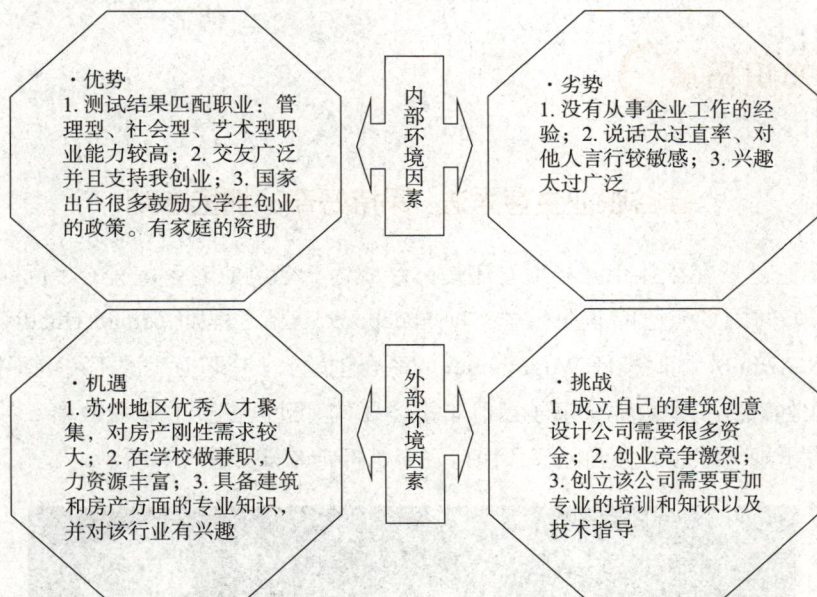

·优势
1. 测试结果匹配职业：管理型、社会型、艺术型职业能力较高；2. 交友广泛并且支持我创业；3. 国家出台很多鼓励大学生创业的政策。有家庭的资助

内部环境因素

·劣势
1. 没有从事企业工作的经验；2. 说话太过直率、对他人言行较敏感；3. 兴趣太过广泛

·机遇
1. 苏州地区优秀人才聚集，对房产刚性需求较大；2. 在学校做兼职，人力资源丰富；3. 具备建筑和房产方面的专业知识，并对该行业有兴趣

外部环境因素

·挑战
1. 成立自己的建筑创意设计公司需要很多资金；2. 创业竞争激烈；3. 创立该公司需要更加专业的培训和知识以及技术指导

图 4-5　职业定位的 SWOT 分析示例

（六）计划实施

在对职业进行定位后，接下来就要制定职业目标，并将目标转化为实际行动，制定切实可行的行动计划是关键。同时将职业的发展目标进行分解，并制定清晰的路径。

（七）评估与调整

在职业规划实施的过程中，任何完美的计划都赶不上现实的变化。我们需要做好十足的准备，并在准备的过程中锻炼发现问题、思考和解决实际问题的能力。随着社会发展的变化，任何计划在实施过程中，难免会出现一些问题，这就需要对之前的职业生涯目标进行评估或调整，适应不断变化的职业发展需求。职业评估与调整，在一定程度上就是原有的职业目标不符合现实或不符合自己当初的职业期待，需要制定备选方案，或在目前的基础上进行适当的调整（具体的评估和调整方法，可参照本书模块八职场管理中的相关内容）。

（八）结束语

通常，在职业生涯规划正文内容完成后，会谈及自己对未来职业的憧憬，会想到自己在职业实践过程中可能遇到的各种困难，但坚定信心，接受挑战，为未来的职业发展做好充分的准备，才是未来职业生涯打开的正确方式。

知识拓展

硅谷职业生存大法：保持好奇、拥抱未知

不论是处在职业生涯早期，还是已经成为一名创业老手，有一个问题不可避免：如何规划自己的职业生涯？前 Facebook 产品工程师 Zainab Ghadiyali 跳槽加入 Airbnb，同时担任 Wogrammer 的联合创始人，其职业生涯不可谓不精彩。在一次独家专访中，她分享了自己丰富多彩的、迂回曲折的职业故事，并提出自己关于规划职业的独到见解。保持好奇、拥抱未知如图 4-6 所示。

图 4-6　保持好奇、拥抱未知

可以说，Zainab Ghadiyali 的科技之路与传统一词丝毫不沾边。她曾担任 Facebook 工程队伍的领头人，目前担任 Airbnb 的产品主管，副业是

Wogrammer 的联合创始人。她走向硅谷的道路满是斜坡，这一点更加引人注目，也从侧面勾勒了她非凡事业的版图。

她的职业生涯由一个接一个的惊人转变组成。19 岁时，Ghadiyali 口袋里揣着 107 美元，离开家乡孟买，到南卡罗来纳州的一所小学院学习化学。在校期间，她还协助了在柏林进行的中国针灸和替代医学研究。接着，她在一家公共卫生非营利机构工作，去了秘鲁和尼加拉瓜一些最偏远的地方，后来一次偶然的机会她在 Facebook 接受了工程面试。"直到 25 岁，我才知道硅谷的存在。"她说，"在我所有的人生经历中，我都渴望学习。"Ghadiyali 没有按照规定的职业方向去做，而是听从了好奇心的召唤。这是一种精神，直到今天，这种精神仍然帮助她最大限度地实现个人成长，开创不同于传统的个人职业生涯。

在这次专访中，Ghadiyali 讲述了她独特的职业生涯的转变，也识别出一些在任何角色中脱颖而出所需的关键技能。她就如何在各个方向上发展事业提出了自己的建议，分享了在每个关键时刻要问自己的问题，并就如何让支持者始终围绕你提出了策略。她的见解以及丰富多彩的、迂回曲折的故事对处于职业生涯任何阶段的创业者都具有启发性。总而言之，Ghadiyali 的故事证明了一个道理：一份由好奇心驱动的职业可能是所有职业中最有价值的。

以下是她如何打造个人职业生涯的建议：

1. 在每一个十字路口，都要保持好奇心

在 Ghadiyali 还小的时候，科技产业似乎在另一个遥不可及的世界。"我在印度的一个中产阶级家庭长大。"她说，"我的父母没有能够从大学毕业，所以他们非常支持我的教育。"在孟买图书馆的书架深处，Ghadiyali 仔细研读各种自传，被那些与她所处环境截然不同的名人的生活深深吸引。

在这些自传中，Ghadiyali 发现了一条亘古不变的指导原则，那就是好奇心。这条原则一直驱动她前行。她说："书籍灌输了我对探索那个与我截然不同的世界的渴望。"

尽管许多人在童年时期也受到过类似的书籍启发，但随着制定职业决策的压力越来越大，他们往往很难保持好奇心。下面是 Ghadiyali 用来不断保持创造力的策略：

（1）利用创造性的心态来克服不确定性，而非反应性。

把好奇心放在驾驶员的座位上，不可避免地会充满不确定性。但是 Ghadiyali 很早就学会了拥抱未知。她说："人们总是对我说，'你真勇敢，带着 100 美元在一个陌生的国家上大学。'但勇敢也需要恐惧，我并不害怕；我对这种可能性感到兴奋。"她借鉴了 Bob Anderson 领导圈子研究的一个框架，区分

了看待不确定性的两种截然不同的方式：创造性思维和反应性思维。

"反应性思维是由恐惧驱动的。当你想到一个问题，你把它看作一个威胁，然后对它做出反应。这会让你陷入焦虑的漩涡，你会把注意力集中在你不能做某事的所有原因上。"Ghadiyali 说，"相比之下，创造性思维是由可能性驱动的。不要为一个问题烦恼，你要强调的是什么是可能的。创造性的思维方式激发好奇心和激情，从而带来行动。"

为了从反应性的心态转变为创造性的心态，Ghadiyali 首先设定了一个目标。她说："例如，如果我知道自己即将进入一个困难的境地或对话，我会提醒自己想要的结果。毕竟，如果你专注于一个积极的结果，你就会含蓄地承认这是可能的。然后，你就可以开始集思广益，找到实现最终目标的方法，而不是仅仅担心和恐惧。"

（2）把职业生涯想象成一幅画，而不是一架梯子。

Ghadiyali 发现，当她放弃"职业阶梯"的概念时，她更容易接受自己的好奇心。这一传统观念意味着，一个职业应该被认为是线性的，沿着一条狭窄的轨道整齐地前进。但这种比喻导致人们对职业成长的关注相当有限。事实上，机会无处不在。

例如，当她开始她的职业生涯时，Ghadiyali 没有直截了当地沿着一条职业道路前进。大学期间，她曾在柏林学习替代医学，并考虑成为一名医生，但在医学院的学费面前退缩了。她也是在 2009 年经济衰退最严重的时候毕业的，当时的环境进一步限制了她的选择。她说："我在网上申请了 200 多个职位，但都被拒绝了。"Ghadiyali 没有明确的下一个梯级，她从不同的方向出发，以另一种方式专注于她对医疗保健的兴趣。她离开美国，为非营利性公共卫生组织"国际儿童医疗救助基金会"工作。在工作期间，她去了印度和南美的许多偏远村庄。将近一年之后，她决定回美国读研，学习健康经济学。

从表面上看，Ghadiyali 的举动似乎是一系列的失误，让她偏离了最终走向科技的道路。但通过将兴奋和好奇心作为一条贯穿始终的主线，她发现了明显不稳定的转变之间的联系。这就是为什么 Ghadiyali 鼓励人们把他们的职业看作一件艺术品。

她说："当你从远处看一幅画时，你看到的是一幅更大、更连贯的画面。但当你走近画布时，你会发现，事实上，有数百种不同的笔触构成了这幅画。"

（3）不断向自己提问，促进全方位成长。

放弃职业阶梯的决定开启了追求其他在传统层面被忽视的、更广阔的增长领域的可能性。更重要的是，它给了你定义自己的成功和成长的自由。进入研究生院后，Ghadiyali 开始重新考虑她的职业目标。"我突然想到，虽然我喜欢学习这门学科，但我对从事健康经济学职业并不感到兴奋。我需要改变方向。"她说。

"我知道，我想让我的下一个角色成为我有激情去学习的东西。"她说，"在职业的每一个十字路口，我都会问自己同样两个高层次的问题：'接下来我最想学什么？我想达到的下一个学习水平是什么？这两个问题帮助我在研究生院以及此后的每一个关键时刻做出决定。"

这种严格的、有指导的思考使 Ghadiyali 能够决定她研究生毕业后的下一个方向。她说："我想起了一个过去令我着迷的问题。当我在非营利部门工作时，我亲眼看到了社区在公共卫生方面的重要性——特别是在线社交网络，以及它们在传播卫生信息或连接服务不足地区的个人方面所产生的强大影响。我想，'我们如何才能利用社交网络最大限度地促进医疗和公共健康事业发展？'"她表示："那是我第一次意识到，我可以在科技行业发挥自己的影响力，而这个行业正是创建这些平台的地方。"

探究问题不仅仅是为了在一个不同的行业设定方向。它们对构成职业生涯的所有微观决策都很有用，无论是换团队的时候，还是完全转向一个新功能的时候。即便是现在，在考虑科技行业的新角色和新公司时，Ghadiyali 也会提出三个有针对性的问题来评估自己的下一步行动：

一是在目前的岗位上，我的成长是否达到了最大化？

虽然追随好奇心去做另一个角色是有价值的，但过早跳槽也有危险。"花点时间停下来，确保你已经从当前的角色中吸收了所有你能吸收的东西。"

二是我的下一个机会是否符合我的价值观？

为了开始寻找新的机会，Ghadiyali 建议明确写下优先事项，以便系统地做出决定。她说："我创建了一个电子表格，把所有的选项都排成行，然后在列中列出对我来说重要的因素。我通常会列出成长潜力、财务稳定、工作地点、优秀的经理和创造力的空间等这些因素，然后给每个因素打分，最后把哪个机会产生的最高点值加起来。这样，我就能确保我根据对我来说最重要的价值观来评估我的选择。"

三是我是想横向扩张，还是想潜得更深？

当 Ghadiyali 对自己作为 Facebook 的技术领导者感到满意时，她必须做出决定：她是想继续积累专业知识，还是尝试横向移动？ Ghadiyali 说："我认为，即使你想深入研究，你也必须学习一些水平技能。我注意到的一件事是，人们可能会因为缺乏专业领域之外的技能而停滞不前。"

2. 重新定义"合格"的含义

以下是帮助她将好奇心转化为行动的要点：

（1）跳上火车，抓住机会。

对于 Ghadiyali 来说，将兴趣转化为角色或职业需要仔细发现机会，然后加以利用。根据她的经验，她提供了以下几点建议：

放大你的优点。当你准备面试时，不要因为你的弱点而气馁。相反，你应该专注于如何用你的优势来弥补它们。

减少他们的风险。有时候明确地指出你的缺点是有好处的，尤其是当你的申请机会很小的时候。

（2）在准备好之前起跳，但是要做好赶上的准备。

在获得工程实习机会后，Ghadiyali 进入了 Facebook。但她很快发现，尽管敢于冒险令人钦佩，但真正的挑战是坚持到底。Ghadiyali 说："尽管我已经做好了最大的准备，但我真的不知道在硅谷当软件工程师意味着什么。"在 Facebook 的前几周，她感到不知所措。"我甚至不知道 Python 是什么。这简直是一场灾难。"

她沮丧地强忍住泪水，告诉经理她想放弃。令她吃惊的是，他拦住了她。她说："他告诉我不要再担心自己的不足，不要拿自己和经验丰富的人比较。他的支持和对现实的审视对我来说意义重大。每个人都说鼓起勇气去冒险是最难的部分，但是这项工作才刚刚开始。"

在和经理谈话之后，Ghadiyali 开始工作。

投入更多的时间并不是你唯一能做的事情。如果你刚刚跳上正在开动的一辆火车，Ghadiyali 为你提出了一些建议：一是认清自己的优缺点；二是不要故步自封；三是接受反馈。

3. 在非传统的道路上积累技能

对于非传统道路上无畏的先驱者来说，并不总是有现成的目标或机构指南来支持你。

随着 Ghadiyali 事业的发展，她积累了一套技能。下面让我们来仔细看看日常生活中让她保持敏捷、不断适应和进步的超级力量：

（1）培养说服别人的能力——这是一种不断给予的技能。

Ghadiyali 从 Facebook 的工程师转行到 Airbnb 的产品主管，她注意到这曲折的职业生涯还为她带来了一个意想不到的好处：随着时间的推移，她积累了丰富的可转移的软技能。

她说："无论是在研究医学、建立一个国际非营利组织，还是在硅谷编程，分析和解决问题的能力都是最重要的技能。像展示你的工作和与团队良好合作的能力这样的技能能帮助你脱颖而出。"

（2）为满足需求而招聘，全面审视求职者技能，不单靠履历。

现在，Ghadiyali 自己也是一名招聘经理，她从坐在桌子的另一边获得了新的见解。在她的职业生涯中，她雇用了十几名员工，在她所经历的每一个过程中，她都提倡更全面地审视求职者的技能。

"当我招聘的时候，我忽略了诸如'三到五年的工作经验'之类的资历。这对我不起作用。相反，我定义了对每个角色来说最重要的三件事。例如，在一些团队中，说服的能力更重要。对于其他人，我可能会考虑跨职能支持或技术能力。"

为了界定和辨别求职者对这份工作的饥饿感，她提出了以下三个问题：①你愿意了解更多关于这个问题的信息吗？②你喜欢什么？③你上一次学习新东西是在什么时候？

（3）与"建设者"为伍，而非"破坏者"。

Ghadiyali 也很快注意到，好奇心驱动的道路在很大程度上是由一路上支持你的人铺成的。为了提醒自己，她引用了 Mary Lou Jepsen 的话："这个世界上有两种人——一种人建造沙堡，另一种人捣毁沙堡。我试着让自己周围的人都是建设者，而不是破坏者。"

为了找出你生活中的建设者，Ghadiyali 建议关注自己的情绪。"建设者"会让你在谈话后对解决问题感到兴奋，他们会为你的成长投资。

当你在职业生涯中不可避免地遇到污点时，Ghadiyali 说："不要让最初的震惊带你偏离轨道。随着时间的推移，我学会了忽视反对者，专注于实现自己的目标。"

在排除消极因素的同时，让自己与盟友为伴，对于那些选择非传统职业道路的人来说，这是一个特别有效的建议。

"毫无疑问，技术正在改变工作的性质，"Ghadiyali 说。"我鼓励职场上的每一个人，从职业生涯早期到创业老手，保持对工作性质变化的适应能力。无论是辅助项目、与非营利组织合作，还是在公司内部做一些事情，做一些能让你发展软技能的事情。"她说，"未来更有价值的工作将需要高水平的创造性解决问题的能力、同理心、沟通和影响力。这些品质是我们在很长一段时间内无法成功训练计算机做到的。这些品质将使你成为珍珠，无论你去哪里都将发光发亮，脱颖而出，而且永远如此。"

课后思考与实践

　　请参照职业生涯规划书的撰写步骤，撰写一份彰显自身特色的职业生涯规划书，内容细节可做适当的增减。

　　职业生涯规划书的撰写需满足以下要求：

　　（1）明确标识个人的基本信息。

　　（2）目录清晰，内容之间逻辑清晰。

　　（3）主要内容需包括自我认知、职业认知、职业定位、计划实施、评估与调整等基本内容。

　　（4）职业生涯规划书中必须有明确的职业目标以及朝目标努力的对策。

　　（5）努力运用 SWOT 分析、平衡单分析等方法做出职业决策。

　　（6）职业生涯规划书字数在 3000 字以上，版面清晰整洁，内容充实。

就业指导篇

模块五　求职行动

人们常常觉得准备的阶段是在浪费时间，只有当真正的机会来临，而自己没有能力把握的时候，才能觉悟自己平时没有准备才是浪费了时间。

——罗曼·罗兰

📍 学习目标

1. 做好求职前的准备工作，了解就业信息的获取途径；
2. 掌握求职简历制作要求，学会制作个人专属求职简历；
3. 掌握面试知识与技巧，从容赢得心仪工作机会。

困惑与迷茫

小华是计算机网络技术专业的学生。在校两年时间一直注重学习，缺少对学习以外事情的关注，升入大三即将毕业时，他不知接下来是选择继续学业还是就业，因而变得焦虑、困惑、迷茫。因家庭经济受限，他选择了就业，可不了解就业信息的途径，导致信息不畅通，让自己的求职道路变得很狭窄。而在好不容易找到的招聘会中，他所做的个人求职简历和面试过程中的表现都存在一定的问题，导致他一直四处碰壁，未找到适合自己的工作。

小慧是商务管理专业的学生。她来自农村，因高考成绩不理想，被一所职业院校录取。进入高校后，她耳边一直回响父母对她的嘱托：在校要好好学习，等毕业了，找个好工作，不要像我们一样，因为没文化只能干苦力。在校期间，她除了认真学习以外，还积极参加了学院、班级等组织的各项活动。到了大三即将毕业时，她不知道怎样才能找到父母口中所说的"好工作"，因此她感到困惑与迷茫。

即将毕业的你们是否也和小华、小慧一样？同学们，从你们踏入校门那刻起，就希望在毕业后能找到一份好工作。但在毕业前，我们需要提前规划、思考并付诸行动，只有这样，我们才能到达理想的彼岸。在本模块的学习中，我们将带领大家获取就业信息，制作个人专属简历，掌握面试技巧，成功步入职场。

第一节　就业信息

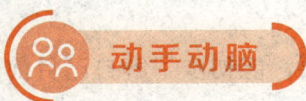 动手动脑

制作个人专属"就业信息身份证"

1. 确定活动目标

（1）通过查找资料、现场走访，初步思考你的求职途径并思考如何完成。

（2）选择一种你觉得最有效的途径，并填写表5-1。

表5-1　招聘信息收集记录

排序	招聘单位名称	招聘条件	工作地点	信息来源	记录时间

①家庭关系：

②学校学习的经历：

③个人社会关系：

2．活动实施

将学生分成小组，6～10人为一组，通过小组讨论，找出个人成长过程中可利用的就业信息获取资源。再从软环境和硬环境两个角度进行分析，并根据个人情况确定哪些是适合自己的资源，哪些是已经具备条件的资源，哪些是即将开拓的资源。通过求职成功率的对比，总结资源对个人成长的重要作用，阐述资源是可以开拓和发展的，要有发现、利用和整合资源的意识。

通过以上活动，同学们可以了解目前用人单位的需要，能初步了解自己目前的状况，以及与就业信息间存在的差距，为自己接下来的求职准备和能力提升提供方向。

知识链接

一、就业前的知识准备

（一）不同职业对知识的共性要求

1．扎实的基础知识

基础知识是知识结构的根基。虽然近年来科技发展迅猛、知识更新速度加快，但更新的绝不是基础知识，因为基础知识是知识更新的原动力。随着科技和经济的高速发展，社会的产业、行业、职业结构调整的速度必然加快，毕业生在选择职业时很难做到从一而终，职业岗位随时变动的状况不可避免。

2．熟练的专业技术知识

专业技术知识是知识结构的核心部分，也是科技人才知识结构的特色所在。人才无专业特色，也就不能称其为专业技术人才。所谓熟练，是指大学毕业生对自己所要从事职业的专业知识和技术具有一定的深度和熟练度。同时，对其专业邻近领域的知识也要有所了解和熟悉，善于将其所在的领域与其他相关知识领域紧密联系起来。

3．其他知识技能

现代各类职业都要求从业者的知识"程度高、内容新、实用性强"。目前，用人单位普遍要求毕业生能熟练运用一门外语并掌握计算机的操作技能。此外，毕业生如能掌握一技之长，如书法、绘画、驾驶等，也将提高其求职的成功率。

（二）不同职业对知识结构的特殊要求

1. 管理类职业的知识要求

管理类职业包括经济管理、财务管理、金融管理、行政管理等岗位。从事管理类职业的从业者首先必须掌握党的方针政策和相关的法律知识，其次要掌握和本岗位相关的管理知识。最后应该了解工商、税务、外贸等相关行业知识。

2. 技术技能类职业的知识要求

技术技能类职业范围包括从事技术技能工作类的职位。从事技术技能类职业的人员应该具备扎实的专业理论知识和熟练的动手操作能力。同时，要随着知识和理论的更新发展，不断提升自己的专业知识和技术技能，能够将最新的理论知识应用到实际工作中。

3. 工程类职业的知识要求

工程类职业主要包括从事工程技术应用工作的职位。工程类职业的从业者首先要求具备扎实的基础理论知识，掌握与本岗位相关的专业技术。其次能够运用理论知识来解决实际问题，并能够有所创新。最后要能够全面、周密地制订和实施计划，并具备较强的组织能力。

4. 企业文职类职业的要求

企业文职类职业包括从事行政、人事及担任助理岗位的工作。企业文职类职业的从业者要求具备的素质有：能够熟练应用现代化办公工具，具有较强的写作功底和沟通表达能力，具有较强的服务意识，理解和认同企业文化。

5. 财务类职业的要求

财务类职业的从业者首先应该具有专业的基础知识，比如财务、金融、税收、经济、营销和采购等相关知识。其次需要具有较宽的知识面，要了解所在企业所属行业的现状、趋势和从业特性。最后要诚信可靠，不能营私舞弊、做假账、以权谋私等。

6. 艺术类职业的要求

目前的艺术类职业可以大致分为应用艺术类和纯艺术类两种职业方向，前者包括各种设计和制作类专业，后者是指传统意义上的美术、声乐、舞蹈等专业。从市场需求来看，这类职业的从业者需要有一定的理论水平和创新视角，能够不断提升精神品位。

大学毕业生应当根据社会需要，结合个人专长，充分了解各种职业对求职者知识结构的特殊要求，在就业前和就业后注意建立和调整自己的知识结构，并使之日趋合理、日臻完善，为顺利就业奠定坚实的基础。

二、就业信息的获取渠道

就业信息获取的途径是指毕业生获取有效就业信息的渠道。毕业生获取就业信息的途径包括学校、政府、市场和其他渠道。同时，也要对就业信息进行有目的、有针对性的筛选处理。

（一）线下招聘

1. 学校渠道

毕业生可以从学校渠道获取就业信息，学校每年都会不定期举办线下企业宣讲会和招聘会，现场能获取大量的求职信息。毕业生需要及时关注学校的动态，而且学校提供的就业信息都是经过筛选的，具有真实性，针对性也较强，因此是学生获取就业信息的主要途径之一。具体的获取途径如下：

（1）学校招聘会：可登录学校就创业服务网 https://ksdy.91job.org.cn/sub-station/home/13963（见图 5-1），或联系辅导员（班主任），了解学校的线下招聘会。一般来说，高校每年举办的秋季/春季招聘会，是大学毕业生参加线下招聘会的主渠道。

图 5-1　学校就创业服务网

（2）学校推荐：对于班级表现优秀的学生，通过辅导员推荐、就创业办公室审核后，可获得与就业单位负责人直接面谈的机会。

2. 政府渠道

毕业生可从政府渠道获取关于就业政策、法律法规、企事业单位线下招聘会等招考信息。获取的途径包括各级政府的就业相关网站、人力资源市场等。政府制定的就业政策直接影响着毕业生职业选择的方向，政府制定的就业法律和法规能够使毕业生享有一定的权利，也保护着毕业生的合法就业权益。

3. 市场渠道

毕业生从市场渠道可以获取大量的就业信息，这也是毕业生获取就业信息的主要途径之一。市场渠道包括社会现场招聘会、职业介绍机构等。这里面需要强调的是各种职业中介渠道信息量大，覆盖面也很广，但是毕业生要学会辨析其信息的真伪性，防止虚假不良信息影响毕业生求职就业以及人身和自身利益受到侵害。现场招聘会相对来说针对性较强，信息量也较大，信息比较可靠。另外，高职院校学生在校期间一般都会到企业实习实训，实习实训不仅是学生巩固理论知识的教学活动，还是学生和用人单位加强联系、相互了解的重要途径。学生在实习中给单位留下了好的印象，毕业后就有可能被实习企业录用，成为正式的员工。

4. 其他渠道

毕业生获取就业信息的其他途径包括朋友、校友、老师及其家人的朋友等。这些提供就业信息的亲朋好友往往自己就是目标单位的，提供的信息通常相对准确，针对性更强，是毕业生获取就业信息的辅助途径之一。

（二）线上招聘

随着科技的不断进步，互联网线上招聘会已成为人们青睐的求职主要途径之一，大学生就业市场逐步从"有形"向"无形"推进。对大学生来说，通过互联网求职既时尚又高效便捷。互联网信息渠道性强，除人才供求信息外，一般还提供政策法规、市场介绍、求职指导等有关信息，具有信息量大、时效性强的特点。

1. 大学生网络市场就业途径

大学生可以通过以下网站求职择业：

（1）本校就业网站。毕业生可从学校的官方网站或就业信息网获取线上招聘信息。一般情况下，学校会和地方政府、合作企业、相关行业协会等有合作关系。学校与地方政府的合作会提供政策性就业的信息，比如特岗计划、西部计划、服义务兵役等，这些信息会定期公布到学校官网上。同时，高职院校有众多的校企合作单位，大量的用人单位信息会发布在学校的相关网站中。目前，各个高校都建立了自己的就业信息网，为毕业生提供全方位的指导和服务。本校就业网站基本具备了就业政策技巧指导、职业素质测评、毕业生就业信息查询、用人单位查阅毕业生求职信息、网上咨询、网上面试、数据表格下载等功能。本校就业网站上的招聘会信息如图 5-2 所示。

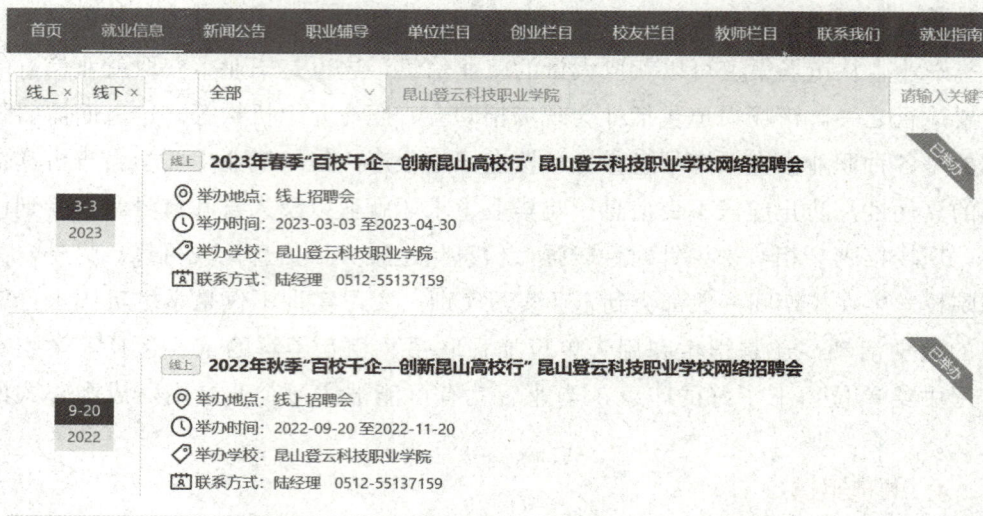

图 5-2　本校就业网站上的招聘会信息

（2）用人单位网站。很多用人单位都有自己的网站，用于展示企业形象、宣传产品、拓展业务范围和招聘人才等。毕业生可以直接登录用人单位的网站，或者在搜索网站上查找相关单位的网站，并在用人单位网站上查询需求信息、发布求职信息、进行网上面试等。

（3）地区人才交流网站。各省、各地市都相应建立了人才网，相互（上下）之间都有链接。如果不清楚网址，只要确定了求职地域，都可以利用百度或其他搜索引擎进行搜索，基本能够找到所需要的就业网站，可在当地就业网站上查询线上招聘信息和地方招考政策。

（4）专业的求职网站。专业的求职网站每日会发布大量工作职位和个人发展信息，而且会专门为求职者开辟求职主页，方便求职者注册使用。目前的网上招聘类型很多，招聘网站鱼龙混杂，有些网站招聘的服务对象是需要有工作经验的求职者，有些是以招聘的名义来给自己企业做宣传的，还有的网站只发布招聘信息却不是真的招聘，甚至有以招聘信息为幌子来进行诈骗的。因此，毕业生在求职时务必要选择合适、安全的网络招聘途径。以下推荐部分就业信息网站，供大家参考：

①中国公共招聘网：http://www.job.mohrss.gov.cn；

②国家大学生就业服务平台：http://www.ncss.cn；

③中国国家人才网：http://www.newjobs.com.cn；

④中国就业网：http://www.chinajob.mohrss.gov.cn；

⑤中国人事考试网：http://www.cpta.com.cn；

⑥江苏应届生求职网：http://www.yingjiesheng.com/jiangsujob/；

⑦江苏省人力资源和社会保障厅网：http://jshrss.jiangsu.gov.cn/；

⑧校联人才网：www.job9151.com。

2. 网申

所谓"网申"，就是通过网络在线申请职位。目前越来越多的企业通过这种方式来收集简历和初步筛选应聘者。

（1）网申的类型。①在线申请。通过网络提交简历、求职信以及相应的网申题目。求职者主要通过用人单位网站提供的网申平台或通过专业人才网站为用人单位提供的网申平台进行申请，如果通过资格筛选，单位会通知求职者参加下一步的笔试或面试。②申请表申请。求职者通过线上或线下提交单位准备好的申请表来申请某个岗位。一般单位会提供一个链接地址，求职者可下载相应职位申请表，填写完毕后，可在线提交或发送 E-mail 或邮寄纸质文档给用人单位，从而完成对该职位的申请。

（2）网申资料的筛选方式。①数据库自动筛选应聘者。招聘单位往往对网申的每一项都有最低要求，比如大学英语水平、计算机等级、在校是否担任职务、具体职位等。最后企业根据数据库给出的总分来选择"高分"申请人进行笔试和面试。②人工筛选应聘者。有些企业非常人性化，对于数据库自动筛选得出的总分差距与"合格线"很小的申请人，招聘主管会人工筛选出一部分候选人。例如此次笔试能够容纳大约 200 名候选人，而你的总分刚好排在第 201 名或第 210 名，那么招聘主管会把你的网申资料调出来，仔细阅读你所填的开放性问题，如果回答得很精彩，那么自然就会"晋级"进入笔试或面试程序，否则招聘主管就会"心安理得"地拒绝你的申请。

（3）网申注意事项。①注意"关键字"的使用。②不要同时在一家公司应聘多个职位。应聘多个职位会导致该公司的人力资源经理不知道求职者究竟要应聘哪个岗位。③提交一定要慎重。因为有的系统在规定日期可以修改，有的提交后不能修改。④正文和附件要同时发送。因为网站屏蔽、病毒等因素，附件有可能打不开。⑤填写网申表格，注意阅读填写指南，及时保存提交。⑥网申提交后，坚持每天查阅单位是否回复，以准备下一轮的测试。

3. 实用求职 App

部分实用的求职 App 图标如图 5-3 所示。

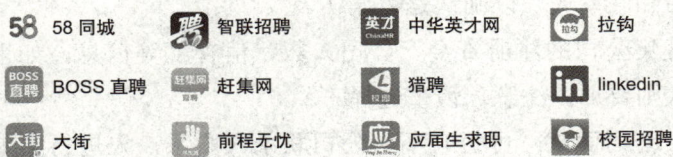

图 5-3　部分实用的求职 App 图标

三、就业信息的筛选

毕业生通过上述渠道搜集到的原始就业信息比较杂乱，有相当一部分信息是无用的，毕业生应根据自己的实际情况和需求，对信息去粗取精、去伪存真，使获得的信息准确、全面、有效，从而更好地为自己的就业服务。

（一）筛选就业信息的原则

（1）重点性原则。将收集到的所有就业信息进行比较，初步筛选之后，把重点信息选出，标明并注意留存，一般信息则仅做参考。

（2）适用性原则。每个人的情况不一样，毕业生应选择适合自己的信息。

（3）实效性原则。搜集到就业信息后，应适时使用，以免过期。

（二）筛选就业信息的方法

（1）查重法。即剔除重复的信息。

（2）时序法。按时间顺序排列就业信息资料。较新的取，较旧的舍。

（3）类比法。将职业信息按用人单位的性质、地域、待遇等分类，接近自己需求和自身条件的留下参考备用，否则放弃。

（4）评估法。这是一种需要有专业知识、有经验的人士做评估的方法，可请所在学院的专职就业老师或学校就业指导中心的老师协助进行。

（三）甄别就业信息

面对海量的就业信息，在搜集、加工、整理和使用过程中，还需要增强法律意识和安全意识，提高警惕，识别招聘骗局和各种虚假信息。毕业生可参考以下几点以避免跌入虚假就业信息的陷阱：

（1）使用网络查找公司的相关信息，如企查查（见图5-4）。若没有这个企业的相关信息，或信息很少且很模糊，则尽量小心。

图5-4　企查查

（2）拨打当地114查号台，查询该公司电话，再请人事部门确认招聘信息中提供的联系电话和联系人，以确认是否属实。

（3）注意搜集公司的注册资金、公司人数、信誉度等信息，如果资金少、人员少、信誉度低则要加以注意，慎重选择。

（4）如果去公司面试，可暂时不与公司联系人联系，先进行实地考察，了解实际情况后再决定是否与公司联系人联系。

（5）如果面试地点偏僻，面试人员少，甚至工作人员都没几个，那就需要注意是否为皮包公司或传销组织，应尽快离开。

（6）女学生在去外地应聘时，要结伴而行，不要单独外出，注意保护自己。

（7）对一些外地的三资企业，在网上相关信息少的单位及待遇非常高的用人单位，要三思而后行，可以委托当地亲朋好友进行前期调查和考察，再做打算。

🗒 知识拓展

长三角地区的就业机会

长江三角洲地区包括上海市、江苏省、浙江省、安徽省。区域面积 21.07 万平方公里。该地区区位条件优越，自然禀赋优良，经济基础雄厚，体制比较完善，城镇体系完整，科教文化发达，已成为全国发展基础最好、体制环境最优、整体竞争力最强的地区之一，在中国社会主义现代化建设全局中具有十分重要的战略地位。

2018 年 11 月 5 日，习近平总书记在首届中国国际进口博览会上宣布，支持长江三角洲区域一体化发展并上升为国家战略，着力落实新发展理念，构建现代化经济体系，推进更高起点的深化改革和更高层次的对外开放，同"一带一路"建设、京津冀协同发展、长江经济带发展、粤港澳大湾区建设相互配合，完善中国改革开放空间布局。2019 年 12 月 1 日，中共中央、国务院发布《长江三角洲区域一体化发展规划纲要》，该规划纲要是指导长三角地区当前和今后一个时期一体化发展的纲领性文件，是制定相关规划和政策的依据。规划期至 2025 年，展望到 2035 年。在完善和提升各类城市功能方面，规划明确提出"提升上海核心地位"，进一步强化上海国际大都市的综合服务功能，充分发挥服务全国、联系亚太、面向世界的作用，建成具有国际影响力和竞争力的大都市。规划提出，完善区域性中心城市功能，进一步提升南京、苏州、无锡、杭州、宁波等区域性中心城市的综合承载能力和服务功能，错位发展，扩大辐射半径，带动区域整体发展。

2022 年 11 月 7 日，《长三角一体化发展指数报告（2022）》发布，2021 年长三角一体化发展指数为 192.56 点，同比增长 6.49%，长三角地区良好的经济发展状况，为人才就业提供了良好的环境和就业机会。2023 年，是"长三角一体化"战略被提出的第二十年，也是它被提升为国家战略的第五年。通过几年的发展，沪苏浙皖三省一市在全国 4% 的国土上创造了 1/4 的经济总量。宏观层面的成就，让长三角成为中国经济的焦点之一，人才也纷纷到来。从 2020 年至今，长三角一直是中国各地区中，对人才吸引力最大的地方。

为了更好地研究长三角吸引人才、留住人才的秘密，从产业发展、人才需求、生活环境等多角度，猎聘大数据研究院分析了长三角在招纳人才方面的三大秘密：①数字经济蓬勃发展，高端人才需求稳定扩大；②人才的生活质量优异，1 小时生活圈文化突出；③服务型政府以人为本，"最多跑一次"改革效果显著。在吸引人才、留住人才的背后，投资是地区经济发展的动力所在，长三角对于资金的吸引能力在全国正处于领先地位。2022 年 1—11 月，中国有 44.1% 的投融资事件发生在长三角。投资带来的大量行业机会，为人才创造了不少工作机会。从中国各地区每一年的新发职位占比可以看出，2020—2022 年，长三角能够提供给人才的职位数量都高于别的地区，而且这个优势还在不断扩大，如图 5-5 所示。2020 年，长三角提供了全国 31.7% 的新发职位，2021 年提供了 33.0%，2022 年为 34.7%。

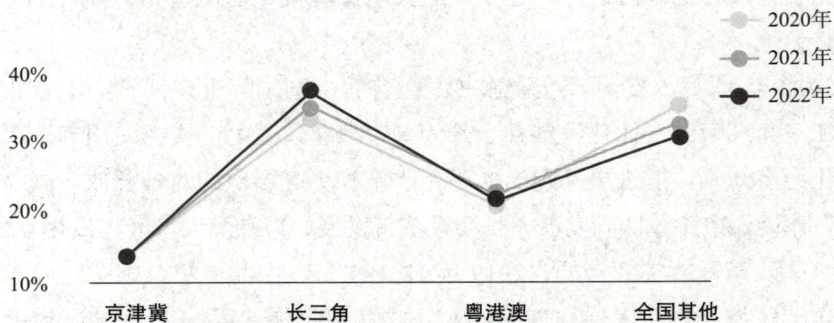

（数据来源：猎聘大数据研究院，平台数据，数据统计至 2022 年 11 月 30 日）

图 5-5 2020—2022 年新发职位量

长三角能够不断创造工作机会的背后，是数字经济的蓬勃发展。2021 年，中国共有 16 个省市区数字经济规模突破 1 万亿元，长三角三省一市全部在列，如图 5-6 所示。从经济贡献看，上海市数字经济规模占全市 GDP 的比例超过 50%，已经成为地区经济的主导力量。浙江、江苏两省数字经济占比超过全国水平，安徽省数字经济的增速超过全国水平。

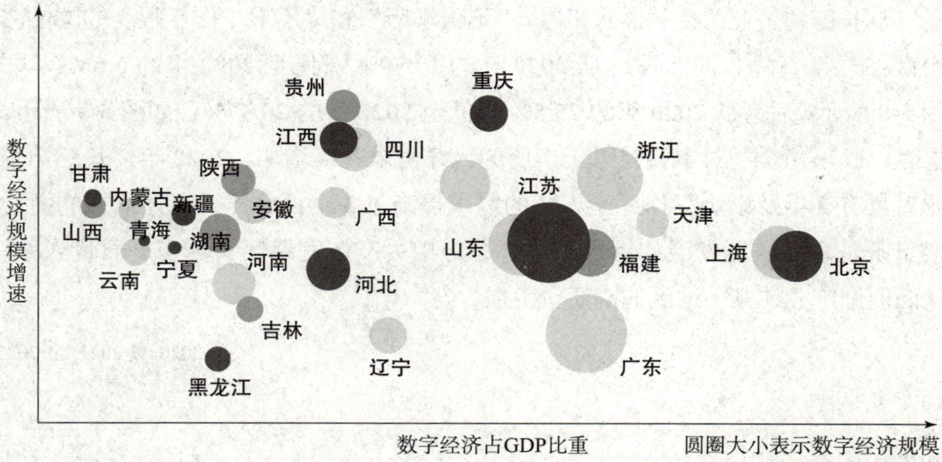

（数据来源：中国信息通信研究院）

图5-6 2021年我国部分省区市数字经济规模、占比、增速

　　长三角数字经济规模不断扩大，人才越是向长三角聚集。这使长三角在全国人才招揽的竞争中获得了先机。从全国数字经济人才分布（见图5-7）情况来看，京津冀地区汇聚了全国15.49%的数字经济人才，粤港澳大湾区为19.92%，而长三角招募了全国近1/3的数字经济人才，居各地区之首。数字技术与全行业深度融合，地区产业进入高质量发展阶段。长三角企业对于人才总量、层次、结构等方面也提出了更多、更高的要求。

　　从2020年到2022年，长三角对于高级人才的需求正在不断扩大。部分企业的经营阶段从曾经的"打好地基"变成了今天的"提高天花板"，它们对人才的需求也在变得更精准。

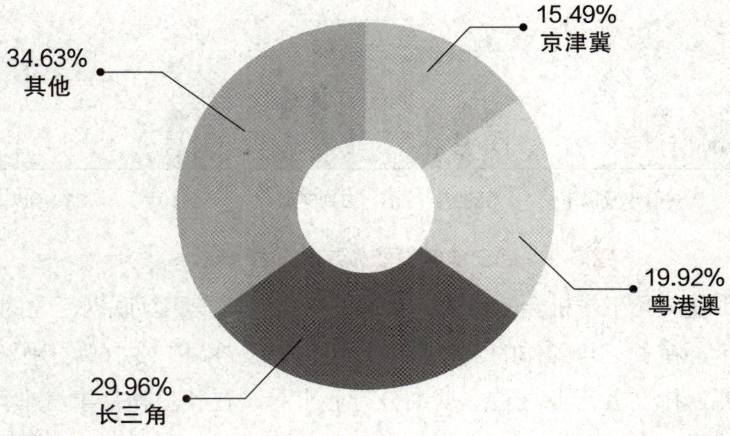

（数据来源：猎聘大数据研究院整理）

图5-7 全国数字经济人才分布

从长三角企业的招聘需求来看，"不限学历"和"不限工作年限"的岗位占比都在逐年下降。前者占比从 2020 年的 12.79% 降低至 2022 年的 6.66%，如图 5-8 所示；后者从 2020 年的 25.5% 降低至 2022 年的 20.47%，如图 5-9 所示。同时，长三角企业对本科及以上学历的人才需求逐年增加。2022 年，长三角企业对具有 3 年及以上工作经验人才的需求提高了 3 个百分点。人才需求的提质增量既是企业快速发展的诉求，也势必为相关产业发展聚集更多高质量人才，从而促进产业在某一地区的高质量发展。

■ 2020 ■ 2021 ■ 2022

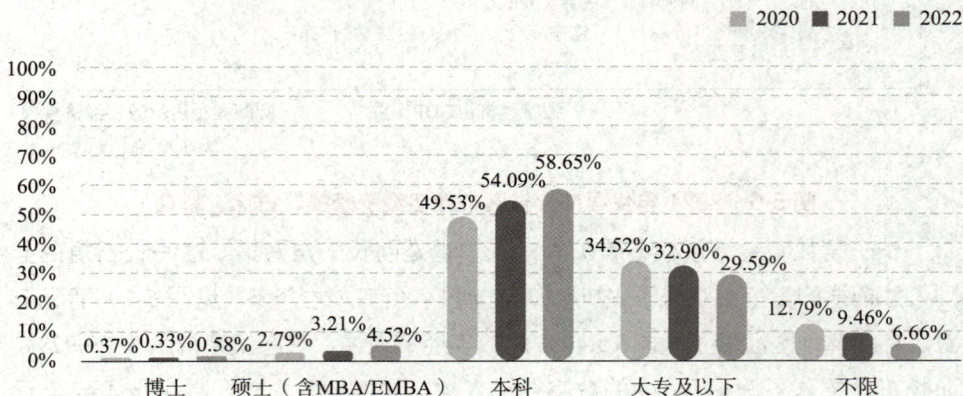

图 5-8　近三年新发职位工作学历要求

■ 2020 ■ 2021 ■ 2022

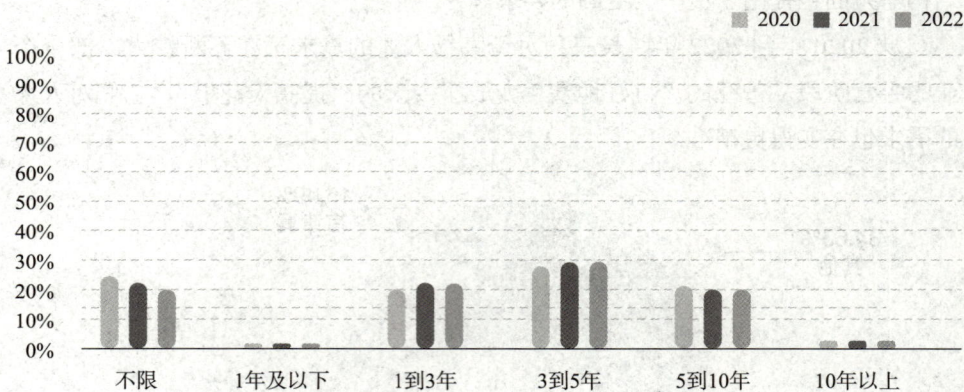

图 5-9　近三年新发职位工作年限要求

人才对于长三角工作机会的认可，大部分来自对汽车和互联网行业的认可。猎聘数据显示，在长三角工作的人才中，分别有 19.27% 和 13.76% 工作在汽车和互联网行业，排在各行业之首。从细分行业来看，在长三角从事汽车行业的人才，大多分布于整车制造、汽车零部件及配套和新能源汽车行业；从事互联网行业的人才大多在互联网、计算机软件、电子商务和人工智能方向。不管是新能源汽车还是人工智能，长三角人才的工作方向也能在一定程度上，突出这个区域的新兴产业特征。同时，"互联网＋"的深入，也让长三角为人才提供了众多副业机会。

在吴晓波频道 2022 年的新中产大调研中发现，位于长三角的新中产们最热衷的三大副业分别是自媒体运营、心理咨询、视频剪辑，如图 5-10 所示。这些工作能够成为新中产眼中的理想副业，一方面是因为其可观的收入，另一方面也在于，长三角拥有丰富的互联网土壤，帮助人才在这些方向发展。

自媒体运营25.8%	视频剪辑23.9%	外语 18.1%
心理咨询25.4%	营养管理22.7%	

图 5-10　2022 年长三角新中产最热衷的 TOP5 副业

长三角地区一体化发展取得的成就，促进了长三角地区产业发展以及对人才需求的增加，为高校毕业生创造了良好的就业机会，不论是主业还是副业，都为吸引人才、留住人才提供了良好的机遇。

第二节　制作简历

动手动脑

上网搜索至少十份简历，完成求职简历分析表的填写。

要求：① 4～6 人一组，每人选择五种岗位的求职简历，每种简历不少于两份。②通过小组讨论，挑选出最好的五种岗位简历，填入表 5-2 中。

表 5-2　简历分析

岗位名称	企业类型	职业类型	优点	缺点

知识链接

一、关于简历

1. 什么是简历

走在大街上，我们常能看到一些商品的大广告牌。通过这些广告牌，我们对上面的商品有了最直接的了解。好的广告牌会让我们对商品、品牌等都留下深刻、生动的印象，即使当时不会购买，一旦需要也会考虑购买。简历就是一种类似的个人广告，是自我推销的工具，用来展示一个人的工作技能以及它们对于未来雇主的价值。简历的主要目的是帮助你获得面试机会。好的简历虽然不会直接帮助一个人获得职位，但是会在企业做出招聘决策时起到积极的影响。一份好的简历与工作申请表是非常不同的。工作申请表是关于工作的，而简历是关于你以及你在工作中的表现和成就。因此，它应当包含求职目标，以及与这一目标相关的技能、经历和成就等。

2. 一些关于简历的数字（摘自美国劳工部对雇主的调查统计）

（1）雇主们在每份简历上所花的平均时间为 15 秒；

（2）每 245 份简历中有 1 份获得面试机会；

（3）有的大公司每年会收到超过 10 万份简历；

（4）雇主们在报纸上登出一个招聘职位，通常会收到 200 份左右的简历；

（5）在所有简历中，有 85%～95% 最终的结局都是被扔进了垃圾桶。

所以，写一份好的简历非常重要。一份好简历除了外观、风格、篇幅、用词等方面，重要的是知道如何通过这一简历筛选的过程，结合自己的情况有针对性地书写简历内容。

3. 雇主的思路

在学习简历制作前，你会想"我有什么可写"，而学习简历制作，就是要你明白"谁在看简历"。你可曾想到，简历是做给雇主看的，简历中的内容都是雇主想看到的。要知道，人类一般会喜欢按自己熟悉、认同的方式接受事物。优秀简历制作需要充分揣摩雇主的心理。可雇主的心理又是什么？他们会关注求职者是否适合招聘职位。怎样才能知道求职者是否适合招职位？通过招聘信息。要想做出让雇主满意的简历，需要做到以下几点：

一是进行充分的职业探索；

二是对意向职位的职业胜任了然于胸；

三是在求职前就储备或提升相应的能力。

制作简历前，需要花时间进行了解和调研，这样制作出的简历才可能抓住看简历人的心。"磨刀不误砍柴工"，制作优秀简历，在职业探索上投入时间与精力是必不可少的。若根据模板照猫画虎，虽然很短的时间就能把简历制作完成，但会让自己在众多求职者中脱颖而出吗？求职，若自己不重视，怎能期待雇主对自己重视。

二、简历撰写

1. 简历的类型

常见的个人简历类型包括纸质简历、在线简历、新媒体简历等。不同类型的简历内容大致一致，但也存在一些差异。

（1）纸质简历。纸质简历是求职者为了让用人单位了解自身情况，用文字将个人基本信息等求职内容展示在纸上，是求职者向用人单位证明自己能够胜任所申请岗位的依据。简而言之，纸质简历是写着"自认为必要及必须告知他人的求职应聘信息"的材料。纸质简历的内容结构、风格设计及封面制作等多种多样，求职者可进行个性化的设计与制作。

（2）在线简历。在线简历是指求职者应聘时通过网申系统填写并提交的电子简历，即求职者直接在用人单位招聘主页或第三方专业招聘网站的申请投递页面，按照所提供的固定格式来填写的求职简历，也有部分用人单位要求填写其设计好的信息表格后再上传电子版（一般为 Word 文档）个人简历。

（3）新媒体简历。随着互联网的发展，用人单位为节约招聘成本，招聘方式也在发生变化。随着微信、抖音、微博等即时通信工具的普及，不少用人单位已使用这些新媒体进行招聘。新媒体简历主要包括微信简历、微博简历等几种形式，求职者可通过微信、微博等新媒体平台向企业投递简历。

2. 简历的格式

简历格式一般分为表格式（见表 5-3）和条目式（见表 5-4）两种。到底采用何种形式，需根据求职者本人的实际情况来决定。

（1）表格式简历、条目式简历。表格式简历是通过表格的形式展示求职者的基本情况，模块清晰，易于阅读，比较适合应届毕业生；条目式简历不受表格限制，容量较大，更容易突出求职者的独一无二，可以根据实际情况展示求职者的资料，比较适合有一定工作经历的求职者，也适合需要展示较多资料的应届毕业生。对应届毕业生来说，简历的篇幅最好控制在一页 A4 纸以内。

表 5-3　表格式简历

姓名	王明	性别	男	
民族	汉族	出生年月	2002.6	
政治面貌	团员	籍贯	江苏昆山	照片
学历	大专	居住地址	江苏苏州	
邮箱	415561876@qq.com	联系电话	12345678910	
毕业院校	昆山登云科技职业学院		专业	工程造价
求职意向	预算员、资料员			
教育背景	2020 年 9 月—2023 年 6 月　就读于昆山登云科技职业学院			
社会实践经历	1.　2020—2021 学年担任校青年志愿者协会项目部干事； 2.　2020—2021 学年在学院工程实训基地任建筑制图员。 （1）负责协调与统筹本小组内各成员之间的工作内容、工作进度以及与其他小组之间的沟通。 （2）实习制作土木、建筑制图。 3.　2021—2022 学年任学院工程实训基地预算员；与团队合作预算一项工程项目，负责软件预算。 4.　2021—2022 学年院校工程实训基地测量员； （1）了解了测量仪器经纬仪、全站仪等仪器的工作原理，并熟练掌握了仪器的使用。 （2）能熟练使用相关电脑软件把所测的点绘成地形图。 （3）参与施工的测量放线。 收获：在实习期间积极快速地完成了领导、老师布置的各项任务，熟悉专业实训项目的各种要求，增强了动手能力，加强了团队沟通协作能力			
获奖情况	1.　2021 年 6 月获学院 CAD 技能大赛二等奖； 2.　2021 年 11 月获国家励志奖学金； 3.　2022 年 5 月获学校"优秀团员"称号； 4.　2022 年 5 月获学校"德育考核先进个人"称号			
职业技能	1.　英语：大学英语 B 级，具有基础的英语听说读写能力； 2.　计算机：能熟练使用 Office 办公软件，获全国计算机等级一级证书，有扎实的计算机基本应用能力。 3.　获国家高级 CAD 证书，能独立应用 CAD 制作施工图纸，熟练掌握 AutoCAD 软件。 4.　熟悉相关施工仪器，具有积极的工作态度，能按时完成老师布置的工作。 5.　同时掌握了 DS3、清华斯维尔、盛大清单计价软件、晨曦清单计价软件的基本应用			
自我评价	本人性格热情开朗，待人友好，为人诚实谦虚。在平时学校生活中，做过很多兼职。例如：做过家教、酒店服务员，派送过传单，做过问卷调查，还到工厂打过暑期工，亲身体会了各种工作的不同运作程序和处事方法，在工作中尽心尽力，锻炼了吃苦耐劳的精神，并从工作中体会到乐趣			

表 5-4　条目式简历

姓　　名：王明	
求职意向：预算员、资料员	
出生年月：2002.6	照片
联系电话：12345678910	

★ 教育背景

2020 年 9 月—2023 年 6 月　　昆山登云科技职业学院　　工程造价专业
主修课程：CAD 制图、3DMAX 制图、PS 版式设计、酒店及餐饮空间室内设计、居住空间设计、建筑装饰构造与施工技术、人体工程学等

★ 工作经历

2021 年 1—2 月 ×× 装饰公司助理设计师，主要负责现场勘测绘图、初步平面布置和现场看管；
2021 年 7—8 月 ×× 淘宝商店绘图员，主要工作是按照指定图纸进行平面、立面绘图；
2020—2021 学年受聘为学院"学生会文娱部部长"，组织开展院迎新晚会、合唱赛等节目编排工作

★ 获奖情况

2021 年 6 月获学校"优秀学生干部"称号；
2021 年 10 月荣获"2020—2021 年度社会实践优秀调研报告一等奖"；
2022 年 5 月获学校"社会实践先进个人"称号；
2022 年 11 月获学院"室内设计技能大赛三等奖"

★ 职业技能

国家计算机一级证书，能熟练使用电脑浏览网页、收集资料。
高级 CAD 证书，能熟练使用 AutoCAD 计算机辅助设计软件绘制图纸。
能熟练使用 3DMAX 相关专业软件以及 Office 相关办公软件

★ 自我评价

本人对待工作严谨认真、责任心强、沟通能力强，注重工作效率和团队合作；能熟练操作 CAD、3DMAX 等相关的专业软件，从事过色彩搭配、海报设计、舞台策划、主持等方面的工作。工作经验虽有待提升，但非常期待迎接新的挑战

（2）字体和字号。在简历中，小标题可以用黑体，而正文部分一般采用宋体。可以适当用粗体进行突出强调，应尽量避免过多使用不同字体。

（3）排版。求职简历以一页 A4 纸为宜，且不宜将内容排得太满，让简历看上去密密麻麻。可以用统一的项目符号使每个标题或内容对齐，这样招聘者在审阅简历时觉得赏心悦目。

（4）用纸和打印。如果需要提供纸质简历，建议使用 80 克以上的 A4 纸张打

印简历，尽量不用复印的简历，以免影响效果。

3. 简历的内容

简历的正文一般由七个部分组成，即基本信息、求职意向、教育背景、社会实践经历、获奖情况、职业技能和自我评价等。求职者可结合自己的背景和特点，对各部分内容及排列顺序进行调整，不是所有项目都必须涉及，具体可根据所应聘的岗位和公司针对性地进行筛选和修改。

（1）基本信息。基本信息一般包括姓名、性别、年龄、联系方式、籍贯、政治面貌和生理状况（如身高或健康状况）等信息。对于生理状况等较为隐私的信息，可根据用人单位的招聘要求有选择地填写。

（2）求职意向。

①求职意向也叫求职目标，它是求职简历的灵魂。简历中对自己的能力、经历等的介绍都是针对特定的求职意向而设计制作的。如果有多个求职目标，最好分别撰写不同的简历。求职意向越具体、针对性越强，获得面试机会的概率越大。

②求职意向应做到语言精练、概括性强，避免含糊笼统、无针对性。可通过浏览中华英才网、智联招聘网、前程无忧网等国内著名的求职门户网站，搜索具体职位或岗位名称的准确提法，规范填写求职意向。最佳的求职意向写作方法应该是直接表明你申请的职位、目标。

③不可采用的、空洞的求职意向：能吃苦耐劳，适应各个环境，要求能提供基本福利保障，签订正式劳动合同，有发展空间等。

④应该采用的、优秀的求职意向：如行政、助理类职位，具备良好的人际沟通技巧，做事耐心细致；计算机软件开发工程师，熟练掌握 ASP.NET 等语言。

（3）教育背景。正规的学校教育、自我提升和学习经历、参加专业机构的培训等内容都可以在教育背景中说明，内容最好与所应聘的工作职位相关。具体可以包含以下信息：

①时间段。每段教育经历都应有起止日期的时间段，时间段有助于让 HR 了解你的毕业日期或看到你接受的教育和成长轨迹。

②学校。便于 HR 迅速识别你的学历，如果就读的是名校，校名可能对你应聘有所帮助，这种情况下，建议将学校校名加粗显示。如果你就读的不是名校，则可以不用加粗显示，这个教育"硬伤"可以通过其他方式来弥补，例如强调实习经历、社会实践经历等。

③专业。如果是应聘专业对口的职位，那么专业一定要加粗强调。若你是跨专业求职，有双学位或有相关的辅修经历，那么辅修的专业要加粗强调。例如，你本专业学习的是室内设计，但你辅修了计算机网络技术专业，如果你想从事计算机方面的工作，那么你应当淡化室内设计的背景，强调计算机方面的优势。如

果你的学校不是名校，主专业也与职位要求不对口，且没有学习过相关的课程或者没有辅修经历，那么在这种严峻的教育"硬伤"下，你可能需要在简历中将教育背景往下调，弱化教育背景，转而强调其他与职位相关的实习经历或社会实践经历。总而言之，应根据职位和自身情况做到突出优势，规避劣势。

④相关课程。很多学生无论应聘什么职位都会将大学中学到的所有课程列一遍，这种做法是不正确的。一般来说，如果专业符合应聘职位要求，可以不列课程；如果要列，则只列与职位相关的主干课程。如果专业与应聘职位要求不符，但是选修过该专业相关的课程，则可以将相关的课程列出来；如果成绩还不错，可以再标注上相应的成绩，课程不宜多列，只选择相关的核心课程即可。

⑤其他亮点。如个人成绩，取得的成就等。

（4）社会实践经历。这部分是简历的重点，要描述自己在工作中所取得的成绩和具体的任务，而不单是描述工作职业。可以用"时间＋量化"的内容，分别为校内和校外两个部分展示。如校内：曾任职务和参加或组织过的活动（级别、组织活动多少场、参与人数达到多少）；校外：相关社会实践经历和实习经历，与应聘岗位有关的最好工作描述＝任务描述＋成功词汇＋数据展示。

①参考实例（校内）。

针对市场营销、销售岗位。

2020.09—2021.09　南京林业大学××学院学生会外联部　部长　南京

- 通过多次电话与面谈的方式，两周内为学校"一二·九"文艺演出拉到赞助1200元和音响设备，为外联部两年内第一次拉到现金赞助。
- 组织部里8名干事为"学术节"活动拉赞助。三周内打过100余个电话，发送200封邮件，并拜访20家公司。最后与凯迪娱乐（KTV）签下合作合同。由其赞助10张会员卡和300张免费练歌券。
- 成功组织多场讲座、师生联谊舞会等活动。组织干事协调其他部门有效开展工作。协助历时2个月的"艺术节"取得圆满成功。

②参考实例（校外）。

2022.03—2022.12 上海亿医信息科技有限公司市场部市场推广专员上海

- 公司经营的网站应届生求职网（http://www.yingjiesheng.com）是中国排行第一的专门面向大学生及在校生的求职招聘网站。
- 独立负责网站与目标高校、企业的合作推广计划的实施。
- 通过电话访谈方式对700多家企业进行招聘规模、渠道及目标生源等校园招聘需求调研。撰写长达5000字的调研报告，并根据调查结果对企业有针对性地推介网站服务项目。最终与625家目标企业达成合作意向。

③避免记账式的描述。

记账式的描述参考实例：

工作实习经历

2020 年暑假在 ×× 外语学校担任英语教师；

2020 年 11—12 月在 ×× 公司兼职手机促销员；

2021 年暑假在 ×× 电视台新闻频道实习；

2021 年 10—11 月参加 ×× 英语培训公司英语培训产品的市场推广策划；

2023 年 1—5 月辅导 3 名高中学生的数学课程。

（5）获奖情况。这部分包括学生时代获得的所有荣誉及各类证书，如三好学生称号、优秀学生干部称号、奖学金，以及技能竞赛所获奖项。可根据获奖时间顺序进行排列，也可按照奖项的级别从高到低列出。无任何工作经验的应届毕业生应着重列出此项，这有可能成为简历的亮点。

一定要注意"相关性"原则，突出对未来工作最有用和与之最直接相关的获奖情况，从格式版面上做到清晰有序、层次分明。

参考实例：

2020 年 5 月，获得学院"网页设计制作大赛"二等奖；

2021 年 3 月，获得学院"大学心理健康宣传画报设计制作大赛"一等奖；

2021 年 5 月，获得学院"入党积极分子"荣誉称号；

2021 年 12 月，获得学院"二等奖学金"；

2022 年 5 月，获得学院第九届春季田径运动会女子 100 米项目第二名。

（6）职业技能。应该让招聘者从简历中了解求职者所具有的各种能力。技能描述一般分为三个方面：英语、计算机及专业技能。休闲娱乐技能虽不是必备技能，但可以展示求职者的品德、修养、社交能力、与人合作能力。展示时要与应聘职位有关，如钢琴十级。

参考实例：

专业技能：通过计算机网页制作设计中级工、计算机网络管理员中级工；

英语技能：通过全国英语 3 级考试并取得相应证书；

IT 技能：熟练使用 Office 办公软件以及 C 语言，Java 等编程软件。

（7）自我评价。求职者在写自我评价时，可以先回顾一下自己的工作经历，思考自己在以前的工作中所积累的工作经验，然后再挑选出与所投递岗位要求比较吻合的性格特征、职业素质及工作能力等，写在自我评价中，以突出自己的优势。总之，可以简化为：自我评价＝求职意向（对未来有明确规划）＋职位相关技能（可以胜任这个职位）＋过往经历亮点（相对于其他求职者自己的独特优势）。

雷区：宽泛空洞型（无特点、如工作有耐心，有团队意识）；自曝缺点（缺乏经验）；喊口号（我保证：今天我为公司骄傲，明日公司为我骄傲）。

HR 喜欢的形容词，如创新、逻辑性、统筹等。

参考实例：

应聘市场营销类的职位——逻辑清晰，沟通能力强，曾作为校园辩论队队长获得全校辩论赛第一名，擅长策划组织，曾独立负责学院 500 人文艺晚会的筹办和宣传工作，在滴滴、百度等市场部实习。

应聘互联网营销类职位——热爱互联网，对互联网工作抱有很大的激情，将来想在 IT 行业工作，抗压能力、理解能力强，具有良好的产品分析能力、策划能力、数据收集能力和文案撰写能力，具有互联网产品推广经验，是论坛版主和论坛活跃者。

4. 注意事项

（1）填写的内容一定要真实、完整、准确，结合个人实际，采用不落俗套的表达，让招聘者觉得自己独一无二。同时，简历中不应留下任何修改痕迹。

（2）有条理地展现优势，突出重点，提供最重要的信息，如果经历丰富并和求职内容相关就详细介绍，特别是要介绍与个人能力相关的社会实践和任职情况。

（3）求职简历应避免的问题：一是脱离招聘单位的需要，夸夸其谈。简历内容应该时刻围绕是否能胜任目标职业，强调自身的能力是否匹配，多考虑招聘单位关注的人才素质结构。二是事无巨细、面面俱到。展现优势要有针对性，有重点和核心，少进行自我评价。

（4）写完求职简历后要认真核对，不能出现文字、标点、排版错误，语句一定要通顺。尽量用规范的表达、职业所需的专业术语对简历进行打磨。

（5）其他说明。

①记住你的简历写了什么和向什么单位申请了什么职位。

②按要求填写。在网上填写简历时，要严格按照招聘方的要求，要求网上填写的就不要寄纸质简历；要求用中文填写的就不要用英文填写；要求填写在固定区域的不要另加附件。

③尽量不要以附件的形式发送自己的求职简历。因为技术等原因，某些单位的电脑无法打开附件。有时候为了防止感染病毒，招聘单位也不会打开附件。所以最好按照公司网站的招聘要求发送，或者干脆用纯文本格式写在正文中。

④要善于利用计算机来写简历。计算机中的中文处理程序有着丰富的文字处理功能，它会帮助你设计出令人满意的简历格式。另外，最好使用质量好的打印机来打印求职简历。

⑤求职简历前后一定要吻合，不要有逻辑上的错误。比如，求职简历发向苏州某公司，但简历内部的求职意向却是上海、北京。

5. 求职档案

（1）求职信。求职信不同于简历，简历要写得具体、全面，而求职信则要强调最重要的信息。它包括：你是谁？你怎么知道目标企业的？你要申请什么职位？你了解目标企业吗？你为什么适合这个职位？表明希望得到面试机会，注明你的联系方式。

收信人的姓名、头衔（顶格写）：

第一段：说明你为什么要写这封信，你所申请的职位或工作的具体名称，以及你是如何听说有这一职位空缺的。

第二段：解释你为什么对这个组织和这个职位感兴趣，说明你可以如何为该组织做出贡献。解释一下你的教育背景和相关经历如何使你有资格来申请这一职位。突出强调你所取得的成就或比较特别的过人之处，但不要重复你简历中的内容，而是作为对简历的一个引介和提升（可挑选简历中的一两个突出之处，或是受简历格式所限而未在简历中体现之处做更详细的说明）。强调你的技能与你所申请的职位之间的契合。这一段为求职信的核心内容。如果内容较丰富，也可分为两段。要简洁而具体。

第三段：激发收信者对阅读你的简历的兴趣。表达你希望有机会面试的愿望。重申便于找到你的联系方式，以及联系时间。表示愿意提供更多的信息供对方参考。

最后，以一句鼓励对方做出回应的话结束你的求职信。

此致

敬礼！

你的姓名（如果打印需有亲笔签名）

（2）就业推荐表。毕业生就业推荐表（见图 5-11）是学校向用人单位介绍、推荐本校毕业生的一种书面材料，其内容主要有个人基本信息、专业主要课程、奖惩情况、学校评语等。个人基本信息要实事求是地填写，奖惩一栏如果没有获奖经历，可把自己参加的一些有代表性的、能反映个人才华的活动填上，如主持过的大型文艺晚会、参加过的社团等。当然，这些活动显示的才华应与所应聘的岗位有相关性。

2023届毕业生双向选择就业推荐表

2023902899548

学　校：昆山登云科技职业学院　　　　代　码：13963　　　　学号：20170023

姓名	余××	性别	男	学历	专科生毕业	专业	建筑工程技术(540301)		
培养方式	非定向	是否师范类	非师范生	政治面貌	共青团员	民族	汉族	出生年月	19991108
生源地区	浙江省温州市永嘉县					联系电话	158****7786		
掌握外语种类	英语	熟练程度	一般	计算机水平		良好	健康状况	健康	
入学时间	202009	毕业时间		202306		身份证号	330324**********14		

在校期间担任的主要职务情况	院学生会主席、班级班长
专业主要课程	AutoCAD、制图与识图、建筑力学与结构、房屋建筑构造、建筑类专业导论、建筑材料、建设法规、建筑工程测量、建筑施工技术、工程事故分析与处理、BIM建模、建筑工程计量与计价、建筑节能、装饰材料与施工工艺、BIM施工组织与项目管理
特长爱好	喜爱参加志愿者活动
奖惩情况	2020—2021学年度，被评为"校优秀学生干部" 2020—2021学年度，获得综合"一等奖学金" 2021—2022学年度，获得"国家励志奖学金" 2021—2022学年度，被评为"优秀志愿者"
学校评语	该生在校期间能够遵守校纪校规，学习方面能够完成各项学习任务，掌握了基本的专业知识，具有一定的实践能力。尊敬师长，团结同学，具有良好的沟通能力，并能积极参加各项活动，是一名优秀的大学生
学校推荐意见	同意推荐 　　　　　　　　　　　学校毕业生就业工作部门(盖章) 　　　　　　　　　　　　　　　2022 年 12 月 06 日

说明：　1. 此表每位毕业生限发一份，可在http://www.91job.org.cn验证。
　　　　2. 此表同时应附学校教务部门签发的成绩表。
　　　　3. 可附其他自荐材料。

江苏省教育厅印制

图 5-11　余 ×× 的毕业生就业推荐表

　　（3）就业协议书。就业协议书（见图 5-12）是《全国普通高等学校毕业生就业协议书》的简称，它是普通高等学校毕业生和用人单位在正式确立劳动人事关系前，经双向选择，在规定期限内确立就业关系、明确双方权利和义务而达成的书面协议，是用人单位确认毕业生相关信息真实可靠以及接收毕业生的重要凭据，也是高校进行毕业生就业管理、编制就业方案以及毕业生办理就业落户手续等有关事项的重要依据。其主要作用是在正式合同签订前保护学生就业的权益，防止就业单位违约，另外也避免学生随意违约。就业协议一般由国家教育部或各省、市、自治区就业主管部门统一制表，就业协议书在毕业生到用人单位报到、用人单位正式接收后自行终止。

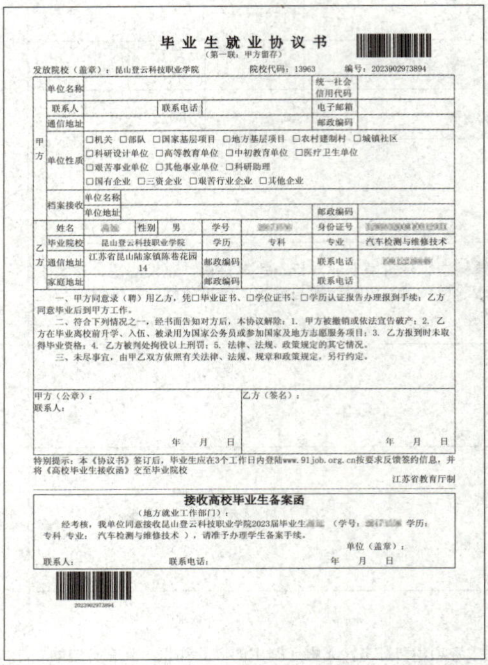

毕业生就业协议书

（第一联：甲方留存）

发放院校（盖章）：昆山登云科技职业学院　院校代码：13963　编号：2023902973894

甲方	单位名称					统一社会信用代码	
	联系人		联系电话			电子邮箱	
	通信地址					邮政编码	
	单位性质	□机关 □部队 □国家基层项目 □地方基层项目 □农村建制村 □城镇社区 □科研设计单位 □高等教育单位 □中初教育单位 □医疗卫生单位 □艰苦事业单位 □其他事业单位 □科研助理 □国有企业 □三资企业 □艰苦行业企业 □其他企业					
	档案接收	单位名称					
		单位地址				邮政编码	
乙方	姓名	[illegible]	性别	男	学号 [illegible]	身份证号	[illegible]
	毕业院校	昆山登云科技职业学院		学历	专科	专业	汽车检测与维修技术
	通信地址	江苏省昆山陆家镇陈巷花园14		邮政编码		联系电话	[illegible]
	家庭地址			邮政编码		联系电话	

一、甲方同意录（聘）用乙方，凭□毕业证书、□学位证书、□学历认证报告办理报到手续；乙方同意毕业后到甲方工作。

二、符合下列情况之一，经书面告知对方后，本协议解除：1. 甲方被撤销或依法宣告破产；2. 乙方在毕业离校前升学、入伍、被录用为国家公务员或参加国家及地方志愿服务项目；3. 乙方报到时未取得毕业资格；4. 乙方被判处拘役以上刑罚；5. 法律、法规、政策规定的其它情况。

三、未尽事宜，由甲乙双方依照有关法律、法规、规章和政策规定，另行约定。

甲方（公章）：
联系人：
年　月　日

乙方（签名）：
年　月　日

特别提示：本《协议书》签订后，毕业生应在3个工作日内登陆www.91job.org.cn按要求反馈签约信息，并将《高校毕业生接收函》交至毕业院校

江苏省教育厅制

接收高校毕业生备案函

（地方就业工作部门）：

经考核，我单位同意接收昆山登云科技职业学院2023届毕业生[illegible]（学号：[illegible] 学历：专科 专业：汽车检测与维修技术），请准予办理学生备案手续。

单位（盖章）：

联系人：　联系电话：　年　月　日

2023902973894

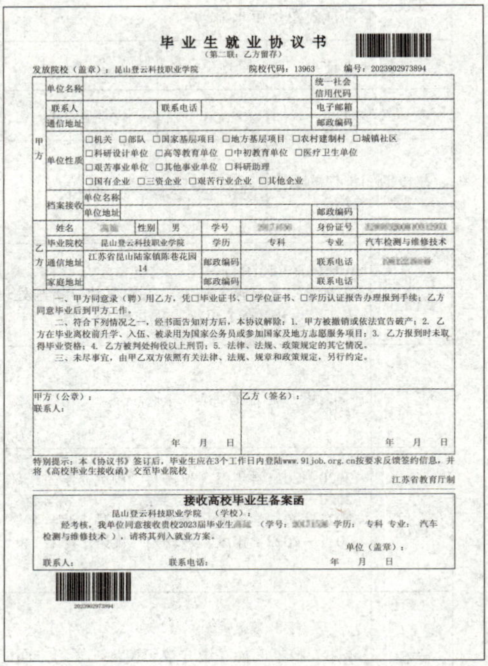

毕业生就业协议书

（第二联：乙方留存）

发放院校（盖章）：昆山登云科技职业学院　院校代码：13963　编号：2023902973894

甲方	单位名称					统一社会信用代码	
	联系人		联系电话			电子邮箱	
	通信地址					邮政编码	
	单位性质	□机关 □部队 □国家基层项目 □地方基层项目 □农村建制村 □城镇社区 □科研设计单位 □高等教育单位 □中初教育单位 □医疗卫生单位 □艰苦事业单位 □其他事业单位 □科研助理 □国有企业 □三资企业 □艰苦行业企业 □其他企业					
	档案接收	单位名称					
		单位地址				邮政编码	
乙方	姓名	[illegible]	性别	男	学号 [illegible]	身份证号	[illegible]
	毕业院校	昆山登云科技职业学院		学历	专科	专业	汽车检测与维修技术
	通信地址	江苏省昆山陆家镇陈巷花园14		邮政编码		联系电话	[illegible]
	家庭地址			邮政编码		联系电话	

一、甲方同意录（聘）用乙方，凭□毕业证书、□学位证书、□学历认证报告办理报到手续；乙方同意毕业后到甲方工作。

二、符合下列情况之一，经书面告知对方后，本协议解除：1. 甲方被撤销或依法宣告破产；2. 乙方在毕业离校前升学、入伍、被录用为国家公务员或参加国家及地方志愿服务项目；3. 乙方报到时未取得毕业资格；4. 乙方被判处拘役以上刑罚；5. 法律、法规、政策规定的其它情况。

三、未尽事宜，由甲乙双方依照有关法律、法规、规章和政策规定，另行约定。

甲方（公章）：
联系人：
年　月　日

乙方（签名）：
年　月　日

特别提示：本《协议书》签订后，毕业生应在3个工作日内登陆www.91job.org.cn按要求反馈签约信息，并将《高校毕业生接收函》交至毕业院校

江苏省教育厅制

接收高校毕业生备案函

昆山登云科技职业学院（学校）：

经考核，我单位同意接收贵校2023届毕业生[illegible]（学号：[illegible] 学历：专科 专业：汽车检测与维修技术），请将其列入就业方案。

单位（盖章）：

联系人：　联系电话：　年　月　日

2023902973894

图 5-12　毕业生就业协议书

（4）其他证明材料。一般包括成绩单（教务处盖章）、荣誉证书或获奖证书、资格 / 技能考试证书等。尽量把各类材料复印成同样大小的纸型，并按照时间顺序或重要程度依次排好，若材料较多，可列出目录。同时要准备好原件，特别是毕业 / 学位证书、技能证书，以备用人单位核查。

三、简历投递

企业接收简历，倾向于线下与网络两种方式。线下投递简历的情况，一般会出现在你参加的招聘会或与企业直接接触的场合；而网络投递简历，一般是企业要求进行网络申请或将简历发送到其提供的电子邮箱。

1. 线下投递

企业人事见到你本人，易形成印象，即先对你产生观感，进而通过阅读简历深入了解。线下投递前，你需要详细了解企业提供的职位及招聘要求，思考自己

是否适合该职位。精准且高效地投递，建立在知己知彼的基础上。你可能担心：招聘会或直接与人事接触，自己会紧张，说不清应聘的职位，无法有效地表达应聘期望，自己胜任的职位并不招聘本专业毕业生……真的该如此担心吗？其实只有不了解职业、基于常规思路制作简历、对自己是否可以胜任职位没有概念的求职者才会紧张！

在面向应届毕业生的招聘会上，一个并非知名高校的毕业生向一家单位呈递了自己的简历。未想到该单位招聘代表看了该学生毕业的学校，就将简历还给了他，说："这个学校的学生我们不需要。"该学生在投递简历前仔细阅读了招聘职位的要求，觉得自己的条件符合。用人单位凭什么因为学校不知名就拒绝自己？于是，他理直气壮地对企业人事说："看了贵单位的招聘要求，我是可以胜任的。还没有看简历就拒绝我，这并不合适。你可以认为我的职业能力无法达到职位要求，但你不能瞧不起我的学校。"这句话让企业人事对这名求职者刮目相看，于是接下简历，最终这位学生获得了面试机会。这位学生为什么能理直气壮地反驳企业的门户之见？因为他对自己的职业胜任成竹在胸，而这种自信来自充分的职业探索与职业胜任能力的提升。对企业而言，在求职者众多的情形下，为便宜行事，可能会设置一些筛选条件，如学校层次、专业成绩、英语水平等，但招聘的实质，是找到符合岗位的求职者，只要能证明职业胜任，企业便很难拒绝，因而无须担心这些先设的筛选条件，尤其是实体投递简历的时候。要知道，机会永远青睐有准备的人。

2. 网络投递

随着互联网的发达，实力较强、毕业生青睐的企业往往倾向于通过网络招聘毕业生，通过让毕业生在线填写相关信息，并设置一些筛选条件，对毕业生进行选择，这种招聘方式简称"网申"。就业指导课上老师会提醒你提前做足"网申"的功课。它究竟是什么概念？你依然要经过充分的职业探索。"网申"前，你需要对招聘方的组织文化、制度及招聘岗位了然于胸。在填写具体内容时，你需要注意细节，认真对待招聘方要求填写的每部分内容，避免出现文字和标点符号的错漏。一般而言，优质企业的"网申"，在线填写要花 1～2 个小时，对此你要有充足的心理准备。

除了"网申"，企业还倾向于通过电子邮件接收简历。有的企业会规定电子邮件发送的具体要求。一般而言，会要求你在邮件标题上注明学校、姓名、应聘职位，并将简历以附件的形式发给企业。你会不会认为这很容易？不就是发个电子邮件嘛。通过电子邮件投递简历，企业对你职业胜任的考察就已经开始了，若不以企业人事习惯的方式处理，自己的简历很有可能被拖入回收站。

简历投递，是与社会、职业接触、磨合的过程。投递完成后，务必做好记录（尤其是线下投递）。有相当一部分毕业生对投递了简历的企业不做记录，以至于接到面试通知时一脸茫然，甚至电话里对企业一无所知，这都会形成不良的求职印象。在投递简历的过程中，你可能会发现一些重要信息是原来的简历所疏漏的，需要及时更新。此外，互联网也是把双刃剑，通过网络投递简历，尤其要注意个人的信息安全。

📅 知识拓展

我们需要什么样的员工——优秀跨国公司人力资源主管的看法

GE（通用电气公司）选人首先要看这个人的专业素质和专业标准是不是符合公司对这个位置的基本要求；其次，依据公司的价值观，要考察这个人是不是拥有 GE 的价值观——坚持诚信、渴望变革、注重业绩；最后，要看这个人有没有潜力，公司在招聘人的时候会把眼光看得远一些，看这个人除了做眼下这个工作，将来会不会还有潜能来做更高一点位置的工作，或者坐上更高的位置。

　　　　　　　　　　　—— Wilson Robert Woodrow，GE 美国地区人力资源总监

宝洁强调的是员工的自身素质，"我们所需要的素质包括：诚实正直、领导能力、勇于承担风险、积极创新、发现问题和解决问题的能力、团结合作能力、不断进取等。有些部门，如产品供应部、研究开发部、信息技术部、法律部和财务部，也会要求员工最好有一些基本的专业背景。"

　　　　　　　　　　　—— Lyell Charles，宝洁（美国）康涅狄格州人力资源总监

联合利华对应届毕业生的要求是"未来能够成为企业领袖的人"。"推动企业成长的基本力量是那些具有领导才能、创新精神，并且有热情创造成功品牌的员工。"

　　　　　　　　　　　——Jeans James，联合利华（美国）佛罗里达州人力资源总监

索尼公司企业文化的核心是自由、创新。因此索尼员工需要具备好奇心、冒险精神、执着精神、灵活性和乐观精神。具体到对大学毕业生的招聘，索尼的原则是以具体业务为导向，因地制宜，根据不同业务部门的需要和各地区的具体情况来招聘最适合的员工。

　　　　　　　　　　　——松井大郎，索尼（日本）大阪地区人力资源总监

我们在招聘过程中更注重能力和学生的沟通技巧，个性也很重要。因为作为未来的咨询师，他们一定要具有与客户沟通、协调的能力。此外，潜在的领导能力、学习能力、团队精神、创新精神、分析能力、归纳能力都是不可或缺的因素。当然，他们是否适应公司的文化和价值观也是重要的考察点。

—— Crick Francis Harry，毕博管理咨询有限公司（美国）

印第安纳州人力资源经理

在 IBM，成功的条件包括：

（1）Smart，即智力。

（2）具有自我激励的习惯，要坚信自己比任何人都做得好；同时要冷眼看未来职业趋势，有强烈的渴望成功的欲望。

（3）接受新事物比较快，在此基础上要有创新精神。

——Smith Adam，IBM（美国）路易斯安那州人力资源总监

我们招聘这样的人：一是有充沛的精力，并能带动其他人；二是有团队精神；三是要视变化为机遇而非危险；四是希望大家每天都追求完美，找到最好的方法推进工作；五是做全球化的人才。另外，在沃尔玛要想成功，要学会平衡，要有承受压力的心态。沃尔玛的员工压力是很大的，希望员工能把压力变成动力，不断进步。

—— Petty William，沃尔玛美国地区人力资源总监

像百事这样做快速消费品的企业，对人才的要求从技术含量方面来说不是很高。我们不需要应聘者具备这样或那样的专业知识，唯一需要的就是那种脚踏实地、非常愿意去做事情的人。我们通常会考虑那些年轻有活力的人，这个年轻并不是一味追求年纪上的年轻，而是要有一个年轻的心态，能不断地创新，不断接受新的挑战，更要有抗打击和抗挫折的能力。相反，对于那种心浮气躁、这山望着那山高，在一个岗位上工作两天就又想跳到别的岗位上去的那种人，百事是绝对不欢迎的。

—— Belin Jean，百事公司（美国）伊利诺伊州人力资源总监

第三节　面试技巧

动手动脑

模拟面试

（1）自我介绍：每人用 3 分钟的时间进行自我介绍。

（2）求职者根据面试官提出的问题进行回答，旨在考验求职者的反应能力，限时 3 分钟。

（3）要求：会场布置可分为求职者演讲台、面试官席、观众席三个部分。面试官席可设置 5～6 名面试官，由学生担任，也可以邀请相关老师现场指导。面试官人选最好身着正装，普通话流利、标准，有一定的应变能力，可以为求职者的表现做出客观合理的评价、提出有价值的建议。

（4）材料准备：活动桌椅、台签、笔记本、笔。

（5）建议时间：20 分钟。

（6）模拟面试结束后，面试者、求职者、观众可以讨论并交流各自的体会。

知识链接

一、面试的秘密

面试是企业挑选员工的一种重要手段，招聘面试是用人单位经过精心设计的，在特定场景下由考官与应聘者进行面对面交谈，考查测评应聘者知识、能力、经验等有关素质的考试活动。面试通过提供一种双向交流的机会，使招聘者和应聘者之间相互了解，以便让双方都更准确地做出录用与否或受聘与否的决定。对于面试，大家更关心的是企业喜欢问哪些问题。国内某知名求职网站根据调查统计出企业最常问的十七个问题，可以从三个视角进行解读。

1. 求职者视角

问题 1：请做一下自我介绍。

问题 2：谈谈你个人的最大特色。

问题 3：你有什么业余爱好？

问题 4：你最崇拜谁？

问题 5：你的座右铭是什么？

问题 6：谈谈你的缺点。

问题 7：谈谈你的一次失败经历。

问题 8：请谈谈你的家庭情况。

求职者视角的问题，表面上是介绍自己，背后却并非只是了解求职者那么简单。对企业而言，需要通过这些问题发现求职者在能力、性格、价值观等方面与职位、组织文化的契合。

问题 1、问题 2，请求职者做自我介绍，企业关注的是求职者是否具备与工作相关的特质。

问题 3 至问题 5，若你经历过生涯学习应该对它们不陌生，这些问题在生涯学习中是用于自我探索的。自我探索的目的是通过了解自己来寻找适合的职业。而面试时出现类似问题，在企业看来，是重点关照求职者与职位在性格、价值观方面的契合程度。

问题 6、问题 7 是很容易带入技巧性回答的。如问题 6 的回答技巧是阐述与应聘职位"无关紧要"的缺点，甚至从表面上看是缺点，从工作角度看却是优点的缺点，如做事太投入，不会平衡工作与休闲角色。问题 7 的回答技巧则会建议你把失败经历归咎于客观原因。对企业 HR 而言，他希望通过这些问题看到求职者对自身问题的正视与改进思考。有句话叫"赢者示弱"，适时地在企业 HR 面前正视自身缺点，是一种更加真诚的行为。要知道，HR 比任何人都知道在职业中每个人都存在缺陷，用相同的问题问不同求职者，求职者若都以技巧应对，则HR 会感到厌烦。

问题 8 则是看家庭环境对求职者的影响。喜欢问这个问题的，大多是对人特别敏感的 HR。他期望从这个问题的回答中找到家庭对求职者是否能胜任职位的正面影响。

2. 求职视角

问题 9：你为什么选择我们公司？

问题 10：你对我们公司了解多少？

问题 11：你找工作时最重要的考虑因素为何？

问题 12：你能为我们做什么？

问题 13：我们为什么应该录取你？

问题 14：你是应届毕业生，缺乏经验，如何能胜任这项工作？

求职视角的问题，重点关注的是求职者在知识、能力、经验方面对职位的胜任。

问题9、问题10，表面上看是了解求职者的应聘动机，实际上是考察求职者对申请职位及所属组织的了解程度。

问题11至问题14则要求职者证明能否做到职业胜任。

若未经职业探索，对这些问题的回答是很容易落入技巧范畴的，但若志在提升核心就业能力，你就会明白，只有真正了解职业，对这些问题的回答才会自然流畅。

3. 职业开展视角

问题15：如果我录用你，你将怎样开展工作？

问题16：与上级意见不一致时，你将怎么办？

问题17：你希望与什么样的上级共事？

职业开展视角的问题，重点关注的是求职者的职业心态、经验能否胜任工作。对应届毕业生而言，因缺乏职业经历，回答起来难度较大。若将职业情境迁移到学校学习情境，问题15到问题17可分别变成：被大学录取后你将如何安排学习？班级活动中与班干部意见不一致时，你怎么办？若进入学生会，你希望与什么样的学生干部共事？回答这些问题，需要大家能正确认识管理者与下属角色。在不同组织中，管理角色是主导，下属角色是配合，两者是有机整体。两者的角色是时刻转换、相互依存的。刚进入组织，要志于学、获得职业胜任能力，熟悉组织氛围、管理风格后，要适时展示与表现自己。在不同的组织中，需要大家结合自身能力合理定位，在取得事业发展前，先成为一名能配合别人的人；待进入发展阶段后，应时而变、能屈能伸，才有可能晋升到领导岗位。

对于以上问题，大家也许会犯愁，这些需要——准备吗？其实，面试的核心并不复杂。你只需要关注五个基本问题，便可从容应对，即：

（1）这项工作具体是什么？

（2）我（知识、经验、能力与性格）可以胜任这项工作吗？

（3）我愿意与应聘组织里的人共事吗（不要忽视自己对组织里人的直觉判断）？

（4）如果我喜欢这个组织，并愿意与组织中的人共事，我能让他们相信自己与其他组织者不同吗？

（5）我能说服组织聘用我并给我想要的工资吗？

二、面试的应对

经历了充分的职业探索，了解了企业HR的面试思路，在面试前，还需要做哪些准备呢？学生需要重视以下工作：

（一）面试准备

1. 了解应聘组织

应聘组织与你一样，希望得到认同，无论规模大小还是效益好坏。面试前，你需要通过网络、图书馆查找关于应聘组织的资料，或通过生涯社交圈联系组织内部员工进行了解。人类的心理往往是话不投机半句多，若HR在面试时问："知道我们单位的立足之本吗？"你若无法回答，面试便结束了。当你寻找工作机会时，对一个组织职位的信息至少应有以下一些方面的了解：①公司的发展历史和潜力；②公司的产品和服务是什么；③工作地点在哪里；④与行业发展趋势相比，公司过去几年的年销售额如何；⑤公司主要竞争者有哪些；⑥组织的所有权、家族所有权对公司潜在发展的影响；⑦公司的管理风格、组织文化；⑧员工数量；⑨组织结构、工作氛围、工作量；⑩下属参与决策活动的程度与数量；⑪公司的培训和员工发展计划；⑫该职位典型的职业发展路径；⑬升职通道；⑭知识或技术的使用情况；⑮如果是一个非营利组织，它的目的、资金来源、客户和功能是什么。

2. 面试中该如何表现

你想在面试中口若悬河地证明自己的职业胜任吗？在没看到下面的研究前，建议还是慎重为好：美国麻省理工学院通过研究"成功应聘"，发现最终受雇的求职者是那些在面试中听和说各占一半的人，即面试中求职者一半时间听企业HR说，一半时间自己说，若不这么做，则往往会失败。生活中若去相亲，遇到一个滔滔不绝或沉默寡言的人，你会怎么认知对方？HR的感受与你一样：滔滔不绝会让HR觉得组织的需要和要求被你忽略了；而说得较少，HR则会觉得你不够真诚、有所隐瞒。良好的面试表现需要你遵循"50/50原则"：听一半时间、说一半时间。每次开口最好不要超过2分钟，有时20秒就足够了。研究表明，如此表现才会给HR留下最佳印象。面试前，你会不会针对企业关心的问题，按照"50/50"与"开口不超过2分钟"原则模拟一下呢？面试时的表现如图5-13所示。

图5-13　面试时的表现

3. 准备职业胜任

通过对面试问题进行分析，你应该知道如何通过职业探索来准备职业胜任。为在面试中有更好的表现，你还需要思考企业不喜欢的员工在工作中会如何表现：也许是上班迟到、无故旷工、不听领导指挥而我行我素；而喜欢的员工呢？可能是不只为薪水而工作，可靠、有头脑、有精力、有热情，严于律己、组织性强、目的明确、善于把握时间……而企业则很可能希望你态度良好、正直、忠于组织；能很好地处理人际关系；有语言才能，会电脑操作；以项目和目标为导向，富于创造性，善于解决问题；有团队精神……若能结合职业探索，从上面若干条中找出自己胜任职位的方面，并能通过经历证明，你将成为企业 HR 乐意面试的那一类人。

4. 明确要给企业留下的印象

若对职业不了解，在面试时你很可能会紧张与不自信。而经历充分职业探索并了解职业胜任的你，则要向企业证明自己的到来是帮其解决问题的，因为无数企业都在为找不到合适的员工而发愁。面试时，必须讲明自己能为企业做什么、帮它解决什么问题。若仅是问"你能付我多少工资？我能自由支配的时间是多少？"相信企业不会再与你继续下去。它需要一个得力的、能解决问题的人，而不是什么职业胜任都不展示就漫天要价的人。

5. 其他事项

面试前的其他准备事项如图 5-14 所示。

（1）资料准备。资料准备包括能证明你学识、能力、经历的资料和获过何种奖励的证明。一旦对方提问，提供资料比空口说要好。

（2）时间准备。要准时，预留出充足的交通时间，比预定时间提前一点到达，比如 15 分钟，这样可以有时间整理你的思路。利用这段时间观察公司的工作环境。

（3）礼仪准备。衣着要得体，通常面试者的服装应较正式，以与你希望应聘的职位相匹配为宜；不要用气味太浓的香水或化浓妆；不要戴太多的饰物（连眼镜在内不超过三件）；检查手机是否关机或设置成静音状态。具体细则可参考职业核心能力课程"职场礼仪"。

（4）心理准备。深呼吸可以帮助你放松下来，消除紧张情绪。面试前一天晚上睡个好觉。其他的心理调适方式可参考下文——面试中的心理调适。

面试问题提前思考和准备

仪容、服饰准备

平和自然的心情

图 5-14　面试前的其他准备事项

（二）面试过程

不同招聘单位面试过程有很大的不同，所考察内容的侧重点也有很大差异。但有两点是提倡的，一是求职者需要有针对性地做一些准备；二是求职者要真实地表现自己，毕竟对企业招聘者而言，面试中最反感的就是技巧。

1. 面试形式

现在的招聘流程正逐渐趋向于复杂化和系统化。下面是最常见的一些面试形式：

（1）一对一面试。最常见的面试形式是一个面试官面试一个应聘者。有时，这是几轮面试中的初试。第二轮和第三轮面试通常会有若干面试官。

（2）团体面试。团体面试分为普通团体面试和竞争性的团体面试。普通团体面试目的在于向应聘者提供大量关于公司和职位的信息。这种形式节省时间，也可以保证每个人了解基本的事实。这个过程的下一步通常是个人面试。竞争性的团体面试是许多应聘者同时被一个或更多面试官面试。面试官通过这种方式的面试，通常是想了解你与团队互动的情况、每个应聘者在团队中的角色如何、谁会在团队中以领导身份出现等。考虑周到、机智表现很重要，但是不要独占会谈场面。无论是哪种团体面试，虽然与问你问题的人保持良好的眼神接触是重要的，但也需要定期看看其他在场的人，以便你的答案把他们也包括进去。记住你是在一个团队当中，尝试记住每个人的名字，在面试过程中的某些时候使用他们的名字。

（3）结构化面试。这种方式的目的在于去除偏见，帮助招聘者做出客观的决定。所有的应聘者都被问相同的问题，便于招聘者评价应聘者。如果在面试结束时，你还没有传达出重要的信息，当被问及你是否有其他问题或有没有其他事情时，别忘了抓住这个机会呈现你的重要资质。

（4）半结构化面试。在半结构化面试中，你有很好的机会传达信息，因为只有很少的预先决定好的问题。然而，你不仅需要提前准备好，而且要知道你想表达的重点。

（5）电话面试。由于应聘者到企业所在地需要高昂的交通费用，第一轮面试中面试官会采用电话面试的方式。如果这个电话让你吃了一惊，你还没有做好面试的准备，请对方过 15 分钟后再打给你，或者另外安排双方都方便的时间再联络。所有面试技巧在电话里都适用，你只是不需要着正装出席。不过，你会发现，穿着其实能帮你表现得更好。把简历和问题清单放在你面前，把笔和纸放在你够得到的地方，以便记下面试过程中想问的任何问题。注意语气语调是很重要的，确定利用你的语调和语气来表达你的兴趣。

（6）视频面试。通过在线会议服务的计算机技术，利用摄像头和话筒，可以使面试官坐在屏幕前对远处的应聘者进行"面对面"的面试。着装、身体语言和对话，与现场面试没什么不同。你的任务是：争取得到参加第二轮亲自面谈的邀请。

2. 面试沟通

（1）面试官的提问。对于面试中可能会遇到的问题，我们在上文"面试的秘密"中有过讨论，还把它总结为五大类问题，大家可提前思考、准备答案，在面试中真实地展示自己。

（2）应聘者的提问。为了验证面试前收集到的信息，你可在面试时问一些其他问题，可事先写好带在身上。以下的问题可供你参考：①公司对员工有什么样的期望；②这个职位典型的事业发展路径是什么；③这份工作最大的挑战是什么；④如果我有幸被录用，我会得到什么样的相关培训……有些问题，如薪水之类的话题，不适合在此时问，除非对方首先提起（或招聘者明确表达组织需要你后）。

（3）非言语沟通。在面试过程中，要热情和积极地回应。当你回答问题时，要通过你的肢体语言（如稍稍向前倾斜、点头表示同意）传达出你的激情和活力。保持眼神接触，保持一个舒适的坐姿（不要懒散）。避免"嗯""啊""你知道"等口头语。如果你有什么事不想让面试官询问，那么你可以让面试官感觉到，也可以讲出来。练习大声回答问题，直到你说话的时候听起来很自信。

3. 面试结束

当要结束面试的时候，以下几点你应当做到：①确定你了解招聘的全过程，例如知道对方在选择好申请人之前还有面试要进行。②表达你对这个职位的兴趣，感谢对方给你面试的机会。③向面试官要一张名片或者确定你知道面试官的名字、职务和地址，以便你能够发送一封感谢信给他，并在你需要跟进面试结果的时候，可以联系到面试官。

（1）从面试中学习。在每次面试之后，认真总结、反思，找出成功和失败的原因，不断总结经验和教训。可以问问自己：①我强调的重点中哪些可能会使招聘者感兴趣；②我是否以最好的方式呈现了自己的资格并且举出适当的例子作为证据；③我是否清楚地解释了自己的个人目标、兴趣和愿望；④我有没有漏掉推销自己的机会，以展示自己可以为公司做很多贡献；⑤我说话是否太多或太少；⑥我是否太紧张、过分被动或主动；⑦我有没有通过面试获得足够的信息来帮助自己做出决策；⑧我可以为自己的下一次面试做什么改变。

（2）感谢信。面试结束后的 24 小时内，可用 E-mail 或者手机短信等方式向面试官发一封感谢信。感谢他给你面试的机会和花费的时间，与他的谈话很愉快，再次表示对应聘职位感兴趣，还可以做些其他的补充说明。一份情真意切的短信、一份感谢函也许可以助你一臂之力，祝你踏上成功之路。

同时，面试结束后，面试官会告知几天之后会有结果。哪怕你觉得自己面试中临场发挥失常也别轻易放弃。快出结果的时候要积极地与用人单位面试官保持联系，但不能过于频繁。有耐心有坚持，才能更好地把握机会。

（三）面试总结

1. 面试中的心理调适

面试中出现紧张情绪，对初涉职场的你而言，是不可避免的。那么，应该如何克服紧张情绪、更好地表现自己？可运用下面的方法调整心态：

方法一：将面试视为对职业的进一步了解与研究。

面试时，为获得职位，你可能这么想："如何证明职业胜任才能让企业雇用我？"不妨做下反向思考，为什么要如此紧张地对待面试呢？为什么不能将面试视为一次约会？约会的时候双方必须先喜欢对方，然后再讨论相处（工作）的问题。你若将面试视为寻找自己终身伴侣（职业）过程中的一次见面，视为对组织、职业的了解，会不会放松一些？也许通过面试，你便会发现应聘的职位不适合自己，从而避免了千方百计地证明了自己，入职三个月后却辞职的窘境。

方法二：HR 可能比你还紧张。

看到这样的说法，你可能会觉得难以置信。HR 怎么可能比我更紧张？想一想，HR 在面试时最担心什么？他担心耗费时间、精力，却招不到合适的人。只不过他更有经验，比应聘者更善于掩饰自己的焦虑罢了。面试时，若遇到一个未准备好的应聘者，HR 很可能会想：他不胜任这项工作，缺乏必要的技能和经验；他不会与其他员工友好相处，尤其是会跟老板产生性格冲突……思考这些问题时，HR 也捏着一把汗。若在你之前面试的应聘者恰是这么一个人，你走进面试场地时，HR 可能还没从紧张的情绪中走出来，所以你没必要过分紧张。

方法三：淡看你认为的缺陷。

面试时，你也许会与许多应聘者一同等待，有的可能学校比自己的好，有的可能拥有自己不具备的证书……事实上，对你而言只存在两类企业：一类在意你的缺陷，而不会雇用你；另一类只关心你的职业胜任，而忽略你所认为的缺陷。求职时，你更应关注的不是自己缺什么，而是自己是否胜任职位需要。对于在意你缺陷的企业，你们之间永远不会互感兴趣。你要做的仅是找到关心职业胜任的企业。若面试时企业 HR 明显在意自己的缺陷，你可以平静地结束面试，继续寻找不在意自己缺陷的企业。

2. 面试分析

面试后，你也许会遇到这样的情况：经历了充分的职业探索、面试准备，却未被聘用，你一定会感到受挫、困惑。困惑，是因为你使用了不合理的方式解释现实，而正确的解释方式是什么呢？

原因一：企业问题。

有时候，你做得足够好，面试却未成功。积极的你很想知道自己在面试中究竟哪方面表现不好，以便改进。而事实上，你一点问题都没有。对某些招聘而言，企业已经物色好了人选。在某些招聘中，企业已经确定了录用对象，可按照规定，职位必须面向所有人开放，需通过招考录用人员。你若不知情而参加招聘，尽管你是出色的应聘者，可企业一开始便没打算录用你。若你做得足够好而未被录用，只需告诉自己：这个世界上存在两种企业，一种是愿意录用你的，另一种是不愿意的。你只需要找愿意录用你的企业就可以了！

原因二：被忽略的细节。

若企业没有在招聘上玩游戏，而你做了充足准备，却仍然没有得到工作，原因很可能是一些不经意的细节。最好让生涯社交圈评估一下，你是否存在以下问题：

①你可能受到心理影响。你也许过分紧张：面试时不敢正视面试官，语速太快；在椅子上局促地坐立不安；你可能缺少自信：声音太低，无法让面试官听到；回答问题时犹豫不决……如何克服紧张心理，答案在前文——面试中的心理调适。

②你的价值观可能与企业不合拍。你的时间观念是否足够强？是否能如约面试？你是否在简历和面试上有不诚实的行为？……你需要在生涯社交圈中找到一个真诚而又犀利的智者，请他指出你这方面可能的不足。

③你的生活习惯可能让外表失分。你也许是油性皮肤，平时并不注意清洁面部；若你是男生，面试时下巴还残留着未剃净的胡须；若是女生，化了厚厚的妆、喷了浓浓的香水、佩戴了扎眼的首饰……你也许穿了不得体的服装，却忘了自己的身份是介于毕业生与职场人之间……所有的这些都可能让自己变成一名"面试杀手"，而失去企业 HR 的青睐。

📔 知识拓展

面试官都会问的五个基本问题

"你为什么……"面试官可以一连造出 100 个句子来询问应聘者。问题没完没了，还不包括"下水道井盖"之类的问题。

有一些专教面试的书籍会建议你把问题的答案记住并加以练习。有时候这很奏效，但很多时候 HR 并不按常理出牌，三得利公司的人力资源经理蔡一青就表示，她经常在面试中故意打乱应聘者的思路，即兴提出看似无关的问题，比如招聘 PR（公关）时，她会问："你喜欢喝什么饮料？如果公司规定三年内必须喝公司的饮料，你愿意吗？业余时间怎么打发？看《变形金刚》了吗？有什么看法？"她考核的正是一个公关人员应有的敏感度、时尚感、对新事物和信息的接纳度。"所有的面试官也只有一个目的：在最短的时间里了解到你最多的信息。"原新华信正略钧策管理咨询公司合伙人、HR 总监汪洱说，面试提问就是其中非常重要的培训内容。"实际上，一系列雇主可能问到的问题，都能提练成 五个。"

企业的五个问题——

你为什么到我们公司来？

你能为我们做什么？

你是什么样的人？

你与竞争同一职位的人有何区别？

你还有什么问题要问我吗？

对应到个人身上，你应该自问——

这项工作具体是做什么？

我有哪些技能符合这项工作的要求？

我如何与这些人共事？

我能说服他们从多个候选人中选择我吗？

我将来能在这家公司做到什么程度？

1. 你为什么到我们公司来？

两名外语专业的大四学生，同校同班，一同应聘总裁助理职位。A 说："我毕业于某大学外语专业，22 岁，平均学分 90 分，班级排名第一，是校学生会主席，组织过很多社团活动，还是学校义卖形象大使。我爸爸是局长，有广泛的人脉。我的爱好是游泳、看书。"B 说："我关注贵公司很久了，很清楚你们公司的业务是……做总裁助理英语必须很好，所以我除了平时在校刻苦学习英语，还利用寒暑假到旅行社实习；我也知道总裁助理的文笔要好，所以一直练习写作，给校广播站和杂志社投稿，现在已发表多篇文章，而且给出版社翻译过外文书。"或许 A 看起来很优秀，但显然 B 对公司和职位更有热情，更用心。

2. 你能为我们做什么？

有时候面试官会问你："你在大学都学了哪些专业课？""除了这些，还会什么？"很多大学生回答"我会 C++"，那简直傻透了，对面试官来说，他并不是问你会什么，而是问你能为公司做些什么。如果把回答修改为"我可以利用

C++ 帮公司开发或者完善客户系统，让检索更简单""优化公司的管理系统，让全国的数据实现快速共享和更新"，那就截然不同。

3. 你是什么样的人？

这等于是在问：你了解自己吗？你的价值观是否和我们一致？"你必须清楚地知道我把你招进来，能把你用在什么地方。"企业家袁岳表示。这个问题还会以"你最害怕的一件事""最不喜欢的工作环境""你最喜欢什么样的老板""你最崇敬的一个人是谁，对你的影响是什么""你的优点和缺点是什么"等形式出现。

4. 你与竞争同一职位的其他人有何区别？

通常这个问题会带着"你的优势是什么""为什么我要雇用你"的面具。"时常有学生回答，我有良好的沟通能力、团队合作精神、人际交往能力、组织协调能力……这些毫无意义，因为在校生这些差别只分毫厘，既然岗位要求了这些能力，所有进入面试的候选人都具备了大同小异的沟通能力、团队合作精神，这不是你的优势！"汪洱说道，"要讲那些别人没有、只有你有的。"

5. 你还有什么问题要问我吗？

通常许多学生会问工资、培训这些问题，事实上这不是最好的选择。招聘者的问题有时间顺序，从遥远的过去递进到最近、到现在、再到未来。这个问题就是个典型的关注未来的问题，你要关注的是工作本身，而不是公司能为你提供什么。所以，"这份工作最大的挑战是什么""如果我被公司雇佣做这份工作，我需要注意些什么"这类问题都是好问题。

✏️ 课后思考与实践

请根据个人职业目标，结合意向公司相关招聘要求，针对目标岗位制作一份个人专属求职简历，可在网上下载或自行设计模板。简历内容须包含个人基本信息、求职意向、教育背景、社会实践经历、职业技能、自我评价等。

模块六　职场权益

有法必然治国，无法必然乱国；法有权威则治，法无权威则乱。不以规矩，不成方圆。

————孟子

学习目标

1. 了解就业协议书的作用和签订过程；
2. 掌握劳动合同相关知识，明确其与就业协议书的差异；
3. 树立职场契约精神，维护自身合法权益，走职场双赢之道。

迷茫与困惑

小刚大学毕业后，应聘到杭州某公司做设计工作，公司跟小林签订了劳动合同，试用期三个月。小林出入职场，感觉一切都很新鲜，工作还很卖力，但是等新鲜劲过去了，便感觉工作单调乏味。于是对得工作开始"三天打鱼两天晒网"，主管找他谈了几次，希望他加强工作责任心，但是小刚不以为然，依然我行我素，甚至扬言：我在试用期，愿意干就干，愿意不干就不干，公司对我没辙，公司如果开除我，我就跟公司打官司，要求公司赔偿我的损失。

小林2022年6月大学毕业，应聘到江苏某市一家企业做办公室文员，应聘时老板跟她说每月工资3600元，上班后公司每月却只发2200元工资，说法是剩下的1400元年终一起结算。但是到2022年12月，公司都没有把扣下的工资结算给小林。小林在跟公司协商未果的情况下，到该市人事争议仲裁委员会申请人事仲裁，要求公司退还扣款并补交社会保险。一个星期后公司人事负责人电话联系小林，向小林说明因她是临时工，没有跟公司签订劳动合同，所以公司没有义务给小林交社会保险，关于工资扣款小林没有提供有效证据，所以不予支持。小林茫然不知所措，最后作罢，黯然离开公司。

小刚的工作态度你认可吗？是不是真的如他所说可以我行我素，公司对他没有约束力，如果公司开除他，他可以去控告公司赔偿损失？如果你是小林，你该怎么办？进入职场后，我们在履行好自己的义务后，如何有效保障自己的合法权益。在本模块，我们将带领大家了解相关劳动法律法规，掌握基本的法律知识，学会用法律维护自己的合法权益。

第一节　就业协议书

动手动脑

（1）你听说过毕业生就业协议书吗？你认为它跟毕业生档案材料之间有什么联系？它有什么作用？请在下方横线上写出来。

_____

_____

_____

（2）在未毕业、拿到大学毕业证之前，你认为有哪些方式可以证明自己的毕业生身份？请谈谈你的看法。

_____

_____

_____

知识链接

《全国普通高等学校毕业生就业协议书》，简称"就业协议书"，经毕业生和用人单位签署后生效，学校为鉴证方，因涉及三方主体，故而又称为"三方协议"。毕业生就业协议书一般由国家教育部或各省、市、自治区就业主管部门统一制表，是具有法律效力的协议书，是毕业生办理报到、接转行政档案和户口关系的依据。就业协议书的法律效力直至该毕业生到工作单位报到，和该单位签订劳动合同后失效。

一、就业协议书的作用

学生因不能直接签订劳动合同，所以为了确保毕业后能正常签订劳动合同，便签订就业协议书，于毕业生和用人单位而言，都是一份保障，也是一种约束。

它也是教育部门和各高校统计就业率的依据，其作用体现在以下方面：

（1）签订"高校毕业生就业协议书"是高校毕业生毕业工作之中的一项重要程序，也是毕业生落实单位后须履行的义务。普通高校毕业生就业享有国家的就业优惠政策，需按照"全国普通高校毕业生就业程序"办理有关毕业生就业手续。毕业生走向工作岗位的同时，人事关系（户口档案等）都要随之迁移，只有签订了就业协议书才能办理"人事代理"手续，迁移户口和档案材料。不要认为自己的档案没有用，在继续深造、报考公务员、应征入伍时，档案的作用可见一斑。

（2）户口的挂靠落实。在规定期限内落实单位并签订就业协议的应届毕业生，其户口可以直接挂靠就业单位所在地。

（3）切实保障双方劳资关系。签订就业协议书能规范公司和学生的行为，是毕业生维护自己劳动权益的有力保障，如保护意外工伤、"多种福利金"等个人利益。

（4）人事档案记录人生的工作历程。我国正在促进人事制度改革发展，且人力资源管理日趋正规化，有一定知名度的企事业单位在招聘人员时都会关注应聘者的人事档案。若毕业生在毕业走向社会之时落实了就业单位并签订就业协议，则档案内开始记录工作历程，否则档案里没有工作后的任何记录，而人事档案对今后的个人职业发展极为重要。

（5）身份的标志。应届毕业生在规定期限内签订协议书，学校将根据协议书编制就业计划并上报省教育厅。经国家教育部审核下达，大学毕业生即可持有高校毕业生就业报到证，具备了正规高校毕业生的标志，与成教、非正规统招毕业生等相区别。我们国家有人才市场和劳动力市场之分，人才市场管理人才，劳动力市场管理学历较低的人。没有签约的学生会失去很多人才待遇的机会，因为社会要给你待遇时会看你给社会做了什么贡献。如果你档案上是空白的，自然不会凭空给你待遇，千万注意别把自己仅仅当作劳动力。

（6）工龄计算优势。签订就业协议后，人事档案里开始有了工龄的记录，工龄是以后评职称的基础，不签约的学生没有工龄记录，在评职称的时候会有年限的问题。现在企事业单位对工龄统计是从 7 月 1 日开始，所以在 7 月 5 日前落实工作单位并签订就业协议书将具有工龄优势，且会对以后职称评审的工作年限、工资计算及职业发展产生重要影响。

二、就业协议书的签订

就业协议书能保障毕业生就业权益，相当于给毕业生的一张"绿卡"，签订时需要注意以下事项：

（1）学生在签订三方协议前，注意通过网络查询、实际考察等方式充分了解意向单位，以防范一些潜在风险，做出理性选择。

（2）三方协议的内容（包含工作地点、工作岗位、工作待遇、违约金）由学生与用人单位充分协商，合理确认。特别是就业后的待遇，如工资、社保等，需提前与用人单位明确。注意：协议内容体现的是用人单位与毕业生的意愿，学校作为鉴定方不对协议内容进行干涉和确认。

（3）提前与用人单位沟通，询问是否可以接收档案、办理落户，以便学生确认后续的档案邮寄地址和户口迁移地址。

（4）签订三方协议时，注意用人单位名称，观察用人单位名称是否与印章名称一致。

（5）学生要注意切不能随意签订三方协议或者签订"虚假"三方协议，因为三方协议一旦签订，就具有相应法律效力，学生需要承担相应的责任。

（6）同时要注意理性签约，诚信守约，不要随意违约。

三、毕业生违约处理

毕业生签订就业协议书后，要讲诚信、讲法治，认真履约，一旦违约，需承担相应的责任。《中华人民共和国民法典》（以下简称《民法典》）第四百九十条规定，当事人采用合同书形式订立合同的，自当事人均签名、盖章或者按指印时合同成立。《民法典》第一百一十九条规定，依法成立的合同，对当事人具有法律约束力。因此，就业协议书经各方当事人签订成立，对各方当事人具有法律约束力，非依法律规定或者取得对方同意，不得擅自变更或解除。毕业生一旦违约，除承担违约责任、支付违约金外，往往还造成其他不良后果，主要表现在：

（1）用人单位花人力、物力财力，参加人才交流会等，做了大量工作，录用人员的后期工作已考虑、安排，一旦违约，一切工作付之东流，造成工作被动。

（2）用人单位往往将毕业生违约当成是学校管理不严，影响学校和用人单位的长期合作关系，由于对学校产生怀疑，以后可能不会再到学校挑选毕业生。现在大学毕业生就业市场竞争激烈，没有用人单位的需求，也就没有毕业生的就业，会影响到学校的整体就业工作和声誉。

（3）对其他毕业生有影响。一个单位，你不去，别人可以去；用人单位不录用你，完全可以录用别人；录用你，就不能录用其他毕业生；日后违约，当初想去的毕业生也不一定能补缺，造成信息浪费。大学生应是诚信、法治的践行者，毕业生在签约过程中要做到慎重选择，认真履约。

知识拓展

以案说法：是否可以在就业协议书中约定违约金？

答案是可以。《民法典》第五百八十五条规定，当事人可以约定一方违约时应当根据违约情况向对方支付一定数额的违约金，也可以约定因违约产生的损失赔偿额的计算方法。约定的违约金低于造成的损失的，人民法院或者仲裁机构可以根据当事人的请求予以增加；约定的违约金过分高于造成的损失的，人民法院或者仲裁机构可以根据当事人的请求予以适当减少。

案例一

【案情简介】2022 年 5 月 14 日，高某某（毕业生）、D 公司（用人单位）、某大学（培养单位）签订就业协议书，就业协议书中未明确约定违约金数额。2022 年 7 月 13 日，D 公司出具解约函，内容为"某大学某学院：在充分考虑个人选择意愿和我公司实际情况，经双方友好协商，一致同意解除贵校某学院土地资源管理专业高某某学生与我单位所签订的就业协议书，双方互不承担违约责任，请贵单位予以协调"。高某某认为 D 公司擅自解除就业协议书，构成违约，应承担违约责任。遂向法院提起诉讼，要求 D 公司支付违约赔偿金。

【裁判结果】法院判决 D 公司赔偿高某某损失 3500 元。

【案例分析】根据《民法典》规定，就业协议书经各方当事人签订成立，即对各方当事人产生法律约束力。D 公司单方解除协议属于违约，应承担违约责任。虽然就业协议书并未对违约金做出约定，但 D 公司的违约行为对高某某的就业带来不利影响，给高某某造成相应损失，D 公司应承担损失赔偿责任。

案例二

【案情简介】刘某某与 E 公司于 2023 年 3 月 10 日签订就业协议书，就业协议书中写明"违约金壹万元整"。某大学作为培养单位于 2023 年 4 月 11 日在该协议书上盖章。2023 年 5 月 8 日刘某某因个人原因向 E 公司提交解除就业协议书的申请，2023 年 6 月 11 日，E 公司收取刘某某违约金 10000 元并出具解约函。刘某某在交纳违约金 10000 元后，就违约金事宜有异议并多次与 E 公司沟通，但协商未果，遂向法院提起诉讼，要求 E 公司返还违约金。

【裁判结果】法院判决驳回原告刘某某的诉讼请求。

【案例分析】根据《民法典》规定，就业协议书经各方当事人签订成立，即对各方当事人产生法律约束力。就业协议书中明确约定了违约金，刘某某作为违约方需按协议约定履行违约金支付义务。若刘某某认为约定的违约金过分高于造成的损失的，可以向法院请求适当减少，但需对此承担举证责任。

第二节　劳动合同

动手动脑

（1）你做过兼职（或实习）吗？如果在兼职（或实习）中个人权益受到侵害，你有哪些途径去维护自己的合法权益？请在下方横线上写出来。

_____

_____

（2）你认为就业协议和实习协议有什么区别？在校实习生可以和公司签订劳动合同吗？请谈谈你的看法。

_____

_____

知识链接

劳动过程十分复杂，其成果也多种多样。有的劳动成果当时就可以衡量，有的则要过一段时间才能衡量；有的劳动有独立的成果，有的劳动物化在集体劳动成果中。无论劳动成果属于哪一种，只要劳动者按时按量完成了劳动合同规定的工作量，企业就应当按照劳动合同的约定支付劳动报酬。

一、劳动合同的签订

根据《中华人民共和国劳动法》（以下简称《劳动法》）第十六条的规定，劳动合同是指劳动者与用人单位确立劳动关系、明确双方权利和义务的协议。订立劳动合同的目的主要是使劳动者与用人单位构成具体的劳动关系，是确立劳动关系的法律凭证和法律形式。

1. 劳动合同的形式

劳动合同的形式常常根据劳动合同的期限来划分。《劳动法》第二十条第一款规定："劳动合同的期限分为有固定期限、无固定期限和以完成一定的工作为期限。"与此相适应，劳动合同分为以下三种形式：

（1）固定期限的劳动合同。有固定期限的劳动合同是指双方当事人在订立的合同中，对劳动合同履行的起始时间和终止时间有具体明确的规定。劳动合同期限届满，双方的劳动关系即告终止。但如果双方同意，劳动合同也可以续订。这类劳动合同在具体期限上，可以由双方当事人根据工作需要和实际情况来确定，时间可长可短。

（2）无固定期限的劳动合同。无固定期限的劳动合同是指双方当事人订立的劳动合同没有规定具体明确的终止时间，在这类劳动合同中，双方当事人应当约定劳动合同终止的条件。只要不出现双方约定的终止条件或法律法规规定的其他情形，无固定期限的劳动合同一般不能终止。

（3）以完成一定的工作为期限的劳动合同。以完成一定的工作为期限的劳动合同，是指双方当事人把完成某一项工作或工程，作为确定劳动合同起始和终止的期限。该项工作或工程开始的时间，就是劳动合同履行的起始时间；该项工作或工程一旦完成，也意味着劳动合同的终止。因此，这类合同与有固定期限的劳动合同有相同之处，但在表现形式上有所不同。

2. 劳动合同的基本内容

劳动合同的内容，是指双方当事人在劳动合同中必须明确各自的权利义务及其他问题。劳动合同的内容，可以分为法定条款和协商条款两部分，前者是指劳动合同必须具备的由法律法规直接规定的内容；后者是指不需由法律法规直接规定，而是由双方当事人自愿协商确定的合同内容。根据《劳动法》第十九条的规定，劳动合同的法定条款包括以下七项：

（1）劳动合同期限。劳动合同期限是指劳动合同的有效时间，是双方当事人所订立的劳动合同起始和终止的时间，也是劳动关系具有法律效力的时间。

（2）工作内容。工作内容是针对劳动者而言的，是对劳动者设立的义务条款。工作内容包括劳动者从事劳动的工种、岗位以及在生产或工作上应当达到的数量和质量或应当完成的任务。

（3）劳动保护和劳动条件。这是针对用人单位而言的，是对用人单位设定的义务条款。劳动保护和劳动条件是为了保障劳动者在劳动过程中获得适当的劳动条件而采取的各项保护措施，如工作时间和休息休假、劳动安全和劳动卫生方面的措施和设备，以及对女职工和未成年工的特殊劳动保护等。

（4）劳动报酬。劳动报酬是劳动者劳动的成果返还和劳动者履行劳动义务后必须享受的劳动权利。从另一方面讲，则是用人单位依据法律法规以及劳动合同的约定支付给劳动者的工资、奖金、津贴等。劳动关系双方在约定劳动报酬时，不得违反国家法律法规的规定。如工资不得低于当地政府规定的最低工资标准，工资支付形式和期限也不得违反有关的法律法规和政策。

（5）劳动纪律。劳动纪律也可称厂规厂纪（校规校纪），是指劳动者在生产（工作）过程中必须遵守的工作秩序和劳动规则。劳动纪律是用人单位组织生产经营活动、完成工作任务的保证条件，是规范劳动行为的一项重要内容，也是劳动者必须履行的义务。主要包括上下班纪律、保密纪律、防火及防止其他事故的日常纪律等。

（6）劳动合同终止的条件。劳动合同终止的条件是通过一定法律事实（包括行为和事件）中断劳动关系的条件，劳动合同终止的条件除劳动合同期限届满或者双方约定的工作任务完成等条件以外，订立无固定期限的劳动合同还应当约定其他劳动合同终止条件，如职工退休、退职，职工应征入伍或出国定居；用人单位宣告破产，用人单位被政府管理机关明令撤销等。但不能把劳动法明确规定的法定解除劳动合同条件约定为终止条件。这是因为，按照劳动法的规定，用人单位在某些情形下依法解除劳动合同应当向劳动者支付经济补偿金，如果约定为终止条件则有可能使用人单位不支付劳动者经济补偿金，侵犯劳动者的合法权益。

（7）违反劳动合同的责任。违反劳动合同的责任，是指由于劳动合同当事人一方或双方的过错而造成劳动合同不能履行或不能完全履行，以及违反法律法规规定的条件解除劳动合同，按照法律法规的规定劳动合同的约定应当由过错方承担的行政、经济或司法责任。在劳动合同中规定这一内容是为了促使当事人双方切实履行劳动合同所规定的各项条款，维护当事人双方的合法权益。

合同的内容，除了以上七项法定条款外，双方当事人还可以协商约定其他内容，即约定条款。如用人单位是否为职工提供居住条件、居住的期限；职工是否享受单位托儿所、幼儿园和其他生活福利设施；发生劳动争议时解决的途径等。双方当事人在协商约定条款时，都应当符合国家有关法律法规的规定。

3. 其他相关知识

（1）劳动合同生效日期。通常情况下，用人单位与劳动者经协商一致，双方在劳动合同文本上签字盖章后劳动合同即生效。如果双方对劳动合同生效时间或生效条件有约定的，到达约定的时间或约定的条件成立时劳动合同生效。建立劳动关系，应当订立书面劳动合同，但订立了书面劳动合同并不一定建立了劳动关系。劳动关系的建立以用工开始为标志。

（2）关于试用期的规定。劳动合同期限三个月以上不满一年的，试用期不得超过一个月；劳动合同期限一年以上不满三年的，试用期不得超过二个月；三年以上固定期限和无固定期限的劳动合同，试用期不得超过六个月。如果以完成一定工作任务为期限的劳动合同，或者劳动合同期限不满三个月的，不得约定试用期。非全日制用工双方不得约定试用期。另外，劳动者在试用期的工资不得低于本单位相同岗位最低档工资的80%或者不得低于劳动合同约定工资的80%，并不得低于用人单位所在地的最低工资标准。《中华人民共和国劳动合同法》（以下简称《劳动合同法》）还明文规定，同一用人单位与同一劳动者只能约定一次试用期。

（3）证明劳动关系的凭证。用人单位未与劳动者签订劳动合同，认定双方存在劳动关系时可参照下列凭证：①工资支付凭证或记录（职工工资发放花名册）、缴纳各项社会保险费的记录；②用人单位向劳动者发放的"工作证""服务证"等能够证明身份的证件；③劳动者填写的用人单位招工招聘"登记表""报名表"等招用记录。

（4）无效劳动合同。《劳动合同法》第二十六条规定，下列劳动合同无效或者部分无效：①以欺诈、胁迫的手段或者乘人之危，使对方在违背真实意思的情况下订立或者变更劳动合同的；②用人单位免除自己的法定责任、排除劳动者权利的；③违反法律、行政法规强制性规定的。对劳动合同的无效或者部分无效有争议的，由劳动争议仲裁机构或者人民法院确认。《劳动合同法》第二十七条规定，劳动合同部分无效，不影响其他部分效力的，其他部分仍然有效。同时，《劳动合同法》第二十八条规定，劳动合同被确认无效，劳动者已付出劳动的，用人单位应当向劳动者支付劳动报酬。劳动报酬的数额，参照本单位相同或者相近岗位劳动者的劳动报酬确定。

4. 劳动合同的注意事项

毕业季临近，即将迈入职场的学生要做的第一件事情，就是签订劳动合同。

对于初出校园，没有经验的学生来说，第一次签订劳动合同时需要注意以下事项：

（1）注意劳动合同主体。在签订劳动合同时，一定要注意劳动合同的主体，即签订合同的对象是否是你所希望入职的公司，确定公章是否与公司名称一致、公司名称是否与登记信息一致、法定代表人身份是否与登记信息一致，避免签约对象被"掉包"，导致劳动关系变成劳务关系甚至劳动合同无效的情形出现。此外在签订劳动合同之前，劳动者应当对招工企业进行一定的了解，尤其对一些招聘时宣传"高工资低门槛"的岗位，更应该慎之又慎，避免落入陷阱，遇到工作内容可能涉及违法犯罪的，要及时向公安机关报警求助。

（2）注意劳动用工形式。在签订劳动合同时，一定要注意是何种用工形式，是否符合招聘时的约定以及自己内心的预期。不同用工模式影响劳动者的权益，务必要核实清楚。例如，劳务派遣用工形式中，劳动者是与劳务派遣单位订立劳动合同而非用工单位，且劳务派遣用工是补充形式，只能在临时性、辅助性或者替代性的工作岗位上实施。非全日制用工是以小时计酬为主，一般平均日工作时间不超过4小时，每周工作时间累计不超过24小时，报酬结算支付周期不超过15日，不可约定试用期，可订立口头协议，双方可以随时通知终止用工。

（3）注意工时模式。如果你签订的劳动合同中约定不定时工作制或综合计算工时工作制，那么要注意了，不同工时模式影响你的收入，务必要核实清楚，其中不定时工作制不适用加班费规定。企业部分岗位因生产特点或工作性质不能实行标准工时制度的，要经劳动保障行政部门批准才可以实行不定时工作制或综合计算工时工作制。如果企业没有获得实行不定时工作制或综合计算工时工作制的批准，或者你应聘的岗位并非批准中确认的岗位，不能实行相应的工时制。

（4）注意服务期条款。《劳动合同法》第二十二条规定，用人单位为劳动者提供专项培训费用，对其进行专业技术培训的，可以与该劳动者订立协议，约定服务期。可见，只有企业为劳动者提供了产生费用的专业技术培训，才能约定服务期。如果只是普通的入职培训，不能约定服务期。另外法律并没有对服务期的期限做出明确限制，但是服务期期限的长短应当体现公平原则，劳动者在签订有服务期条款的劳动合同时，要注意与企业协商确定服务期期限，并注意保留培训开支凭证。

（5）注意竞业限制条款。如果企业在劳动合同中约定了竞业限制条款，劳动者要先判断该条款是否必要。竞业限制的人员限于用人单位的高级管理人员、高级技术人员和其他负有保密义务的人员。如果并非以上类型的岗位，那么不需要签订竞业限制条款。对普通岗位进行竞业限制，可能只是为了限制劳动者辞职。如果应聘岗位确有签订竞业限制条款的必要，那么也要注意有关竞业限制的补偿条款。竞业限制期限不得超过两年，并且限制期间企业还应当按月给予劳动者经济补偿，未约定或者约定标准过低，劳动者都可以提出异议。

（6）注意押金及证件质押条款。如果企业要收取服装费、介绍费、认证资料费等，劳动者应给予拒绝。《劳动合同法》第九条规定，用人单位招用劳动者，不得扣押劳动者的居民身份证和其他证件，不得要求劳动者提供担保或者以其他名义向劳动者收取财物。如果企业扣押了证件或收取了押金，应及时向当地劳动保障行政部门投诉。另外有部分不良机构以招聘为幌子，变相招募学员，达到收取高额培训费、体检费的目的，劳动者也要保持警惕。

二、劳动合同的解除

劳动合同是保障劳动者实现劳动权益的重要法律形式之一，用人单位与劳动者协商一致，可以解除劳动合同。劳动者解除劳动合同时，需提前三十日以书面形式通知用人单位，可以解除劳动合同；劳动者在试用期内，需提前三日通知用人单位，可以解除劳动合同。用人单位有下列情形之一的，劳动者可以解除劳动合同：①未按照劳动合同约定提供劳动保护或者劳动条件的；②未及时足额支付劳动报酬的；③未依法为劳动者缴纳社会保险费的；④用人单位的规章制度违反法律、法规的规定，损害劳动者权益的；⑤因《劳动合同法》第二十六条第一款规定的情形致使劳动合同无效的；⑥法律、行政法规规定劳动者可以解除劳动合同的其他情形。此外，用人单位以暴力、威胁或者非法限制人身自由的手段强迫劳动者劳动的，或者用人单位违章指挥、强令冒险作业危及劳动者人身安全的，劳动者可以立即解除劳动合同，不需事先告知用人单位。

同时，对于用人单位，若劳动者不符合相关要求，用人单位也可解除劳动者劳动合同。《劳动合同法》第三十九条规定，劳动者有下列情形之一的，用人单位可以解除劳动合同：①在试用期间被证明不符合录用条件的；②严重违反用人单位的规章制度的；③严重失职，营私舞弊，给用人单位造成重大损害的；④劳动者同时与其他用人单位建立劳动关系，对完成本单位的工作任务造成严重影响，或者经用人单位提出，拒不改正的；⑤因本法第二十六条第一款第一项规定的情形致使劳动合同无效的；⑥被依法追究刑事责任的。

《劳动合同法》第四十条规定，有下列情形之一的，用人单位提前三十日以书面形式通知劳动者本人或者额外支付劳动者一个月工资后，可以解除劳动合同：①劳动者患病或者非因工负伤，在规定的医疗期满后不能从事原工作，也不能从事由用人单位另行安排的工作的；②劳动者不能胜任工作，经过培训或者调整工作岗位，仍不能胜任工作的；③劳动合同订立时所依据的客观情况发生重大变化，致使劳动合同无法履行，经用人单位与劳动者协商，未能就变更劳动合同内容达成协议的。

三、就业协议书与劳动合同的区别

就业协议书与劳动合同（见图6-1）均是用人单位录用毕业生时所订立的书面协议，但两者分处两个相互联系的不同阶段，区别表现在：

（1）就业协议书是毕业生在校时，由学校参与见证的，与用人单位协商签订的，是编制毕业生就业计划方案和毕业生派遣的依据。劳动合同是毕业生与用人单位明确劳动关系中权利义务关系的协议，学校不是劳动合同的主体，也不是劳动合同的见证方，劳动合同是上岗毕业生从事何种岗位、享受何种待遇等权利和义务的依据。

（2）就业协议书的内容主要是毕业生如实介绍自身情况，并表示愿意到用人单位就业，用人单位表示愿意接收毕业生，学校同意推荐毕业生并列入就业计划进行派遣。劳动合同的内容涉及劳动报酬、劳动保护、工作内容、劳动纪律等方方面面，更为具体，劳动权利义务更为明确。

（3）一般来说，就业协议书签订在前，劳动合同订立在后，如果毕业生与用人单位就工资待遇、住房等有事先约定，亦可在就业协议书备注条款中予以注明，日后订立劳动合同对此内容应予认可。

（4）就业协议书是毕业生和用人单位关于将来就业意向的初步约定，对于双方的基本条件以及即将签订劳动合同的部分内容大体认可，并经用人单位的上级主管部门和高校就业部门同意和见证，一经毕业生、高校、用人单位主管部门签字盖章，即具有一定的法律效应，是编制毕业生就业计划和将来可能发生违约情况时的判断依据。

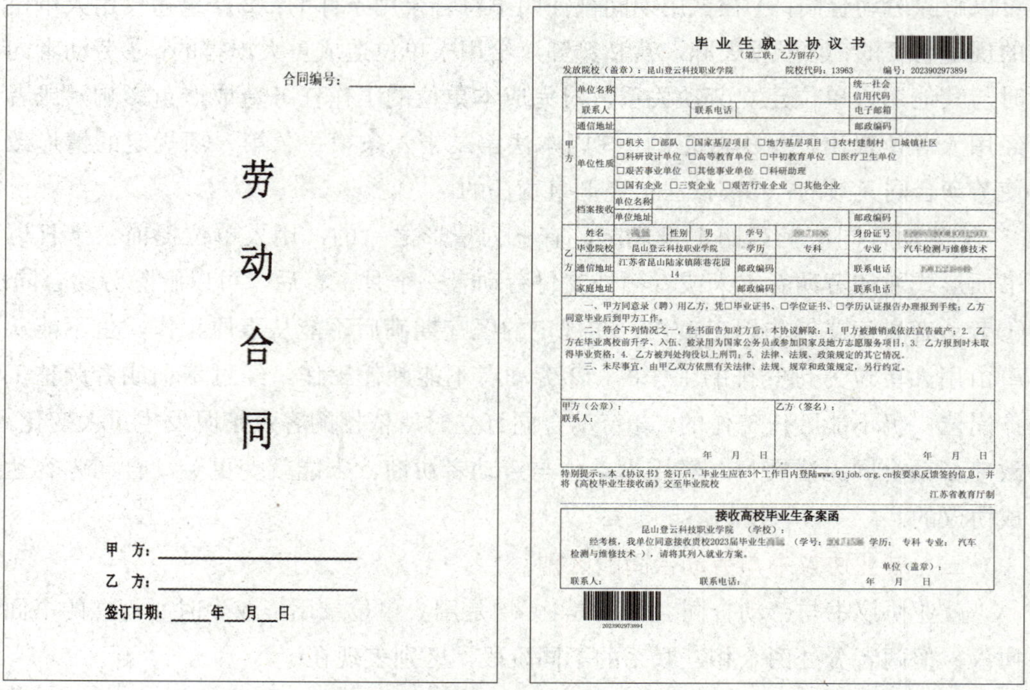

图 6-1　就业协议书与劳动合同

知识拓展

劳动合同样本

甲方（用人单位）：_____

统一社会信用代码：_____

法定代表人（主要负责人）或委托代理人：_____

注册地：_____

经营地：_____

联系电话：_____

乙方（劳动者）：_____

居民身份证号码：_____

户籍地址：_____

经常居住地（通信地址）：_____

联系电话：_____

根据《中华人民共和国劳动法》《中华人民共和国劳动合同法》等法律法规政策规定，甲乙双方遵循合法、公平、平等自愿、协商一致、诚实信用的原则订立本合同。

一、劳动合同期限

第一条　甲乙双方自用工之日起建立劳动关系，双方约定按下列第 ____ 种方式确定劳动合同期限：

1. 固定期限：自 ____ 年 ____ 月 ____ 日起至 ____ 年 ____ 月 ____ 日止，其中，试用期从用工之日起至 ____ 年 ____ 月 ____ 日止。

2. 无固定期限：自 ____ 年 ____ 月 ____ 日起至依法解除、终止劳动合同时止，其中，试用期从用工之日起至 ____ 年 ____ 月 ____ 日止。

3. 以完成一定工作任务为期限：自 ____ 年 ____ 月 ____ 日起至 _____ 工作任务完成时止。甲方应当以书面形式通知乙方工作任务完成。

二、工作内容和工作地点

第二条　乙方工作岗位是 _____，岗位职责为 _____。乙方的工作地点为_____。

乙方应爱岗敬业、诚实守信，保守甲方商业秘密，遵守甲方依法制定的劳动规章制度，认真履行岗位职责，按时保质完成工作任务。乙方违反劳动纪律，甲方可依据依法制定的劳动规章制度给予相应处理。

三、工作时间和休息休假

第三条　根据乙方工作岗位的特点，甲方安排乙方执行以下第 ＿＿＿ 种工时制度：

1. 标准工时工作制。每日工作时间不超过 8 小时，每周工作时间不超过 40 小时。由于生产经营需要，经依法协商后可以延长工作时间，一般每日不得超过 1 小时，特殊原因每日不得超过 3 小时，每月不得超过 36 小时。甲方不得强迫或者变相强迫乙方加班加点。

2. 依法实行以 ＿＿＿ 为周期的综合计算工时工作制。综合计算周期内的总实际工作时间不应超过总法定标准工作时间。甲方应采取适当方式保障乙方的休息休假权利。

3. 依法实行不定时工作制。甲方应采取适当方式保障乙方的休息休假权利。

第四条　甲方安排乙方加班的，应依法安排补休或支付加班工资。

第五条　乙方依法享有法定节假日、带薪年休假、婚丧假、产假等假期。

四、劳动报酬

第六条　甲方采用以下第 ＿＿＿ 种方式向乙方以货币形式支付工资，于每月 ＿＿＿ 日前足额支付：

1. 月工资 ＿＿＿＿＿＿ 元。

2. 计件工资。计件单价为 ＿＿＿＿＿＿ 元，甲方应合理制定劳动定额，保证乙方在提供正常劳动情况下，获得合理的劳动报酬。

3. 基本工资和绩效工资相结合的工资分配办法，乙方月基本工资 ＿＿＿＿＿＿ 元，绩效工资计发办法为 ＿＿＿＿＿＿＿＿ 。

4. 双方约定的其他方式 ＿＿＿＿＿＿＿＿ 。

第七条　乙方在试用期期间的工资计发标准为 ＿＿＿＿＿ 或 ＿＿＿＿＿ 元。

第八条　甲方应合理调整乙方的工资待遇。乙方从甲方获得的工资依法承担的个人所得税由甲方从其工资中代扣代缴。

五、社会保险和福利待遇

第九条　甲乙双方依法参加社会保险，甲方为乙方办理有关社会保险手续，并承担相应社会保险义务，乙方应当缴纳的社会保险费由甲方从乙方的工资中代扣代缴。

第十条　甲方依法执行国家有关福利待遇的规定。

第十一条　乙方因工负伤或患职业病的待遇按国家有关规定执行。乙方患病或非因工负伤的，有关待遇按国家有关规定和甲方依法制定的有关规章制度执行。

六、职业培训和劳动保护

第十二条　甲方应对乙方进行工作岗位所必需的培训。乙方应主动学习，积极参加甲方组织的培训，提高职业技能。

第十三条　甲方应当严格执行劳动安全卫生相关法律法规规定，落实国家关于女职工、未成年工的特殊保护规定，建立健全劳动安全卫生制度，对乙方进行劳动安全卫生教育和操作规程培训，为乙方提供必要的安全防护设施和劳动保护用品，努力改善劳动条件，减少职业危害。乙方从事接触职业病危害作业的，甲方应依法告知乙方工作过程中可能产生的职业病危害及其后果，提供职业病防护措施，在乙方上岗前、在岗期间和离岗时对乙方进行职业健康检查。

第十四条　乙方应当严格遵守安全操作规程，不违章作业。乙方对甲方管理人员违章指挥、强令冒险作业，有权拒绝执行。

七、劳动合同的变更、解除、终止

第十五条　甲乙双方应当依法变更劳动合同，并采取书面形式。

第十六条　甲乙双方解除或终止本合同，应当按照法律法规规定执行。

第十七条　甲乙双方解除终止本合同的，乙方应当配合甲方办理工作交接手续。甲方依法应向乙方支付经济补偿的，在办结工作交接时支付。

第十八条　甲方应当在解除或终止本合同时，为乙方出具解除或者终止劳动合同的证明，并在十五日内为乙方办理档案和社会保险关系转移手续。

八、双方约定事项

第十九条　乙方工作涉及甲方商业秘密和与知识产权相关的保密事项的，甲方可以与乙方依法协商约定保守商业秘密或竞业限制的事项，并签订保守商业秘密协议或竞业限制协议。

第二十条　甲方出资对乙方进行专业技术培训，要求与乙方约定服务期的，应当征得乙方同意，并签订协议，明确双方权利义务。

第二十一条　双方约定的其他事项：＿＿＿＿＿＿＿＿＿＿＿＿＿＿＿＿＿＿＿＿

九、劳动争议处理

第二十二条　甲乙双方因本合同发生劳动争议时，可以按照法律法规的规定，进行协商、申请调解或仲裁。对仲裁裁决不服的，可以依法向有管辖权的人民法院提起诉讼。

十、其他

第二十三条　本合同中记载的乙方联系电话、通信地址为劳动合同期内通知相关事项和送达书面文书的联系方式、送达地址。如发生变化，乙方应当及时告知甲方。

第二十四条　双方确认：均已详细阅读并理解本合同内容，清楚各自的权利、义务。本合同未尽事宜，按照有关法律法规和政策规定执行。

第二十五条　本合同双方各执一份，自双方签字（盖章）之日起生效，双方应严格遵照执行。

甲方（盖章）　　　　　　　　　　　乙方（签字）

法定代表人（主要负责人）

或委托代理人（签字或盖章）

年　　月　　日　　　　　　　年　　月　　日

第三节　契约精神与维权通道

动手动脑

（1）作为即将走入职场的大学毕业生，你认为在职场中应该怎样履行自己的义务？请谈谈你的看法。

_____

_____

_____

（2）你在求职过程中踩过"坑"吗？你认为毕业生做哪些准备可以有效规避这些不安全因素？请在下方横线上写出来。

_____

_____

_____

知识链接

一、职业精神

只要有志向就会有事业，只要有本事就会有舞台。三百六十行，行行出状元。任何职业都不会埋没人才，也不会束缚人的创造力。大学生要在职场中有所成就，需要具备以下职业精神：

第一是真诚的精神。真诚是工作学习的基础。只有保持真诚的心灵，才能获得一种开放的态度，进而不断学习，不断充实，在一点一滴中积累经验。

第二是奉献的精神。过于计较个人的利益往往得不偿失。奉献精神是一种爱，是对自己事业的不求回报的爱和全身心的付出。对个人而言，就是要在这份爱的召唤之下，把本职工作当成一项事业来热爱和完成，从点点滴滴中寻找乐趣和收获；努力做好每一件事、认真善待每一个人。

第三是良好的学习能力和自我觉察能力。学习能力是所有能力的基础。拥有良好的学习能力，才能在观察和参与中将新的体验、新的知识融入自己已有的知识，从而改变已有的知识结构。有了良好的学习能力，再加上自我觉察的能力，就可以在不断扩宽自己的新眼界的同时，还能够常常自我反省，自我纠正，自我调整。

第四要拥有"合伙人"精神。"合伙人"精神是一种分担精神。在信息化非常发达的今天，在公司组织方面往往会弱化层级进行组织流程管理。西方合伙人制度盛行，许多企业正是基于非血缘关系的合伙人制成长壮大起来。比如苹果公司乔布斯、库克等合伙人。在创业时，可以考虑自己有没有可能成为公司的合伙人，或者拉几个志同道合的朋友共同成为公司的合伙人。合伙人的标准在于价值观的一致，这样才能与"合伙人"同甘共苦，一直走下去，才能化解很多危机。

第五要拥有非常优秀的沟通能力。沟通能力不仅在面对客户时显现出它的重要性，在企业内部也必不可少。一个企业是由多个部门组成的，各个部门之间有时存在着很大的差异，此时，如果可以对其他部门的工作略知一二，并可以与相关的同事进行沟通，将会获得更大的工作便利性。

第六要有专注力。虽说这是一个"跳槽"频繁的时代，但无论是在投资，还是在选择自己的职业时，都不宜做过多的转换，最好能够在选定并选对大方向的前提下，最多选择一到两个行业进行集中尝试和锻炼，减少转变工作而产生的各类成本，专注于一，并广泛接触一圈子中比较厉害的同行，多向"高人"学习，不断给自己"充电"。

二、契约精神

用人单位和劳动者必须遵守《劳动合同法》和《劳动法》规定的各项条款，用人单位和劳动者签订的劳动合同必须符合法律的规定，一旦签订了合法的劳动合同，用人单位和劳动者都得严格履行契约。任何一方违反劳动合同规定的约定，都得接受法律的制裁。

1. 对用人单位的约定

《劳动合同法》第二十一条规定，在试用期中，除劳动者有本法第三十九条和第四十条第一项、第二项规定的情形外，用人单位不得解除劳动合同。用人单位在试用期解除劳动合同的，应当向劳动者说明理由。《劳动合同法》第二十五条规定，除本法第二十二条和第二十三条规定的情形外，用人单位不得与劳动者约定由劳动者承担违约金。

《劳动合同法》第四十二条规定，劳动者有下列情形之一的，用人单位不得依照本法第四十条、第四十一条的规定解除劳动合同：①从事接触职业病危害作业的劳动者未进行离岗前职业健康检查，或者疑似职业病病人在诊断或者医学观察期间的；②在本单位患职业病或者因工负伤并被确认丧失或者部分丧失劳动能力的；③患病或者非因工负伤，在规定的医疗期内的；④女职工在孕期、产期、哺乳期的；⑤在本单位连续工作满十五年，且距法定退休年龄不足五年的；⑥法律、行政法规规定的其他情形。

2. 对劳动者的约定

《劳动合同法》第二十三条规定，用人单位与劳动者可以在劳动合同中约定保守用人单位的商业秘密和与知识产权相关的保密事项。对负有保密义务的劳动者，用人单位可以在劳动合同或者保密协议中与劳动者约定竞业限制条款，并约定在解除或者终止劳动合同后，在竞业限制期限内按月给予劳动者经济补偿。劳动者违反竞业限制约定的，应当按照约定向用人单位支付违约金。

3. 对用人单位和劳动者双方的约定

《劳动合同法》第二十二条规定，用人单位为劳动者提供专项培训费用，对其进行专业技术培训的，可以与该劳动者订立协议，约定服务期。劳动者违反服务期约定的，应当按照约定向用人单位支付违约金。违约金的数额不得超过用人单位提供的培训费用。用人单位要求劳动者支付的违约金不得超过服务期尚未履行部分所应分摊的培训费用。用人单位与劳动者约定服务期的，不影响按照正常的工资调整机制提高劳动者在服务期期间的劳动报酬。

三、维权通道

毕业生求职应尽可能通过正规渠道，若遇到疑问要多方了解求证。诸如单位的状况、将要从事工作的性质等，可通过学校就业部门或登录企业官网查询资质，有条件的也可以亲自登门，实地考察、了解。求职中一旦遇到麻烦，立即向学校相关部门、工商部门、地方公安机关反映，并注意保留证据，提供有关线索，协助调查。要使自己的损失减少到最小，需要毕业生掌握相关的法律法规和相关政策文件。同时，毕业生在自己权益受到侵犯时，不要惊慌失措，更不要冲动蛮干，要懂得运用合法途径保护自己权益。

1. 就业协议争议解决办法

目前，关于大学毕业生就业协议争议的问题时有发生，国家和各地区还没有明确的就业相关法律规定。在实践中，通常引起就业协议争议的主体是毕业生和用人单位。解决就业协议争议的办法主要有以下几种：

（1）毕业生与用人单位协商解决。这种办法适用于毕业生的个人原因引起的就业协议争议，毕业生说明情况，赢得用人单位的理解和谅解，经双方协商达成新的意向。

（2）由学校出面或由当地省级毕业生就业主管部门与用人单位进行调解。这种办法大多适用于用人单位引起的就业协议争议，由学校或行政部门介入，针对纠纷予以调解，取得双方的基本满意。

（3）对协商调解不成的，毕业生可直接向人民法院起诉，由人民法院依法裁决。

2. 劳动争议处理办法

劳动法中的劳动争议是指企业与职工之间的下列劳动争议：一是因企业开除、除名、辞退职工和职工辞职、自动离职发生的争议；二是因执行国家有关工资、保险、福利、培训、劳动保护的规定发生的争议；三是因履行劳动合同发生的争议；四是法律、法规规定应当依照《企业劳动争议处理条例》处理的其他劳动争议。劳动争议发生后，当事人可向本单位劳动争议调解委员会申请调解；调解不成，当事人一方要求仲裁的，可向当地的劳动争议仲裁委员会申请仲裁。当事人一方也可在六十日内直接向劳动争议仲裁委员会申请仲裁。对仲裁裁决不服的，可以向人民法院提起诉讼。如果超过了法定期限六十日内，当事人仍可向劳动争议仲裁委员会申请仲裁，仲裁委员会作出"驳回"的裁决后，再凭这个"驳回"裁决，向人民法院提起诉讼。处理劳动争议一般说要明确以下问题：

（1）确定劳动争议发生之日。

《关于贯彻执行〈中华人民共和国劳动法〉若干问题的意见》（以下简称《意见》）对《劳动法》中的"劳动争议发生之日"做了规定，即"'劳动争议发生之日'是指当事人知道或者应当知道其权利被侵害之日"。如何理解该条款"劳动争议发生之日"的真实内涵，直接关系到劳动者的合法权益能否得到法律的保护。劳动争议是指劳动关系当事人即用人单位与劳动者之间，因实现劳动权利、履行劳动义务而发生的纠纷，又称劳动纠纷。如果劳动者权益被实际侵害，但劳动者不知或一段时间后才知晓，则"劳动争议发生之日是指当事人知道或者应当知道其权利被侵害之日"，显然明示了这样几点：一是权利被侵害之日与劳动争议发生之日是不同的概念，权利被侵害并不意味着劳动争议的事实发生或一定发生；二是先有权利被侵害之日，而后才存在劳动争议发生之日；三是权利被实际侵害不能推论或视为"当事人知道或者应当知道"。将劳动争议发生之日理解为权利被侵害之日，或将权利被侵害之日视为当事人知道或者应当知道权利被侵害之日，都是违背劳动法的立法精神的。

（2）劳动争议处理的程序。

《劳动法》第七十七条规定："用人单位与劳动者发生劳动争议，当事人可以依法申请调解、仲裁、提起诉讼，也可以协商解决。"由此可见，劳动争议处理程序分为4个阶段。

①协商。劳动争议发生后，当事人应首先进行协商，协商一致后，双方可达成和解协议，但和解协议无必须履行的法律效力，而是由双方当事人自觉履行。协商不是处理劳动争议的必经程序，当事人不愿协商或协商不成，可以向本单位劳动争议调解委员会申请调解或向劳动争议仲裁委员会申请仲裁。

②调解。劳动争议发生后，当事人双方愿意调解的，可以书面或口头形式向调解委员会申请调解，调解委员会接到调解申请后，可依据自愿、合法原则进行调解。调解委员会调解劳动争议，应当自当事人申请调解之日起30日内结束；到期未结束的，视为调解不成，当事人可以向当地的劳动争议仲裁委员会申请仲裁。经调解达成协议的，制作调解书，双方当事人应当履行。调解不是劳动争议解决的必经程序，调解协议也无必须履行的法律效力。当事人不愿调解或调解不成，可直接向劳动争议仲裁委员会申请仲裁。从当事人向企业劳动争议调解委员会提出申请调解之日起，仲裁申诉时效中止，中止期间最长不得超过三十日。结束调解之日起，当事人的仲裁申诉时效继续计算。调解超过三十日的，仲裁申诉时效从三十日之后的第一天继续计算。

③仲裁。劳动争议发生后，当事人任何一方都可直接向劳动争议仲裁委员会申请仲裁。提出仲裁要求的一方应当自劳动争议发生之日起六十日内向劳动争议仲裁委员会提出书面申请。劳动争议仲裁委员会接到仲裁申请后，应当在七日内做出是否受理的决定。受理后，应当在收到仲裁申请的六十日内做出仲裁裁决。劳动争议仲裁委员会可依法进行调解，经调解达成协议的，制作仲裁调解书。仲裁调解书具有法律效力，自送达之日起具有法律约束力，当事人必须自觉履行，一方当事人不履行的，另一方当事人可向人民法院申请强制执行。

当事人申请仲裁的时效为六十日，当事人应当从知道或者应当知道其权利被侵害之日起六十日内,以书面形式向仲裁委员会提出申请仲裁。当事人因不可抗力或其他正当理由超过这一规定的申请仲裁时效的,仲裁委员会应当受理,时效起点是从劳动争议发生之日起计算。当事人对劳动争议仲裁委员会做出的仲裁裁决不服的,可在收到仲裁裁决书的十五日内向人民法院提起诉讼。逾期不起诉,仲裁裁决即发生法律效力,当事人必须自觉履行,一方当事人不履行的,另一方当事人可向人民法院申请强制执行。

职工一方在三十人以上的集体劳动争议适用特别程序。仲裁委员会处理职工一方人数在三十人以上的集体劳动争议案件,应当组成特别仲裁庭进行仲裁。特别仲裁庭由三名以上仲裁员单数组成。

④诉讼。诉讼是处理劳动争议的最后一道程序。《劳动法》及《劳动部办公厅关于处理劳动争议案件若干政策性问题的复函》规定,当事人对仲裁裁决不服的,自收到裁决书之日起十五日内,可以向人民法院起诉;期满不起诉的,裁决书即发生法律效力,即未经仲裁的劳动争议,法院将拒绝受理。劳动争议案件由人民法院民事审判庭审理。依据《民事诉讼法》的规定,人民法院适用普通程序审理的民事案件,应当在立案之日起六个月内审结。有特殊情况需要延长的,由本院院长批准,可以延长六个月;还需要延长的,报请上级人民法院批准。依据《民事诉讼法》,当事人不服地方人民法院第一审判决的,有权在判决书送达之日起15日内向上一级人民法院提起上诉。当事人不服地方人民法院第一审裁定的,有权在裁定书送达之日起十日内向上一级人民法院提起上诉。

(3)劳动争议案件的管辖。

劳动争议案件由用人单位所在地或劳动合同履行地的基层人民法院管辖。劳动合同履行地不明确的,由用人单位所在地的基层人民法院管辖。

知识拓展

违反劳动合同的法律责任

1. 用人单位违反劳动合同所承担的法律责任

(1)用人单位订立的无效合同,对劳动者造成损害的,应当承担赔偿责任。第一,造成劳动者工资收入损失的,除按劳动者本人应得工资收入支付给劳动者外,还应加付应得工资收入25%的赔偿费用;第二,造成劳动者劳动保护待遇损失的,应按国家规定补足劳动者的劳动保护津贴和用品;第三,造成劳动者工伤、医疗待遇损失的,除按国家规定为劳动者提供工伤、医疗待遇外,还应支付劳动者相当于医疗费用 25% 的赔偿费用；第四，造成女职工和未成年职工身体健康损害的，除按国家规定提供治疗期间的医疗待遇外，还应支付相当于其医疗费用 25% 的赔偿费用；第五，劳动合同约定的其他赔偿费用。

（2）对严重违反劳动合同造成事故使劳动者生命、财产受到损失的，还应依法追究用人单位责任人的行政责任；触犯刑法的，由司法机关依法追究其刑事责任。

（3）用人单位聘用尚未解除劳动合同的劳动者，给原用人单位造成经济损失的，该用人单位应当依法承担连带赔偿责任。

2. 劳动者违反劳动合同所承担的法律责任

（1）劳动者违反《劳动法》规定或劳动合同约定解除劳动合同，对用人单位造成经济损失的，劳动者应当依法承担赔偿责任。第一，用人单位招收录用其所支付的费用；第二，用人单位为其支付的培训费用，双方另有约定的按约定办理；第三，对生产、经营和工作造成的直接经济损失；第四，劳动合同约定的其他赔偿费用。

（2）劳动者违反劳动合同，给用人单位造成经济损失的，应承担相应的赔偿责任。

（3）劳动者违反劳动合同中约定的保密事项，对用人单位造成经济损失的，按《中华人民共和国反不正当竞争法》的有关规定支付用人单位赔偿费用。

✍ 课后思考与实践

（1）大学生就业权益的主要内容有哪些？

（2）大学生签约后违约要承担什么责任？如何处理劳动争议？

（3）大学生有哪些合法维权途径？

模块七　创业赋能

对所有创业者来说，永远告诉自己一句话：从创业的第一天起，每天要面对的是困难和失败而不是成功。

——马云

📍 学习目标

1. 了解创新与创业的关系，培养创新思维，提升创新能力；
2. 做好创业前期调查，撰写创业计划书，把握创业机会；
3. 了解大学生创业扶持政策，争取创业支持。

迷茫与困惑

刘先生，湖南益阳人，国内某知名通信集团董事长兼总裁，其集团手机 2021 年全球年销量超 1000 万部。李先生，湖南新化人，刘先生的大学同窗，现为上海一家电子公司的技术员，月收入 7000 元。两人原本是最要好的大学同窗，同住一间宿舍，后同闯广东，没钱时一同挨饿。十多年过去了，两名兴趣相投、爱好相近的患难兄弟，却产生了如此大的差距。是什么造成二人命运的不同？

陈安妮，快看漫画创始人兼 CEO，她从小家境不好，但喜欢画画，曾被别人打击："你成为漫画家的概率只有 1%"。上大学时，有人找她兼职画画，一幅漫画能挣 30 元。她跟同学借了 500 元，买了一块数位板，开始兼职画画，同时在网上连载原创漫画。然后，1% 的奇迹发生了：她的微博账号"伟大的安妮"关注用户数疯涨，她还获得了中国动漫金龙奖。大学刚毕业，她创建了"梦当然"工作室，初创团队全是"90 后"，一度濒临破产，但他们坚持下来了。这时，陈安妮又想到做一个好玩的 App，起名"快看漫画"：不是海量的乱七八糟的内容，而是少而精的、最好看的漫画。她带着这个想法到处找投资，最后她还把自己和朋友的积蓄都拿出来。在之后的 3 个月里，他们投入了 99% 的时间、精力和金钱，终于快看漫画 App 总用户数超过 2 亿，漫画市场占有率超过 50%。

以较为相近的分数考入同一所大学、攻读同一专业的大学同窗，毕业后一个通过创业成为企业家，一个仅凭专业技术谋生。在"万众创新、大众创业"的时代背景下，是什么造成了二人命运的不同？一个个人是否适合创业应如何判断，又如何把握住创业机会呢？如果立志创业，如何利用国家政策，有效整合资源呢？在本模块，我们将带领大家了解相关创业知识，助力你顺利创业。

第一节　创新与创业

动手动脑

杯子（见图 7-1），除了喝水还可以做什么？

图 7-1　杯子

杯子，是我们日常生活中常见的器皿，除了喝水外，还能做什么？请同学们各自用 5 分钟的时间，写出杯子除喝水外的用途，并与身边的同学讨论。

用途 1＿＿＿＿＿＿＿＿＿＿＿＿＿＿＿；　用途 2＿＿＿＿＿＿＿＿＿＿＿＿＿＿＿；

用途 3＿＿＿＿＿＿＿＿＿＿＿＿＿＿＿；　用途 4＿＿＿＿＿＿＿＿＿＿＿＿＿＿＿；

用途 5＿＿＿＿＿＿＿＿＿＿＿＿＿＿＿；　用途 6＿＿＿＿＿＿＿＿＿＿＿＿＿＿＿；

用途 7＿＿＿＿＿＿＿＿＿＿＿＿＿＿＿；　用途 8＿＿＿＿＿＿＿＿＿＿＿＿＿＿＿；

用途 9＿＿＿＿＿＿＿＿＿＿＿＿＿＿＿；　用途 10＿＿＿＿＿＿＿＿＿＿＿＿＿＿＿；

5 分钟内，大家能写出多少用途？可以写出 10 种以上吗？同时与身边的同学对照一下，有没有你想到、他也想到的用途？若划去相同的想法，自己的想法还剩几个？若保有原创的想法，想一想，它是否可用于解决实际问题？

就业指导篇

No. 7 模块七 创业赋能

![知识链接]

一、创新与创业的关系

相信大家对身边创新、创业的潮流并不陌生，校园中也有相当一部分学生摩拳擦掌，准备大干一番；校园快递、抖音直播、跳蚤市场……貌似有个点子就可以创业；也有学生认为创业是少部分人的事，与自己无关。想一想我们现在可以享受的便捷：待在宿舍，足不出户就可享用外卖美食；轻触鼠标……是什么带来了生活的便利？而人类社会的发展动力又是什么？创新！可能在很多人看来，创新就是发明创造。其实，创新可能来源于你对家具摆放位置的重新设计；你在背英语单词时发现的有助于记忆的新方法……生活中，只要在原有基础上进行改进，哪怕是很微小的改进或完善，都是创新。无论时代如何变化，起源于拉丁语的"创新"，其本意"更新、创造新的东西、改变"一直都没有变。而人类中恰有一部分人敏锐地觉察到社会存在的问题与痛点，通过创新设计出产品（解决方案），进而通过创办公司影响和改变世界。他们的行为，叫作创业；他们的称谓，叫作企业家。

虽然成为企业家不是每个人的专利，然而创新是每个人的必需。人类的天性是"喜新"，不得不这么做，因为"流水不腐，户枢不蠹"。在新时期，哪个国家能率先找到新技术、新生产方式或新服务模式，哪个国家的经济发展就将领跑全世界。现在能否体会国家的创新战略了？对学生而言，未来的职业发展，创新是不可忽略的核心能力，也许你不会成为企业家，但通过创新素质、思维与能力的培养和训练，可以更好地在职业生涯中发展自己。创业，并非适合所有人，但学习成功创业者身上具备的典型创新素质，了解他们的成长轨迹，就可窥见创新能力的形成，能为自我发展带来裨益。下面看看如何培养创新素质：

（1）善于思考。职业中的创新，要综合运用已有的知识、信息、技能和方法，提出新方法、新观点，并进行发明创造、改革与革新。若想具备创新素质，需注意培养以下习惯：①自主思考。若未进行职业探索，你可能会将专业对应到简单的就业维度：学前教育就是去幼儿园做老师，计算机就是搞IT……事实上，一家机器人教育公司，可能需要学前教育专业的学生；学习计算机，可以做销售分析……这一切都是专业与职业实际需要的融合。若缺乏自主思考，可能会让自己忽略自身优势、社会需要。创新，需要自主思考，它是你跳出传统思维的先决条件；②学会批判。正因为自主思考的存在，才让批判有了可能。创新素质的培养过程中，你需要做的就是凡事多想为什么，不要轻易被别人的观点带走。若大家都认为木已成舟，自己却产生了怀疑，可改进、更新、变革的空间就产生了；③科学思考。科学思考，是将实践作为检验真理的标准。光有批判还不够，还需要运用

187

科学方法，获得客观证据去支持结论。创新，一定是基于现实的。

（2）投身实践。"书上得来终觉浅，绝知此事要躬行"。投身实践，就是所学有所用。对创新而言，恰是要解决没有现成答案的问题。若牛顿被苹果砸了以后，想到的只是这个现象书本没解释，恐怕就没有万有引力定律的诞生。这个世界，运动变化是常态，也正因为"变"，才要求你学会应变。更好的应变，便是创新，这离不开实践的积累，若无实践经验，创新是无法凭空产生的。虽然创新受人格、教育环境、社会氛围的影响，但更重要的是要对创新素质进行有意识的培养。

（3）关注细节。创新，在很大程度上来自对周边事物细微的观察。面对每一件小事，都会全力以赴、认真对待，针对每一个细节，都思考可以改进和完善的地方，这恰是创新最需要的。对人类社会带来影响的事物的产生，往往来自对细节的关注：魏格纳若对世界地图上陆地、海洋的形状缺乏观察，就不会提出"大陆漂移学说"；马云若仅是为外经贸部中国电子商务中心开发网站，对贸易业务没有觉察，就不会有阿里巴巴的诞生……

（4）接纳机遇。人生事业发展的差异，与自主思考、投身实践、关注细节等素质的积累有很大关系。创新，需要保持头脑的开放性，一方面要随时了解社会出现的新情况，另一方面是对社会变化的学习与应对。影响职业发展的核心因素是创新素质，对大学生而言，有两点需要思考：一是激发创新动力，保持着对新事物的渴求，对现状的改变，对未来的期待；二是培养创新素质，从现在起就要面对并思考如何提升。

二、创新思维训练方法

创新思维有两个基本特征：一是流畅性，即针对主题产生创意的流畅度。如在杯子用途的思考中，短时间内能想出多少种除喝水外的用途，是思维流畅性的体现；二是原创性，即针对主题提出不寻常的原创性想法或高明巧妙的解决方案，如在杯子用途中，划去相同想法，获得的剩余想法，就是思维原创性的体现。在杯子用途的游戏中，儿童可以想出上万种杯子除喝水外的用途，因为儿童还不清楚各领域之间的界限，更容易在头脑中产生与众不同的联想。而你在创新时，会不会受到领域界限与社会关系的束缚？如果是，那它是定势思维。与儿童相比，成人在创新思维方面，更容易受到框框（领域、传统）限制，主要表现有盲从权威、迷信书本、从众心理等。而要突破定势思维，就需要做到适时怀疑、独立思考、解放思想。同时，要掌握以下训练创新思维的方法：

（1）让思维发散。即从某一点开始任意扩散，既不规定方向，也不规定范围，需要突破五官感受到的信息进行抽象思考。

（2）学会逆向思考。即打破传统思考的习惯和固有思路，从相反的方向入手。

可训练的方法有方位逆向、属性逆向、因果逆向、心理逆向、心理逆反、对立互补等。

（3）超越思维的障碍。即追求"新、奇、特"，习惯反常规。比如如何将冰卖给因纽特人？定式思维是，因纽特人不需要冰，而超越障碍的思维则告诉你，因纽特人虽整天与冰打交道，但他们需要清洁、无污染的冰。

（4）保持前瞻性。前瞻性对预见未来很重要。假如你能够在做某件事前就有见地地预见结果，那将节约更多时间。而前瞻性来源于你对现实敏锐而又细致的观察，需要运用到创新素质。

三、创新能力培养方法

创新，对社会的意义在于找到新颖、独创、具有价值的解决方案，而解决方案的形成，需要学生具备创新能力。什么影响创新能力的形成？具体而言，有以下几个因素：

（1）你是否具备创新知识。创新能力的形成，知识是基础，我们需要结合情境运用学到的知识。

（2）你是否具备相应的智能。智能，不仅是科学思维、逻辑和推理能力，还包括创造、从事艺术活动、领导、手工艺制作和在职业场所工作的能力，如语言、音乐、逻辑—数学、空间、身体—动觉、认知等六种能力。

（3）你是否具备创新型人格。创新型人格会表现出较高的开放性，且在信息的处理中擅长运用直觉。它虽然有先天成分，但其塑造也会受到经历的影响。若注意创新能力的训练与实践，这种特质也会逐步形成。

（4）你所处的社会文化是否有利于创新。你也许认为，中国的社会环境并不适合创新，因为我们习惯执行、配合、尊重权威。这是对文化的误读，中国文化从源头开始就一直在谈变化与应变之道，《易经》认为的"穷则变，变则通，通则久"，所指便是创新。在我们的历史中，经济发展越迅速，国力越强，社会观念就越开放，就越鼓励创新，而现在正是创新的好时候。

了解了创新能力形成的影响因素，那如何培养创新能力？大学生需要做到以下几点：

（1）学会观察和提问。苏联生理、心理学家巴甫洛夫说："学不会观察，就永远当不了科学家"。创新能力的培养是从学会观察开始的，但观察并不是漫无目的地观看，而是带着目的、主动地提出疑问、发现问题。表 7-1 以"提款机"为例，从十二个维度（7W5H）进行思考、发现问题。同时，运用观察和提问，还需要注意四点：①并非每个维度都存在问题，要根据观察对象和现象而定。有些维度可能是相互关联的，也许会找到一组相关的问题。②要根据自己的兴趣主动选择观察对象，不要期待别人告诉你去观察什么。③日常生活中充满了可以观察的对象，学校、家庭、企业或社会中都可以观察。④观察和提问不局限于实物和现场。用户调查、聊天、微信群，等等，都可以进行观察。

表 7-1　十二维度发现问题思路（以"提款机"为例）

英文	中文	维度	提出疑问	潜在问题
What	什么	目标 目的 结果	提款机还可以做什么？可以查看信用卡吗？可以买电影票吗？可以付学费吗？可以提取零钱吗？可以回收零钱吗？	提款机不能提取零钱 提款机不能回收零钱
Where	在哪里	空间 地点 范围	可以在其他地方吗？可以在商场里面吗？可以在家里吗？可以像自来水管道一样通到小区和家里吗？	部分商场和小区里没有提款机
Which	哪个	事件 活动	哪家银行的提款机？其他银行可以吗？其他理财渠道可以吗？	线上银行不能提款 手机没有连接提款机
When	什么 时候	时间	是 24 小时都可以使用吗？24 小时都安全吗？半夜提款怎么办？什么时候来的人多？有高峰期吗？	夜间提款不安全 高峰期排队时间长
Who	谁	人物 用户 伙伴	谁来提款？什么样的人多？什么样的家庭、阶层？个子很矮的人可以吗？	老人取钱不方便 孩子拿到家长的银行卡取钱很危险 被偷的银行卡也能取钱
Whom	谁	对象	提款给谁？谁是主要服务对象？	没有考虑残疾人提款
Why	为什么	原因	为什么提款机只有一面可以操作？为什么到提款机取钱？	有时排队时间很长
How	怎样	状态 操作	输入密码方便吗？忘记密码怎么办？指纹、虹膜可以识别吗？	提款机识别方式单一
How Much	什么 程度	程度 成本	空间很拥挤，拥挤到什么程度？速度很慢，慢到什么程度？	室内提款机空间有限
How Many	多少	数量	取多少钱？多大币值的组合？多少人受到影响？	提款机不能提取零钱 提款机不能回收零钱
How Long	多长 时间	时间	每次取钱等多久？	高峰时排队太久
How Often	多少次	频率	用户平均每个月取多少钱？来多少次？	取款有金额限制

（2）学会分析问题。分析问题的前提是，你需要掌握一定的知识。创造型思考知识中最典型的便是"奥斯本检核"，它由美国发明家奥斯本于 1939 年提出，供大家学习和了解。"奥斯本检核"主要从九个方面设问入手：①能否它用？即现有事物有无其他用途，稍加改进能否扩大用途；②能否借用？即能否借用别的经验、模仿别的东西；③能否改变？即能否在意义、声音、味道、形状、式样、花色、

品种等方面改变；④能否扩大？即能否扩大使用范围，增加功能，增加高度、强度、价值，延长使用寿命；⑤能否缩小？即能否减少、缩小、减轻、浓缩、微型、分割；⑥能否代用？即能否用其他材料、元件、原理、方法、结构、动力、工艺、设备；⑦能否调整？即能否调整布局、程序、日程、计划、规格与因果关系；⑧能否颠倒？即能否方向相反、变肯定为否定、变否定为肯定、位置颠倒、作用颠倒；⑨能否组合？即能否事物组合、原理组合、方案组合、材料组合、形状组合、功能组合。

（3）学会执行。执行，是将创新灵感落地生根、变为现实的过程。它需要学会：①项目管理。把目标分解，变成一个个容易实现的小目标，然后各个击破。将看似庞大复杂的创新实践，科学分解、化繁为简、化整为零。②资源整合。在创新者的眼中，任何资源都有价值。事物、人才之所以没有表现出其应有的价值，是因为放错了地方，或没有给其发挥作用的空间和舞台。要打破定势思维，从事物、个人身上看到别人所看不到的独特价值。③沟通。美国著名成功学家卡耐基认为："一个人事业的成功，15% 由他的专业技术决定，85% 则要靠人际关系。"创新工程的最终成功，既依赖团队成员之间的相互沟通与协作，还取决于团队与其他企业、地区的合作，甚至是其他国家相关人员之间的合作。

知识拓展

"微信"是如何诞生的？

2005 年 3 月，腾讯收购了国内知名电子邮件客户端 Foxmail，Foxmail 创始人张小龙及其研发团队 20 余人入职腾讯。2005 年 4 月，腾讯在广州成立研究院，主要负责邮件相关业务的研发和运营。

经过三年打磨，QQ 邮箱以其简洁易用、安全稳定的特点获得了用户欢迎，并于 2008 年 3 月成为国内使用人数最多的邮箱产品。张小龙则经历了从程序员到产品经理，再到管理者的角色转换。在不断与邮箱用户互动的过程中，他对于产品和用户的理解不断加深。在不断提高 QQ 邮箱易用性和稳定性的基础上，他将邮箱平台作为产品理念的试验田，做出了阅读空间、QQ 漂流瓶等产品。阅读空间提供了简单的人际互动功能，是他对"用户社区"和"社交类产品"的最初探索。漂流瓶为用户提供了全新的陌生人交友渠道和新奇有趣的体验，大幅提高了邮箱用户活跃度和用户黏性，这一产品形态后被移植到微信中。

2010 年 10 月，一款名为 Kik 的 App 因上线 15 天就收获 100 万用户而引起业内关注。这是一款基于手机通信录实现免费短信聊天功能的应用软件，张小龙注意到了 Kik 的快速崛起。一天晚上，他在看 Kik 类软件时，产生了一个想法：移动互联网将来会有一个新的 IM，而这种新的 IM（即时通信）很可能会对 QQ 造成很大威胁。他想了一两个小时后，写了封邮件给腾讯 CEO 马化腾，建议腾讯做这一块的东西。马化腾很快回复了邮件，表示对这个建议的认同。张小龙随后向马化腾建议，由广州研发部来承担这个项目的开发。"反正是研究性的，没有人知道未来会怎么样，"张小龙后来回忆说，"整个过程起点就是一两个小时，突然搭错了一个神经，写了这个邮件，就开始了。"

第二节　创业行动

动手动脑

（1）你如何看待创业？请结合模块三中的个人 SWOT 分析法，进行个人创业 SWOT 分析（见表 7-2）。

表 7-2　个人创业 SWOT 分析

	优势 S：可利用的内在积极因素	劣势 W：可以努力改善的内在消极因素
内部因素		
	机会 O：可利用的外在积极因素	威胁 T：可以使其弱化的外部消极因素
外部因素		

知识链接

一、我适合创业吗？

全民创业的时代，国家鼓励大学生及青年人创业，但并非每个人都要去创业。很多年轻人相信所谓"宁愿睡地板，也要做老板"的创业箴言，从而盲目走上创业道路。事实上，并非每个人都适合创业。一般来讲，成功创业者具有下面五个（或部分）共性特质：

（1）机敏。机会到处都有，创业者往往对机会更加敏锐。20世纪70年代末，比尔·盖茨预言"个人计算机将进入未来每一个家庭中"，成就了微软商业帝国。而当时的华人企业家王安对这一趋势不够敏锐，使王安电脑公司很快走向衰败。成功的创业者都会为商机而殚精竭虑，时刻保持高度敏锐，这样，一旦好的机会来临，才不会错过。

（2）执行商。像智商、情商一样，每个人都有执行商。执行商是创业者取得商业成功的关键特质，它深藏在创业者体内，像DNA一样看似偶然，却决定着创业成败。

（3）领导力。优秀的创业者是自我激励者，有高度的内在控制力。他们是耐心的领导者，能够把看不见、摸不着的前景灌输下去，并从长远的目标出发进行管理。成功的创业者往往不需要靠正式权力就能向别人施加影响，善于化解冲突，他们总是努力把"蛋糕"做大做好。创业领导者往往被视为带领大家实现共同目标的英雄。当然，我国最缺乏的不是普通创业者，而是真正具有领导力的创业家。

（4）毅力。创业者们不害怕失败，坚信"成功的背后包含着许多失败"并因此坚定获取成功的决心。成功创业者要有超强的毅力来应对创业过程中所遭受的严重挫折和失望。

（5）学习力。成功的创业者一般具有很强的学习能力，他们不仅能够快速学习和掌握所需的各种背景知识，还能够从其他团队成员、顾问、员工、投资者甚至竞争对手那里学习到各种经验和策略。不管成败，他们都能从中学习。新希望集团总裁刘永好曾说："不学习，就死亡。""创业教育之父"蒂蒙斯教授认为："创业高度动态、微妙复杂，需要超强的学习力"。

当然，创业者还有其他一些可取的特质，如富有激情、精力充沛、身体健康、情绪稳定，具有很强的激励能力，善于创新和创造价值等。至于大男子主义、反独裁主义、完美主义、易于冲动与不易受到伤害等特点，并非所有创业者的共同特质。图7-2描述了创业者的特质。

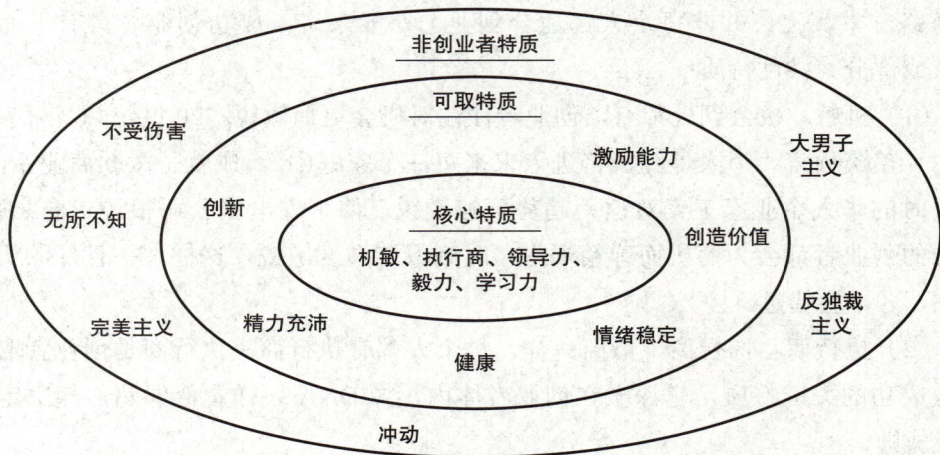

图 7-2　创业者的特质

二、如何抓住创业机会

对于创业者来说，如何能快速抓住身边的创业机会呢？需要做到以下三点：

（一）透视用户需求

1. 形成透视用户需求的思维

（1）小白思维。小白思维就是把自己调整到好像什么都不懂、对什么都好奇的状态，在考虑用户需求时，能把自己切换到用户的角度去思考。伟大的创业者往往能快速从用户的角度去思考问题、开发产品。如苹果公司创始人乔布斯、腾讯创始人马化腾、"微信之父"张小龙在开发产品时就具有明显的小白思维，他们常常提到把自己"瞬间变成小白用户"，这样可以体会小白用户使用产品时的心态、反应、预期。这里需要强调的是，创业者不要把自己当专家，而要像这些成功创业者，具有小白思维，这样才能真正洞察用户需求。

（2）共情思维。共情思维也称移情或同理心。这是心理学上的一个专业词语。通俗地讲，共情思维就是设身处地，将心比心，让用户真正有一种被理解和怦然心动的感觉。不少用户通常无法确切知道自己原本的需求到底是什么，一旦发现你比他更了解他自己，用户会认同你，会认为你非常懂他的心思。如一般小孩子出门不肯坐推车，为解决这一问题，某童车公司重新设计小孩座位，由背对面改为面对面，这样小孩感觉被理解了，于是愿意坐了。

（3）洞察人性。这是洞察用户需求的捷径。不少创业者利用人们的怕死、惰性、后悔、贪婪、嫉妒、恐惧、怀疑、犹豫、冲动、爱面子等弱点，发现创业机会。比如早期人们买东西时需要上门取东西，后来到处出现便利店、商场、超市，再后来出现电话营销，人们打个电话，货就邮寄过来了，现在按一下鼠标，商家送货上门，这些都是利用了人们的惰性。优秀创业者能巧妙地利用人的好奇心、爱心等优点，来洞察用户的真实需求，据此开发新的产品。如"农夫山泉有点甜"，这是利用人的好奇心。

戴尔·卡耐基在《人性的弱点》中写道："这个世界充满掠夺和自私的人们，因此极少数无私帮助他人的人拥有巨大的优势。谁能设身处地为他人着想，理解他人的想法，谁就能永远不必担心未来。"

2. 挖掘用户痛点

用户痛点是指用户在体验产品或服务过程中原本的期望没有得到满足而造成的心理落差或不满，这种不满最终使用户的负面情绪爆发，感觉到很痛。创业者通常可遵循以下三个步骤，快速挖掘用户痛点：

步骤一：细分用户市场。创业者应学会用户细分，把用户分成不同的群体，根据不同的群体特征来梳理其需求和焦虑，这样就能相对容易和准确地找到用户的真正痛点。如智能手机市场，拍照是需求，但不够精准，自拍的时候不够美，夜间拍照的时候不够清晰，这才是痛点。

步骤二：聚焦消费场景。创业者应搞清楚用户具体在什么时间、什么地点使用你的产品和服务。比如 vivo 和 OPPO 手机在东北地区卖得特别好，有些地方的受欢迎程度甚至超过了苹果手机，一个重要原因是东北的冬天太冷了，哈气成冰，苹果手机易自动关机，而 vivo 和 OPPO 耐寒性能更好，所以会有更多人选择。

步骤三：体验用户使用产品的全过程。创业者通过体验消费过程的每一个环节，真正了解用户购买使用产品的实际感受，包括购买时间、金额、精力、情感花费以及购买后在使用过程中的真实感受，这样才能挖掘用户的痛点。例如理查德·布兰森，就因为亲自体验了极其糟糕的航空旅行，洞察到有些用户宁可多花钱也想改善这种体验，于是他创立了以服务和创新闻名的维珍航空。

（二）开发有创意的产品

1. 产品创意来源

（1）公司内部。创业产品的创意通常来自创业者本人，也可来自合作伙伴，如科学家、工程师、设计师、生产人员、高层管理者、销售人员等。

（2）顾客。顾客的需求和欲望往往是寻找产品创意的最佳起点，创业者可以通过调查了解顾客的需求和欲望，分析顾客的问题和抱怨，进而发现能很好地解决这些问题的新产品。创业者也可以和顾客直接见面交流，以获得一些建议。

（3）竞争者。竞争者也是产品创意的很好来源。创业者可以通过观察竞争者的广告、产品及相关信息来获得产品创意。

（4）分销商和供应商。分销商或经销商由于更接近市场，他们可以向制造商传递关于消费者的问题和新产品需求的信息。供应商可以将用以开发新产品的最新概念、技术和材料等方面的信息，尽快介绍给生产企业。这些都可以使创业者在开发产品创意方面得到有益的启发。

（5）其他来源。例如，相关贸易杂志、展览会、学术研讨会；政府主管部门；新产品咨询机构；广告商；市场调研公司；科研机构和大专院校及专利发明人；等等。

2. 开发最小化可行产品

创业者开发产品时应先做出一个简单的原型——最小化可行产品（Minimum Viable Product，MVP），用于对未知市场进行勘测，用最小的代价来验证商业的可行性，这样可极大减少试错成本，这是创业者开发新产品的捷径。

（1）产品最小化。产品最小化要求产品仅仅包含最基础或核心的功能。如大众点评的创始人张涛花了三天时间做出大众点评最早的一个网页。以前他羞于给别人看这张图，因为太简陋了。但是后来，他觉得这张简陋的网页就是MVP。当时他没有跟饭馆签任何协议。而是将旅游手册里的1000多家饭店录入网站系统。他只想验证一件事，网民在一家饭馆吃完饭，是否愿意进行点评。这个MVP是大众点评商业模式最重要的起点。

（2）产品可行性。创业者应以MVP进行小样调研，快速进入市场、接触客户并得到反馈。通过反馈不断修改原型，并不断迭代，最终完成正式版的开发，这是一个验证产品可行性的过程。

（三）强化产品推广

1. 创业者的亲自推销

新创企业往往做不起广告，多数情况只能通过创业者亲自拜访目标客户获得订单。不少企业家都是从推销工作做起，这对创业起步及生存起到关键作用。如娃哈哈集团创始人宗庆后在创业初期骑三轮车推销娃哈哈口服液，新希望集团创始人刘永好创业早期亲自推销鹌鹑蛋和猪饲料。李嘉诚曾说："我一生最好的经商锻炼是做推销员，这是我用10亿元也买不来的。"比尔·盖茨曾说："我之所以会成功，不是因为我很懂计算机，而是因为我会销售。我在创业初期曾销售软件达六年之久。"

创业者在起步阶段做推销工作，不但可以更清楚地知道客户需要什么，什么产品才更适合他们，而且可以锻炼自己，提高与客户交往的能力，能争取尽早获得第一笔收入，检验在最艰难的时候是否能靠自己的力量和努力坚持下去。更重要的是，创业初期创业者亲自冲在销售一线，会鼓舞合作伙伴和员工的士气，让他们更有信心跟着一起干。

2. 五个渠道策略

策略一：缩小目标市场。 虽然平台型全渠道是大势，但不适合新创企业。企业创业初期应突出产品卖点，将企业有限的资源集中到某一个渠道上。比如三只松鼠，初期只做坚果的互联网销售，但很快成为网络渠道的知名品牌。

策略二：适度分销。 创业初期适合独家分销，即授权某分销商独家分销，获得其支持，努力让分销商成为自己的创业合作伙伴。

策略三：渠道试错。 新创企业可走边缘渠道包围主要渠道的策略，即从代理商或移动互联网渠道开始，不断评估渠道的经济性和可控性，逐步找到适合自己的主渠道。如某冰淇淋企业创业之初，先从比较容易进入的大卖场周围的小售卖点开始铺货，最终进入大卖场。

策略四：建立特色渠道。 新创企业在创业初期应采取与大企业多层级密集分销渠道不同的策略。比如戴尔公司采用直销模式，打破当时处于主导地位的分销体系，击败 IBM、惠普、康柏等知名品牌，成为 PC 之王。再如小米公司，舍弃传统线下实体渠道，只通过线上渠道并且采取预售的方式，初创期短短三年时间，就卖掉 1870 万部手机。

策略五：渠道迭代。 新创业初期应选择易接近早期用户的渠道，在此基础上，逐步提高用户流量及转化率，最终向线上线下相结合的渠道转型。创业者在创业初期应未雨绸缪，合理规划，使渠道不断迭代升级。

3. 五个广告创意策略

创业公司广告创意策略可概括为"5 个 yi"，如图 7-3 所示。

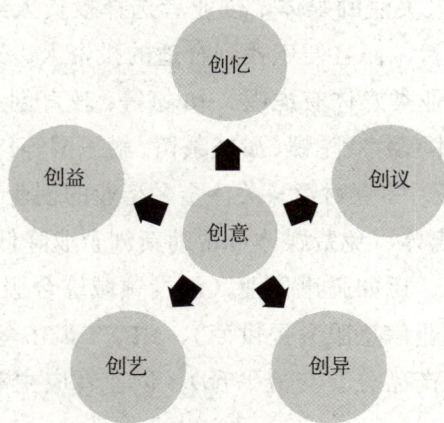

图 7-3 广告创意策略的"5 个 yi"

策略一：创忆。 创忆即创造记忆，让目标消费者容易记住。这要求广告必须简洁明了，如"保护嗓子，请用金嗓子喉宝"的广告。

策略二：创益。 创益即创造收益，如雀巢咖啡的广告"味道好极了"，就是向消费者明明白白地承诺它的好处。

策略三：创议。创议即创造生活的议案。根据消费者的使用时机、场合，创业者可提出不同的生活提案。如蒙牛公司的早餐奶和"晚上好"营养奶。

策略四：创异。创异即创造差异。如"农夫山泉有点甜"，把本来没有味道的水与竞争对手区分开来。

策略五：创艺。创艺即创造艺术性效果。如麦当劳的"婴儿篇"广告，当婴儿看见麦当劳标志时笑了，当婴儿看不见麦当劳标志时哭了，这产生了较好的艺术效果。

4. 五个媒体选择策略

策略一：塑造口碑为先。媒体选择的核心问题是如何与消费者发生关系。大众媒体重在品牌知名度的建立。而社交媒体的重心变了，重点关注口碑的塑造。旧媒体时代的口碑主要靠在大众媒体"烧钱"获得曝光的机会，很多创业者也因此损失惨重，断送了创业生涯。自媒体时代的口碑靠许多微小的声音，通过微博、微信、短信、论坛、BBS等，迅速串联形成强大的口碑力量。微博及微信成了人们等车、坐车、听演讲、等朋友、吃饭前、会议间等碎片化闲聊时间的最佳应用工具。

策略二：相信个体的力量。创业者要适时建立自媒体，不断分享信息，充分利用个体的力量。例如央视《对话》栏目制片人罗振宇辞职创业时推出了《罗辑思维》知识型视频脱口秀节目，同时启动了同名微信公众号，节目录制到第19期时，在优酷上累计获得超1000万次的观看量，微信公众号关注用户数超过10万。

策略三：选择投资人关注的媒体。创业者选择投资人经常阅读的媒体不但可以推广自己的产品或项目，而且便于找到合适的投资人。这类媒体通常聚焦某一行业或领域，如科技创业类媒体有虎嗅、36氪等；教育创业类媒体有芥末堆、多知网等；游戏创业类媒体有游戏陀螺、游戏茶馆、触乐网等。此外，还有拓扑社（关注企业服务行业的创业）、零壹财经（关注金融行业的创业）等媒体。

策略四：选择免费媒体。免费媒体可帮助新创企业降低创业初期的营销风险，一些免费媒体效果很好，比如腾讯创业（创投领域综合服务平台）、IT桔子（创投行业产品数据库及商业信息服务提供商）、NEXT（36氪旗下的新产品平台）、Demo8（创业邦旗下新产品分享交流平台）。创业者应主动寻找适合自己的免费媒体。

策略五：进行媒体组合。媒体组合策略很多，简单来讲，若营销预算多，创业者可考虑大众媒体与社交媒体相结合，若营销预算较少，则以社交媒体为主，但要注意微博、微信公众号和抖音的组合使用。创业者应积极探索适合自己的媒体组合方式。

三、撰写创业计划书

（一）《创业计划书》的内容

对创业者而言，必须自行决定《创业计划书》中应该包含哪些具体内容，以确保它的有效性。《创业计划书》的基本框架结构如下：

（1）封面。

（2）目录。

（3）执行概要。

①机会（尚待解决的问题或未满足的需求）；

②企业概述（企业如何解决这些问题或满足这些需求）；

③竞争优势（商业模式描述）；

④目标市场；

⑤管理团队；

⑥财务预测概要；

⑦企业需求描述（若面向潜在投资者，必须阐明需要的资本数额及其使用方案）；

⑧投资者退出战略（如果《创业计划书》面向投资者）。

（4）企业简介。

①机会（尚待解决的问题或未满足的需求）；

②企业描述（企业如何解决这些问题或满足这些需求、企业简史或背景、企业使命和目标）；

③竞争优势（商业模式描述、企业如何塑造持续竞争优势）；

④现状与需求描述。

（5）管理团队。

①管理团队（管理经验、管理能力、技术专长）；

②董事会（数量、构成）；

③顾问委员会（数量、构成、运作方式）；

④主要专业服务机构（法律公司、会计公司、企业咨询机构）。

（6）公司结构、知识产权和所有权。

①组织结构（组织结构图及其描述）；

②法人结构（组织的法律形式、所有权结构）；

③知识产权（申请或已批准的专利、商标和版权）。

（7）产业分析。

①产业描述，含产业趋势、产业规模、产业吸引力（成长期、成熟期或衰退期）

及盈利潜力；

②目标市场描述；

③目标市场内的竞争定位（竞争者分析）。

（8）营销计划。

①产品可行性分析与战略（产品战略、概念测试、可行性测试）；

②定价战略；

③分销渠道；

④促销和广告。

（9）运营计划。

①生产或服务的交付方式；

②合格劳动力的可得性；

③业务伙伴（类型、目的）；

④质量控制；

⑤客户支持（战略、内涵）。

（10）财务计划。

①未来3～5年的资本需求（资金来源和使用）；

②财务预测概述［介绍财务预测（预测的财务报表）的产生过程］；

③收益表；

④现金流预测；

⑤资产负债表；

⑥回购和退出战略（如果计划面向潜在投资者）。

（11）关键风险因素（管理、营销、运营、财务、知识产权侵犯及其他风险）。

（12）附录（支持性文件、创业者和关键员工简历、产品原型图片及其他文件）。

（二）执行概要

执行概要是整个《创业计划书》的快照或精髓，可以向忙碌的读者（或投资人）提供必须了解的新企业独特性质的所有信息。如果它未能激发投资者的兴趣，那么《创业计划书》的其他部分也就付诸东流了。创业者需记住：执行概要并非《创业计划书》的引言或前言，它是对整个创业计划高度精练的概述。

知识拓展

俞敏洪二十四年创业经验心得：输了再来，少谈情怀

历经二十四年，俞敏洪先生经历了创业路上的种种磨难。丰富的经历让他对早期项目有着异于常人的直觉。《中国合伙人》的故事虽然广为人知，但我们发现，在实际生活中创业者还是会在同一个地方绊倒。

直抵创业内核，相信俞敏洪先生的经验会对大家有所帮助。接下来，我们一起来倾听一下俞敏洪先生的经验分享。

不要伪创新、伪创业

我觉得现在的创业大环境有一定的误导性。我最近碰到很多不靠谱的创业者，说不好听的，有的连做人的基本道理都不懂的人还在创业。

异想天开的人特别的多，完全没有任何经验就要创业的这种人也很多，或者拿着商业计划书缠着你就想骗钱的人也有一堆。你想，我们这些人又不是眼睛瞎的，哪能随便给你钱啊，所以 100 份商业计划书 99 份基本都被拒掉。现在的创业者，有一点点想法就可以要几个亿的估值给你看。

现在很多所谓移动互联网的创新在我看来都是伪创新。理由非常简单的，他实际上就是通过移动互联网把原有商业模式去中间化，搞流量，然后再找商业模式。这点事大家都会。都是做培训机构，都是弄个地方开班就可以，为什么新东方能做到现在，和我同期的一些人还是几个班的规模？商业模式很容易复制，最后拼的是人和他调动资源的能力、速度。

人生总要有几次全身心投入的机会，这样才能淋漓尽致地体会人生。我鼓励大家去创业，但是不鼓励大家盲目创业。我比较主张创业人士积累一定的经验以后再去创业。大学还没毕业或者刚毕业就去创业，失败率会高很多。工作几年之后，有了一定经验和成熟的个性，与人相处比较圆润，对社会和想要创业的项目有相对透彻的了解，会更加容易成功一些。总而言之，创业是一件让人兴奋的事情，但也是一件极具挑战的事情，希望大家投入之前做好充分准备。

急事慢做

只有少数公司能成为平台公司，90% 的公司都是内容公司或者产品公司。如果是产品公司，那么，只有把产品做到极致，做到极其符合人性的程度，才会有人不断购买。而产品的打磨是需要时间的，急事慢做，就是任何事情，可以加速，但不能省略过程。

近悦远来

把你身边的人服务好，其他人自然就来了。还是以教育为例，服务好 100 个学生和 100 个家长，服务到他们完全认可你，最后会有越来越多的学生和家长也来购买你的服务。用我自己的话说是："把眼前的做好，一切就都好了。"

要活下去、要有大市场

大家开始创业的时候，我认为有两个要素很重要，第一，是眼前你做的商业模式和眼前你所做的事情能不能活下去；第二，你这个商业模式未来到底有怎样的大市场等着你。

我现在想，在今后的日子里，说不定能追马云一把，因为中国的教育领域是一个接近 2 万亿的市场，尽管没有中国的商品市场那么多，但它绝对是一个大市场，只不过教育市场的整合比开个淘宝店让大家上来买卖东西要更加难一点，因为教育更多的是个性化的选择。

我的个人体会是，一旦你走上了创业这条道，你就永远没有停止的时候，你最多就像一架飞机一样，难得检修一下自己，加点油，就得要再次冲上天空。我觉得自己现在还是个创业者，某种意义上也是在一次次冲上天空。本来新东方上市后大家认为万事大吉了，结果教育模式在高科技的引领下不断改变，现在，在高科技引领教育的时代，新的创业者和新的投资不断涌入教育领域，最后说不定哪天就会出现一家教育机构，用新的最符合科技和教育相结合的模式把新东方给颠覆了。

很多创业者喜欢谈情怀，我们可以谈情怀，但情怀一定是基于商业模式能够走通的前提之下。你讲故事讲了半天，最后你连盈利的模式都没有摸索出来，还谈什么创业呢？

第三节　创业政策

动手动脑

（1）你是否想创业？你的创业想法是否充分听取了行业相关人士的意见？

（2）你知道哪些创业政策？请简略地写出来。

_____

_____

_____

知识链接

一、国家促进高校毕业生创业政策

1. 优惠政策

（1）税收优惠。持人社部门核发"就业创业证"（注明"毕业年度内自主创业税收政策"）的高校毕业生在毕业年度内（指毕业所在自然年，即 1 月 1 日至 12 月 31 日）创办个体工商户、个人独资企业的，三年内按每户每年 14400 元为限额，依次扣减其当年实际应缴纳的增值税、城市维护建设税、教育费附加和个人所得税。对高校毕业生创办的小型微利企业，按国家规定享受相关税收支持政策。高校毕业生直接从事种植业、养殖业、林业、牧业、水产业生产的，其销售自产的初级农产品免征增值税；从事农、林、牧、渔业项目的所得税免征或减半征收企业所得税。

（2）创业担保贷款和贴息支持。创业的在校大学生和高校毕业生，可在创业地申请最长期限三年、最高额度 50 万元的富民创业担保贷款，合伙经营或创办企业的，可以提高贷款额度，并由财政据实全额贴息。

（3）免收有关行政事业性收费。毕业二年以内的普通高校毕业生从事个体经营（除国家限制的行业外）的，自其在工商部门首次注册登记之日起三年内，免收管理类、登记类和证照类等有关行政事业性收费。

（4）享受培训补贴。高校毕业生（含毕业前二年的在校大学生），参加经当地人社部门认定的创业培训项目（包括创业培训、实训等）并取得合格证书的，按规定给予创业培训补贴。

（5）免费服务。有创业意愿的高校毕业生，可免费获得公共就业和人才服务机构提供的创业指导服务，包括政策咨询、信息服务、项目开发、风险评估、开业指导、融资服务、跟踪扶持等"一条龙"创业服务。允许包括专科生在内的高校毕业生在创业地办理落户手续。

2. 自主创业大学生学籍管理规定

根据教育部有关文件规定，对有自主创业意愿的大学生实施弹性学制，放宽学生修业年限，保留学籍休学创新创业，建立创新创业学分积累与转换制度。

3. 高校对自主创业大学生可提供的条件

（1）学生参加创新创业、社会实践等活动以及发表论文、获得专利授权等与专业学习、学业要求相关的经历、成果，可以折算为学分，计入学业成绩。具体办法由学校规定。学校应当鼓励、支持和指导学生参加社会实践创新创业活动，可以建立创新创业档案，设置创新创业学分。

（2）学校可以根据情况建立并实行灵活的学习制度。对休学创业的学生可以单独规定最长学习年限，并简化休学批准程序。

（3）休学创业或退役后复学的学生，因自身情况需要转专业的，学校应当优先考虑。

（4）各地各高校建设一批大学生创业示范基地，继续推动大学科技园、创业园、创业孵化基地和实习实践基地建设，高校开辟专门场地用于学生创新创业实践活动，教育部工程研究中心、各类实验室、教学仪器设备等原则上都要向学生开放。

（5）各高校要优化经费支出结构，多渠道统筹安排资金，支持创新创业教育教学，资助学生创新创业项目。

4. 申请创业担保贷款

创业担保贷款按照自愿申请、社区推荐、人力资源和社会保障部门审查、贷款担保机构审核并承诺担保、商业银行核贷的程序，办理贷款手续。各国有商业银行、股份制商业银行、城市商业银行和城乡信用社都可以开办创业担保贷款业务，各地区根据实际情况确定具体经办银行。在指定的具体经办银行可以办理创业担保贷款。

二、江苏省促进高校大学生创业政策

入驻江苏省大学生创业园的企业可以享受第一年房租全免、第二年房租减半的优惠。此外，持"大学生创业证"的企业还可以申请创业成功奖、带动就业奖、场租补贴、社会保险补贴、企业稳定岗位补贴、创业小额担保贷款、优秀创业项目等优惠政策。

（1）一次性创业补贴。对首次成功创业（在本省领取营业执照或其他法定注册登记手续）并带动其他劳动者就业、正常经营六个月以上、依法申报纳税的高校毕业生（在校及毕业两年内），给予一次性创业补贴。

（2）创业带动就业补贴。高校毕业生（在校及毕业两年内）初次创办经营主体吸纳其他劳动者就业并与之签订一年以上期限劳动合同，按规定为其缴纳社会保险费的，可按实际带动就业人数给予创业带动就业补贴。

（3）创业场地租金补贴。高校毕业生（在校及毕业两年内）初次创业租用各类创业孵化基地（含大学生创业园、农民工返乡创业园及众创空间等新型孵化机构），可享受不超过三年的创业场地租金补贴。

（4）创业培训补贴。高校毕业生（含毕业前两年的在校大学生），参加经当地人社部门认定的创业培训项目（包括创业培训、实训等）并取得合格证书的，按规定给予创业培训补贴。

（5）创业项目补贴。毕业五年内的高校毕业生（含留学回国）或在校生在江苏省行政区域范围内已经实施的创业项目，可以参加省和地方每年举办的大学生优秀创业项目遴选，对入选为江苏省大学生优秀创业项目的，江苏省给予10万元的一次性创业项目奖励。

（6）社会保险补贴。对在市场监管部门首次注册登记起三年内的创业者，企业注销后登记失业并以个人身份缴纳社会保险费六个月的以上的，可按其实际纳税总额的50%、最高不超过1万元的标准，给予一次性补贴，用于个人缴纳的社会保险费。

三、昆山市促进高校大学生创业政策

昆山市对不同时期的创业大学生有不同的政策，主要分创业前期、创业中期、创业后期。创业前期的政策主要包括一次性开业补贴、入驻创业孵化基地租金补贴、非入驻创业孵化基地租金补贴、创业基地运营补贴等。

1. 创业前期主要优惠政策

（1）一次性开业补贴。

①补贴对象：毕业五年内高校毕业生。

②补贴标准：给予一次性开业补贴1万元。

③办理流程：企业申请——区镇劳动保障所会同劳动协管员上门调查——市人力资源管理服务中心审核、公示——补贴发放。

④补贴条件：在昆山市范围内领取营业执照并正常经营六个月以上，有固定的经营场所；在自办实体名下依法缴纳社会保险或以灵活就业人员参保；申请人与领取的营业执照上的法人代表一致；已参加昆山市人社部门组织的创业培训并取得创业培训合格证书或具有国家相关机构认可的创业培训合格证；申请人须在自办实体注册三年内（以成立日期为准）提出补贴申请。

⑤申报资料：营业执照、昆山市一次性开业补贴申请表、创业培训合格证书，毕业五年内高校毕业生提供毕业证书；在校大学生提供"在校参保证明"。

（2）入驻创业孵化基地租金补贴。

①补贴对象：进驻经昆山市人社部门认定的创业孵化基地的创业实体。

②补贴标准：据实给予创业租金补贴，每年最高不超过5000元，补贴期限最

长为三年，每年兑付一次。

③办理流程：向创业孵化基地提交申请——孵化基地汇总申报——市人力资源管理服务中心审核公示——补贴发放。

④补贴条件：在创业孵化基地内登记注册，入驻孵化基地稳定经营，在自办实体名下依法缴纳社会保险满一年，到税务部门进行纳税申报。

⑤申报资料：法人身份证、与孵化基地签订一年及以上租赁合同、租金发票等相关证明；营业执照、纳税申报表或完税证明；"昆山市入驻创业孵化基地租金补贴申请表"。

（3）非入驻创业孵化基地租金补贴。

①补贴对象：毕业五年内高校毕业生。

②补贴标准：补贴金额根据经营场所年租金据实给予补贴，每年最高不超过5000元，补贴期限最长不得超过三年。

③办理流程：租赁满一年后的次月提交申请——区镇劳动保障所初审——市人力资源管理服务中心复审、公示——补贴发放。

④补贴条件：已领取营业执照，正常经营且到税务部门进行纳税申报，依法缴纳社会保险费满一年。注册地址、实际经营地址、与租用场地地址一致。

⑤申报资料：营业执照、租房合同、租金发票（税务发票）、完税证明、经营场地实景图片、昆山市创业实体租金（运营）补贴申请表、毕业五年内高校毕业生提供毕业证书。

（4）创业基地运营补贴（自有住房创业者）。

①补贴对象：毕业五年内高校毕业生。

②补贴标准：按月给予水、电、宽带等创业基本运营补贴200元，补贴期限最长不得超过三年。

③办理流程：创业实体运营期满一年后的次月提交申请——区镇劳动保障所初审——市人力资源管理服务中心复审、公示——补贴发放。

④补贴条件：进行纳税申报，在自办实体名下缴纳社会保险费满一年。注册地址、实际经营地址与自有产权地址一致，实体经济者（法定代表人）需与房屋产权所有人一致。

⑤申报资料：营业执照、自有房屋产权证明、完税证明、昆山市创业实体租金（运营）补贴申请表、毕业五年内高校毕业生提供毕业证书。

2. 创业中期主要优惠政策

（1）创业社保补贴。

①补贴对象：毕业五年内高校毕业生。

②补贴标准：按照创业实体企业（雇主）缴费部分按月据实给予补贴，不包

括个人应缴纳的社会保险费。补贴金额最高不超过当年各险种参保缴费基数下限计算单位缴纳部分总和的 120%。补贴期限最长不得超过三年。

按"先缴后补、次月拨付"的原则发放，欠缴、补缴或中断社会保险费期间，不享受社会保险补贴。创业社保补贴与其他类别社会保险补贴不得同时享受。

③办理流程：企业首次申请——区镇劳动保障所初审——市人力资源管理服务中心复审、公示——补贴发放。

④补贴条件：依法注册，正常经营并在自办实体名下依法缴纳社会保险。

⑤申报资料：法人身份证、营业执照、昆山市创业社会保险补贴申请表；毕业五年内高校毕业生提供毕业证书。

（2）创业带动就业补贴

①补贴对象：毕业五年内高校毕业生、在校大学生及参加本市社会保险缴费满三年的外地户籍人员。

②补贴标准：按每年每新增带动一人就业给予一次性 3000 元的创业带动就业补贴，三年累计享受补贴不超过 10 万元。同一企业对带动就业的同一人只享受一次补贴。

③办理流程：每月 25 日前申报——区镇劳动保障所初审——市人力资源管理服务中心复审、公示——补贴发放。

④补贴条件：开业三年内招录本市户籍的登记失业人员，毕业五年内的高校毕业生就业，与其签订一年以上劳动合同且缴纳一年以上社会保险。

⑤申报资料：营业执照、完税证明，与招录对象签订的劳动合同书；招录高校毕业生身份证、毕业证书；昆山市创业带动就业补贴申请表；毕业五年内全日制高校毕业生提供毕业证书；在校大学生提供所在高校开具的在读证明。

（3）创业担保贷款担保费补贴。

①补贴对象：毕业五年内的全日制大中专院校毕业生，经人社部门认定的就业困难人员，持有效证件的复原转业退役军人、登记失业人员。

②补贴标准：按担保公司向借款人收取的 0.5% 担保服务费给予补贴。

③办理流程：创业实体向市农业农村局富民办提出申请——富民办会同区镇劳动保障所初审——市人力资源管理服务中心复审、公示——补贴发放。

④补贴条件：首次申请创业担保贷款中的"初创型"贷款且按时还本付息的。

⑤申报资料：昆山市创业担保贷款担保费补贴申请表、贷款结息清单、担保费发票原件；毕业后五年内的全日制大中专院校毕业生提供毕业证复印件；复原转业退役军人需提供退伍证复印件。

3. 创业后期主要优惠政策——创业注销补贴

①补贴对象：在昆首次注册登记三年内的创业者，其本人名下企业注销后登

记失业并以个人身份缴纳社会保险费（灵活就业身份参保，且同时缴纳养老和医疗保险费）六个月以上（不含领取失业保险金时间）。

②补贴标准：按符合条件的创业者本人名下企业存续期间纳税总额的 50% 给予一次性补贴，补贴总金额最高不超过 1 万元。

③办理流程：个人申报——区镇劳动保障所初审——市人力资源管理服务中心会同工商、税务、财政部门联合审核——公示——补贴发放。

④申报资料：创业企业注销补贴申请表；注销核准通知书；注销前企业注册登记查询证明。

4. 创业孵化基地建设资金补贴

（1）经评估认定为昆山市创业孵化基地（大学生创业园），给予 10 万元建设资金补贴；

（2）被认定为苏州市创业孵化基地，给予 20 万元建设资金补贴；

（3）被认定为省级创业孵化基地，给予 30 万元建设资金补贴。

知识拓展

闪亮的日子：青春该有的模样

刘某，籍贯湖北荆州，高级工程师，硕士毕业于上海同济大学物理系，博士就读于同济大学材料学院。本科及硕士阶段主要专业为"电子信息、半导体材料物理"，博士专业为"能源与环保"，其创业经历入选上海市 2022 年大学生创业人物事迹。现为同济大学校友产业联盟理事、上海市计算机行业协会理事，受聘同济大学创新创业导师、上海市计算机应用工程系列职称评审专家。

创业不是生意，是一项长期的事业

作为技术和学术型创业者，他创业之初就把做企业定位为一项长期的事业，以做一个可持续的企业为己任，以创造一个品牌为目标。上海济丽信息技术有限公司是刘红创建的第一家公司，主营业务产品为"显示与控制系统、裸眼 3D 大屏系统"，早期通过同济大学科技园孵化毕业，目前已经成长为一家集团化架构的企业，旗下分子公司包括北京济丽、深圳济丽、广州济丽、江苏济丽、武汉济丽、陕西济丽和济丽智能。具有完善的企业管理体系、产品资质体系和较大的行业知名度，打造的产品应用案例遍布全国。公司是国家高新技术企业、上海市专情特性企业、上海市杨浦区科技小巨人企业、上海市和谐劳动关系达标企业。

为打磨好产品，为中国智造贡献力量，长期注重自主研发和自主知识产权体系建设，目前公司具有科技成果 10 余项，其中 1 项获得上海市高新技术成果转化 A 类认定，申请及授权发明专利 19 项，软件著作权 24 项，发表在国内学术期刊技术论文 20 余篇。

为塑造好品牌，为中国创造添砖加瓦，他注重员工学习和个人成长，自身边创业边攻读博士学位，坚持学习，将企业发展与个人成长紧密结合。在 2020 年年初"新冠疫情"突如其来的湖北封控期间，他笔耕不辍、学习不止，撰写并发表技术论文 3 篇，整理专利材料 6 项。同时，公司搭建员工学习和培养平台，目前已拥有全职或兼职高级职称人员 7 人，中级职称人员 12 人，注册建造师 3 人。

创业无止境，学以致用再度创业

博士在读期间，他致力于研究"能源与环保"的国家参与全球竞争的战略新方向，时刻关注前沿技术和市场所需。将研究的课题"蓄光发光新能源材料"结合当下的"碳中和"战略，致力于将储能自发光材料产品化。他于 2021 年年初成立"上海同晔科技有限公司"，并在当年以"新型节能环保蓄光发光材料开发及产业化"项目获得"上海市大学生创业基金"和"上海市觉群大学生创业基金"的双重支持。

目前，"同晔科技"已获得自主知识产权 10 余项，开发自发光新产品已经获得多个示范型项目应用，涉及文旅景区、乡村振兴建设、道路标识标线改造等。并与湖北省荆州市完成签订产业化落地协议，依据协议，由荆州市提供大量应用场景和前期市场支持，将大力推进碳中和新材料及产品的应用产业化。

源于同济，反哺母校

在同济深造，又在同济科技园创业，在创业中融合同济的优秀学科与科研成果，刘红始终保持一颗感恩的心，时刻关注母校和同济科技园的发展，将公司的企业文化"坚持、学习、相信、分享"用行动时刻诠释。多年来，持续为同济创业谷、同济校友会、大学生就业指导中心捐赠多批次的企业自产显示设备，为同济大学生暑期夏令营捐款资助，并与同济大学物理学院签订长期学生实习基地协议，帮助学生就业和创业。2022 年年初"新冠疫情"肆虐上海，同济大学封控期间，消耗巨大，尤其蔬菜等物资紧缺的关键时刻，刘红第一时间为同济大学募集捐赠了 20 余吨新鲜蔬菜。

课后思考与实践

头脑风暴——你最需要什么样的牙膏

规则：参与同学扮演创业者，进行新牙膏产品创意开发；自由发挥，打破常规思维；不准相互批评；数量越多越好，鼓励对创意合并和改进；不迷信专家观点。

步骤一：将参加的同学分组，6～8 人一组，写下组长姓名。

组长姓名：_____。

步骤二：个人头脑风暴。

每个人发挥想象力、创造力，写出至少 10 个新牙膏的创意：

_____

_____

_____

_____

_____

步骤三：小组分享与碰撞，激发新创意。

将小组认为最好的两个新牙膏的创意写在下面：

_____

_____

_____

_____

_____

步骤四：各组与全体同学分享创意。

由全体同学投票，选出一个最佳创意：

_____

_____

_____

_____

模块八　职场管理

明白事理的人使自己适应世界；不明事理的人想使世界适应自己。

——萧伯纳

学习目标

1. 认识职场与校园的差异，做好迈入职场的准备并尽快适应职场；
2. 掌握职业发展的基本理论，通过自身努力在职场中获得良好发展；
3. 了解职业发展常见的瓶颈，掌握进行有效职业评估和调整的方法。

迷茫与困惑

　　小夏是广告设计的大三学生，在校期间表现非常优秀，眼看就要毕业了，她对自己未来的工作有很多的想法，去面试了几份工作也没有找到适合自己的工作，美好的理想在现实面前显得非常脆弱，回到学校后她特别失落。心想：为什么现在的企业薪资不高，要求还真不少，要找一份理想的工作太难了，我该怎么办呢？难道学校是象牙塔，走出象牙塔，我就没有自己的用武之地了吗？

　　小周和小陆是大三的毕业上，在学校现场招聘会上，两人找到心中理想的工作，可工作不到一个月，她们却面临了各种考验，已经开始在纠结，要不要继续干下去？她们说出了入职一个月以来自己所面临的各种烦恼，一次小周上班迟到了 10 分钟，部门会议开始了，慌乱之间冲了进去，结果会后被主管批评，并扣除了当月的全勤奖；还有一次小陆在工作中，将客户快递的地址弄错了，导致重要的快递没有在要求的时间送达客户，客户向公司投诉，挨了主管的批评，并告知如有类似的情况发生试用期考核直接不合格；工作一个多月以来，两人特别不适应，总怀念在学校的日子，总觉得自己就是一个试用期的员工，为什么公司的规定那么多，主管和周围的同事都不那么友好，客户还那么挑剔，我这工作要怎么干下去呢？

　　从以上案例同学们可以感受到，职场和校园是两个不同的场所，在学校表现优秀的同学，在工作中依然会遇到各种新的问题，也需要经受住多方面的考验。如果你能提前意识到学校与职场这两者的差异，提升自我的适应能力和工作能力，在工作中积极应变、主动求变，一定能适应职场并赢得良好的职业发展。

第一节　走进职场

动手动脑

（1）毕业后，你理想的工作是什么？为了获得这份理想的工作，你在校期间需要做哪些准备？

_____

_____

_____

（2）作为一名职场新人，你认为校园和职场有哪些差异？我们应该如何适应这种差异带来的变化？

_____

_____

_____

知识链接

一、认识职场

大学是人生的关键阶段。因为，这可能是你最后一次系统地接受教育；也可能是最后一个可以拥有较强的可塑性、集中精力充实自我的成长历程；也可能是最后一个在相对宽容的、可以置身其中学习为人处世的理想环境。

大学阶段是人生重要的转折期。通过这个转换阶段，我们从一种状态——学生，进入到另一种状态——职场人士（社会人）。毕业后，站在人生新的起跑线上，很多人都会感到迷茫，需要重新定向。因此，在当今就业竞争日益激烈的大环境下，做好自身的事情，全面提升个人的能力显得尤为重要。

课堂活动

　　在你的认知世界中，大学毕业意味着什么？试着从你能感知的变化中，谈一谈自己真实的想法（列出最为重要的 2～3 点）。

_____

_____

_____

　　大学毕业意味着生涯角色的转换及增加，大学生最重要的社会角色将变为工作者。这时候，很多学生既有对校园、对同学的不舍，也有面对未来的激动、茫然和焦虑，会面临多方面的压力和挑战。在面对各种困难时，学生首先要进一步去思考，校园环境和职场环境、老师与老板、学校学习与工作学习之间的对比（见表 8-1），以便帮助自己更好地适应新的环境、应对可能发生的困难。

表 8-1　校园环境与职场环境的对比

校园环境	职场环境
1. 弹性的时间安排 2. 你能够选课 3. 更有规律、更个别的反馈 4. 长假和自由的节假日休息 5. 问题有正确答案 6. 教学大纲提供清晰的任务 7. 分数上的个人竞争 8. 工作循环周期较短 9. 奖励以客观性标准和优点为基础	1. 更固定的时间安排 2. 你不能缺工 3. 无规律和不经常的反馈 4. 没有假期，节假日休息时间少 5. 很少有问题的正确答案 6. 任务模糊、不清晰 7. 按团队业绩进行评估 8. 持续数月或数年的更长时间的工作循环 9. 奖励更多是以主观性标准和个人判断为基础
老师的要求	老板的要求
1. 鼓励讨论 2. 规定完成任务的交付时间 3. 期待公平 4. 知识导向	1. 通常对讨论不感兴趣 2. 分派紧急的工作，交付周期很短 3. 有时很独断，并不总是公平 4. 结果利益导向
大学的学习过程	工作的学习过程
1. 抽象性、理论性的原则 2. 正规的、结构行动和象征性的学习 3. 个人化的学习	1. 具体的问题解决和决策规定 2. 以工作中发生的临时性事件和具体真实的生活为基础 3. 社会性、分享性的学习

　　大学生毕业进入职场后，一定要明白自身角色的转变，尽可能以职场人的眼观来看待工作中的问题，褪去学生的身份，试着从老板的角度、上司的角度、员

工的角度来强化自己的职业认同。在工作中，要树立信心，具备较强的抗挫能力，培养沟通协调能力以及独立担当的能力，在困难中试图找到解决问题的答案，为未来的职业发展奠定良好的基础。

二、职场准备

对于刚毕业的大学生而言，在就业前应做好充分的准备，如拥有扎实的专业知识，行业或专业所必备的技能证书，以及良好的职业素养等，这些都是职场人所必备的武器。

课堂活动

根据你所学的专业，查阅相关的职业及岗位要求，列出你意向从事的职业所需要的职业技能和必备能力。

_____

_____

_____

随着社会发展，科技感和智能化日益普及，各行各业对职业技能的要求不断提高。尽管每个职业所需要的专业技能不尽相同，但总的来说，各个职业所需要具备的专业知识和能力都有一些相通之处。

1. 知识准备

（1）专业知识的准备。专业知识主要是指该职位所必须具备的专业技能，扎实的专业知识是获得理想职位的必备条件。由于用人单位在实际工作中更加注重工作能力，某些学生在校期间就产生了专业知识并不重要的错觉，认为专业知识在以后的工作中用处不大，学习起来就很懒散，不用心。事实上，在同等条件下，用人单位在无法直观快速地考察哪位求职者更优秀时，在校的学习成绩特别是专业课的成绩，或者是在该专业领域所取得的重要技能证书，就成为在众多求职者中脱颖而出的重要因素。因此，不管是什么专业，学生在校期间一定要注意知识的积累，特别是专业知识的积累和专业技能的提升。

（2）非专业知识的准备。非专业知识主要是指可在各行业通用的知识，它是对所学专业知识以外的其他知识的统称。非专业知识也是用人单位选拔人才的重要依据。非专业知识涵盖面很广，从某种意义上代表了学生的综合素质，综合素质也是在职场上竞争的重要砝码。

2. 能力准备

学生能否胜任某个岗位，除了可以从知识方面对其进行考察，还可以从能力方面对其进行考察。能力是直接影响活动效率、使活动顺利完成的个性心理特征。通常对一个职场人能力的要求主要包括表达、沟通与协作、学习、创新、逻辑思维、应变、决策、实践操作等方面。

（1）表达能力。表达能力是指一个人把自己的思想、情感、想法和意图等，用语言、文字、图形、表情和动作等方式清晰明确地表达出来，并利于他人理解、体会和掌握的能力。表达能力主要包括语言表达能力和文字表达能力两个方面：语言表达能力是指"口才"。若"口才"不佳，其自身的职业发展容易受到限制。语言表达能力从某种程度上体现了一个人的综合能力，需要长期锻炼培养。文字表达能力是指一个人将需要表达的内容通过文字的形式呈现出来的能力。文字表达能力在未来的工作总结、工作汇报、文案策划中都发挥着重要的作用，将有利于对未来的职业发展。

（2）沟通与协作能力。沟通与协作能力主要考察一个人在团队中是否可以很好地与他人相处合作，并且发挥出其自身的最大作用。当今社会上，一个项目、一项事业能否成功，依靠的不再是一个人的个人能力，而是团队的力量。沟通与协作能力要求一个人在团队中首先做好自己的事情，然后要信任他人，包括信任他人的工作能力、工作方式。个人在团队合作中应注意换位思考，这是高效发挥团队能量、提高自身协作能力的关键。切忌遇事推诿，或者存在将责任推给他人的思想。

（3）学习能力。学习能力就是学习的方法与技巧，是所有能力的基础。评价一个人学习能力的指标一般有六项，即专注力、成就感、自信心、思维灵活度、独立性和反思力。学习能力的强弱在一定程度上反映了一个人能否很好地适应新的环境、新的工作。通常来说，可通过视觉型、听觉型、触觉型三种方式提升学习能力。视觉型即通过视觉来学习，要求学习者有较强的观察能力和视觉记忆力，主要表现在学习者只要看了某事物，就能很快理解并且记牢；听觉型即通过听觉来学习，要求学习者能够很容易地掌握他人所讲解的内容；触觉型即通过肢体语言表达来学习。通常采用这三种方式的结合，注重从三方面进行训练。

（4）创新能力。创新是人类社会进步的根源，它以现有的思维模式提出有别于常规的见解，通过利用现有的资源，改进或创造新的事物（包括产品、方法、元素、路径、环境），并获得一定有益的效果。培养创新能力是与时俱进的要求，从某种意义上来说，具备良好的创新能力，就意味着具有较高的潜在价值和发展空间。当今社会，身在职场中创新能力被看作一种不可多得的能力。对个人而言，不让思维受限，善于发现新事物，善于从新事物中获取信息，并应用于现有事物，就是一种创新。

（5）逻辑思维能力。逻辑思维能力是个人对各种信息的理解、判断、分析、综合、推理等形成的综合能力。作为职场中人，逻辑思维能力通常能让我们从复杂的事情中"解脱"出来，快速厘清事情的来龙去脉，直击事件的核心，从而解决问题。在职场中，特别是一些专业岗位（如程序员等）、管理岗位，都需要较强的逻辑思维能力。

（6）应变能力。应变能力可以理解为个人处理突发事件的能力。紧急情况下，如果事态不能迅速控制，后果往往不堪设想。这就要求学生必须具有一定的应变能力，能够更好地面对并处理突发事件。处理突发事件时应当按照程序进行。首先，迅速控制事态，防止事态继续发展，尽量将其影响控制在源头。其次，需要应变处理，突发事件与常规事件不同，需要灵活地运用以前的经验。最后，需要善后处理，要及时总结经验教训，提高应变能力，防止类似事件再次发生。

（7）决策能力。在职场中，不管是一般岗位还是关键岗位，肯定都会碰到各种需要当事人当机立断、即刻处理的情况，而对事情处理的程度也受当事人决策能力的影响。决策能力是对未来行为目标的决断和选择的能力，良好的决策能力可以让个人、企业少走弯路、少犯错误，以较小的代价达到目标效果。因此，学生应培养独立的决策能力，即从日常小事做起，在学习生活中，不能事事让父母、朋友拿主意，可以适当听取他人的意见，但最终还得自己来做决定。

（8）实践操作能力。也称动手能力，主要是把创造性思维变成实际的成果。这种能力对于学生来说是最需要培养的，因为在校期间更多是注重专业理论知识的学习，或在一些基础理论实验室进行简单常规的动手训练，实践能力较弱。而在工作中，如果只懂专业理论，而不具备实践操作能力，将难以受到用人单位青睐。学生在校期间要积累知识、学好文化理论，同时要积极参加模拟实验、实习实训、勤工俭学等，着重培养和提高实践动手能力，以满足未来的工作需求。

三、职场适应与调适

职场角色是一种重要的社会角色，在享有这种角色带给你的权利和义务的同时，也应符合企业、社会对于这个角色的职业期待。因此，作为初入职场的大学生，如何面对工作，心态的调整至关重要。首先要接受现实，承认自己即将进入职场，必将面临更多新的挑战，要从思想上做好接受挑战、实现自我成长的心理准备。作为职场新人，要尽量做到以下几点：

1. 保持积极主动的心态

大学生从小到大主要扮演着孩子、学生、休闲者的角色，对于其他角色尤其是工作者角色缺乏经验、不太适应，表现不好起初关系不大，但最为重要的是无论遭遇什么挫折、受到什么委屈，都要把它们看成生活中平常的事情，是个人成长的必要经历，并从这些经历中吸取经验、教训，逐步适应和熟悉各种角色。面对挑战，要保持积极的心态，调整自己的情绪，尽快适应环境，要想办法调整自己来适应职场、适应社会。

2. 明晰自己的各种社会角色

各个角色是不同的，它们的目标、解决问题的方法和遵循的原则都不尽相同。随着年龄的增长，大学生在社会中扮演的角色会逐渐增多，要逐渐学会把各种角色区分开，清晰地做出判断和快速地进行角色转换。在工作中，不要用与家中长辈交往的原则来处理与上司的关系，也不能用与同学、朋友交往的原则来处理与同事、客户的关系。身在职场，应逐步摸索职场的门道，按照职场人所应履行的职责来要求自己，不断走向成熟。

3. 担负起各个角色的责任

很多学生刚参加工作，就经常抱怨工作简单枯燥。诚然，有一定难度的工作能够激发人的工作热情，但是在企业中，很多工作都有一定的重复性，如果工作时间不长，就总是认为自己的工作缺乏成就感、没有价值，是很难把目前的工作做得非常出色的。作为初入职场的毕业生，如果连普通的工作都做不好，企业又怎敢把有难度的工作交给你去做呢？海尔 CEO 张瑞敏说过一句话："什么叫作不简单？把简单的事情千百遍都做好，就是不简单。什么叫作不容易？把大家都认为容易的事情非常认真地去做好，就是不容易。"很多情况下，主管安排新人做简单枯燥的工作，一定程度上是为了考察新人的责任感。具体到实际工作中，对分配给自己的任何任务，应抱着主动负责的态度；只有负责任，才能认真完成每一件小事，只有把小事做好，自己又主动要求，才能争取到做大事的机会。

4. 树立信心

自信是刚毕业的大学生在职场站稳脚跟的基础，一些学生进入职场后发现自己"大学几年什么都没学到"，一下子感到很自卑，觉得自己各方面都不行，过度贬低自己，对工作失去信心。事实上，理论与实践虽然有很大的差别，但理论是根据实践提炼出来的，可以指导实践。大学生要相信自己在大学接受了系统的专业训练、学习了那么多理论知识后，只要勤于思考、虚心请教，很快就能够掌握相应的工作技能，适应岗位需求，成为企业中优秀的人才。但是，大学生在相信自己的同时，对周围的一切人和事还要有包容的心态。进入职场，由于工作岗位分工不同，人的素质不尽相同，工作环境也不一定尽如人意，此刻大学生应明白和接受这是社会现状，要学会接纳这些人和环境，然后用自己的行动来影响和改变，在工作中彰显自己的价值，实现自己的职业目标。

知识拓展

四个诀窍教应届生如何快速适应职场!

成功面试,爽快入职,就意味着应届生可以在职场中无忧无虑了吗?相信每一位应届生都有不可取代的闪光点,但并不代表所有的应届生都能快速地适应职场。想快速适应职场的应届生们,赶快收下这四个诀窍吧!

其实这四个诀窍就是应届生进入职场后按先后顺序应该解决的四个问题,关于每个诀窍的细节要点如下:

(1)先解决生存问题——应届生在职场中要解决的生存问题就是先找一个靠谱的工作,不是那种干几天就跳槽的工作。如果这个问题解决不了,应届生在职场中就会长期处于不停地找工作的状态,还有什么机会去适应职场呢!所以,连生存问题都不能解决的应届生,想快速地适应职场,基本上是不可能的事情!解决这个问题的思路:如何找一个靠谱的工作?可以从简历、行业、职位以及老板多方面选择,选择的依据就是自己的兴趣、专业以及梦想!

(2)再考虑发展问题——解决了职场生存的问题,接着就可以考虑发展的问题了。对于刚入职的大学生来说,职场发展的问题是:如何在本职位上快速做出成绩,实现晋升加薪,以及如何快速在职场中实现自己的梦想等。如何考虑呢?给大家一个思路供参考:可以先在职场中找一个标杆(就是你要超越的对象,但一定要确保超越了这个对象就能解决发展的问题,也就是要找对人),然后再列出超越计划、实施步骤以及调整方案等。

(3)处理好关系问题——这里的关系有:和同事的关系、和领导的关系以及和老板的关系。只懂得把工作干好,不懂得维系职场关系,也是应届生不能快速适应职场的一个原因。有很多大学生都曾因为职场关系的问题而在职场中做出冲动的行为,比如,跟同事的小误会、跟领导的小纠纷以及跟领导的小计较等而做出离职的冲动决定!这样的举措都不利于应届生适应职场,职场中与这些人的关系处理不好对工作是极为不利的。

(4)最后是心态问题——以上三个阶段该做的事情都做好,想快速地适应职场那就是心态的问题了。比如许多应届生会在职场中较真公平的问题,其实这就是关于心态的问题。如果心态不对想不开,就会令应届生陷入无穷的迷茫和疑惑中,从而对职场产生错误的认知,并对自己的工作和未来造成一定的影响。而且职场中还有更多令大学生一时想不开的细节和现象,如果应届生一直纠结于这些,是很难快速适应职场的,一定要积极调整心态,把眼观放长远。

适应是为了完成自己的职业愿望，并不是为了随波逐流、亦步亦趋。所以在工作中应该自己仔细琢磨，认真思考总结，在学会以上四个诀窍的基础上探究出一套自己的适应法则。

第二节 职业发展

动手动脑

（1）当你在进行职业选择时，哪些是影响你做出选择的重要因素？

_____

_____

（2）立足于职场，你认为有哪些职场宝典可助你快速实现职场发展？

_____

_____

知识链接

随着近年来应届毕业生人数的不断增加，加之世界疫情和经济下滑的影响，就业形势异常严峻。然而，大家是否思考过，就业难的原因是什么？当然，不可否定的是就业难确实存在一些客观因素，而作为个体，更应从自身方面做出努力。根据智联招聘和前程无忧网站发布的数据显示，很多大学生找不到理想工作的原因还是自身职业定位不清晰，职业素质和就业能力存在着一些不足。如何破解这一难题，首先从职业定位开始，明确职业选择需考虑的因素；其次从职场实习开始，通过职场生活体验、社会实践以及职业经验的积累，实现从校园到职场的转换，进一步明确职业发展的目标，从而成长为一名优秀的职场人士。

一、职业选择

对于即将毕业的大学生来说，选择一份有发展空间的职业，选择一份适合自己的职业对未来的职业发展是非常重要的。但是对于初入职场的你，在缺乏职业经验的基础上，如何合理地进行职业选择呢？

🔔 课堂活动

根据自己的生活经历和职业体验，试着列出影响你职业选择的前三项因素。

_____

_____

_____

通过一些就业网站的调查发现，大学生在择业时，依次主要考虑以下几个因素：薪资福利、自我价值的实现、专业及个人兴趣、工作环境、背景变量、社会需要、工作稳定性、社会地位等，这些因素是择业时考虑的主要因素，不过各因素对职业选择的影响是因人而异的。

通常来说，大学生在择业的过程中会进行多方面的考虑，至于如何做出更为科学和理性的选择，应考虑以下几方面因素：

（1）职业理想。职业理想对于有特定职业追求的求职者来说是首要考虑因素。一些大学生，在大学期间已明确了自己的职业理想，在毕业之后职业理想是其要为之奋斗的目标，因此在择业的过程中会有很强的针对性，会确定在某一专业领域深耕发展，这对于职业理想目标的达成是非常有益的。有这种职业理想的学生，对自己和职业都有较为清晰的认识，在未来的职业发展中将会创造更多的条件来实现自己的职业理想。

（2）职业兴趣。职业兴趣决定了你是否喜欢这个职业，职业理想在客观上确定了你要做什么（因为你要实现理想），而兴趣是在主观上确定你喜欢什么，不喜欢什么。如果理想和兴趣能达成一致，或者你因为兴趣而调整理想，或者因为理想而培养兴趣，将有助于你实现职业目标。职业兴趣可以通过职业测评来了解，从长远的职业发展来说，职业兴趣在职业生涯发展过程中占据了极为重要的比例，以至于很多在某一领域取得了非凡成就的人物，都谈到职业兴趣对职业生涯发展的重要影响。

（3）职业能力。职业能力是从事一项职业的基础，尤其是对于专业性强的职业来说，必须具备一定的职业能力或达到一定的职业资格才有机会选择该项职业。职业能力是由具体的一个个职业客观决定的，就是说如果你要做好这项工作，必须要具备最基础的职业能力（专项职业能力）。当然，职业能力可以通过多方面的学习和锻炼培养出来，但总体上来说还是和所学的专业有密切关系，很多技术性很强的专业，只有学生在校进行了专业而系统的训练后，才能获得相应的专业资格证书。大学生在择业时，既要考虑自己的专业能力，又需要考虑自己具备的通用职业能力，从而在就职的过程中充分发挥自己的优势。

（4）薪资福利。薪资福利及职业的潜在收入空间是影响大学生进行职业转换的重要因素，同时也影响着对职业和生活的满意度。对于刚毕业的大学生来说，生活需要主要依靠工作所带来的收入，因此薪资收入空间也成为一个考虑的重点因素。很多职业会有一定的行业薪资标准，对于不同的企业而言，企业有其固定的薪资体系结构，尤其是一些世界 500 强的大型企业，薪资福利体系相对比较完善，大学生在进行职业选择时，需要充分了解该单位的薪酬制度和岗位轮换制度，并合理调整自己的薪资期望值，对职业发展空间进行合理的评估，从而获得良好的职业发展。

（5）家庭支持。家庭对大学生择业的影响主要表现在两方面，一是父母的职业对其潜移默化的影响，导致大学生毕业时会选择或不选择与父母相同的职业，如父母都是医生，那么学生在上大学时就很可能选择医学专业，毕业时所从事的职业也就是医生；反之亦然。二是父母左右学生的职业选择，如父母希望学生工作地点离家近，或让学生去做他们认为有发展或比较稳定的工作等，虽然父母的影响因人而异，但对于刚毕业的大学生而言，也会适当听从父母的意见或建议。在职业发展的过程中，有了家庭的支持，可以增进家人对自己职业的认可和关心，对个人价值的实现和家庭幸福都是非常重要的，大学生要进行较为长远和全面的考虑谨慎做出职业选择。

当然，除了以上这些因素，比如社会需求、行业发展前景、城市环境以及个人的职业经历等因素都会对职业选择产生一定的影响，学生在进行职业选择时，要根据自己的情况进行综合考虑，做出适合自己理想的职业选择。

二、职业实习

实习是大学生走向就业之路的前奏，也是走向就业之路的重要一环。实习作为大学生真正就业前的实践教学环节，其质量与学生就业能力和就业竞争力的提高息息相关。

职业教育需要将理论与实际相结合，才能培养出符合社会需求的综合性高素质人才。对于学校而言，实习有助于培养既掌握理论知识又具备实际工作经验和实践能力，既了解社会、企业和技术发展状况又具备吃苦耐劳和艰苦奋斗的精神，既有远大抱负又脚踏实地从点滴做起的技术人才。对于学生个人而言，通过实习实践能加深对所学理论知识的理解，并尽可能将所学知识应用到实践中去解决实际问题，作为对自己知识和能力的一次初步检验。通过在实际工作中重新认识和评价自我，发现自己的长处和短处，分析和发掘自己的职业兴趣，培育团队协作精神，为未来实习就业进行一次思想准备，并为今后的学习确定一个明确的方向和目标。

课堂活动

查阅相关的资料，试着列出找到一份的实习工作的方法和步骤。

_____

_____

_____

通过查阅相关资料可以发现，获得实习工作机会的途径很多，如学校安排的课程实习、企业校园招聘、各类网站的招聘、亲戚朋友的介绍，等等。在目前就业压力下，不少大学生为了顺利就业，渴望通过多份实习并行而让求职简历更亮眼。而且，科技和互联网等行业的飞速发展，以及整体工作大环境的潜在变化，使部分工作在线上即可完成，这为大学生尝试线上线下实习提供了客观条件。

下面以前程无忧网站的实习岗位为例，介绍如何在网站中筛选出适合自己的工作：

1. 输入网站：www.51job.com

51job 网站的主页面如图 8-1 所示。

图 8-1　51job 网站的主页面

2. 打开搜索界面

在网站输入"实习生"岗位，选择意向工作地点，意向从事的行业、期望的薪资等相关信息即可搜索出你想要的实习岗位和企业（见图 8-2）。

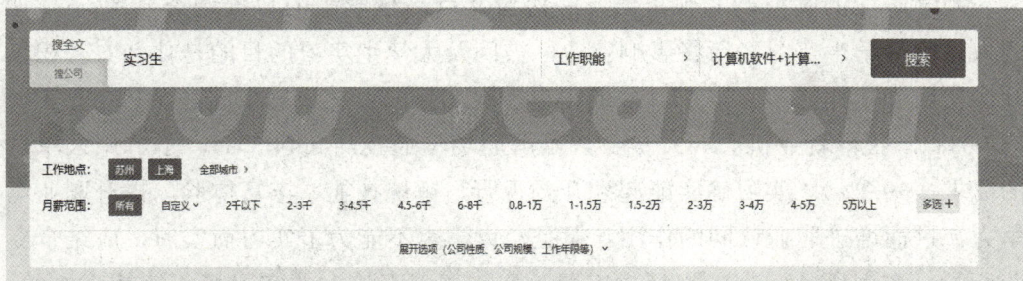

图 8-2　51job 网站中搜索界面

3、投递简历

根据列出的岗位信息（见图 8-3），逐个筛查找出适合自己的企业并进行网上申请，投递相应的简历和求职材料。

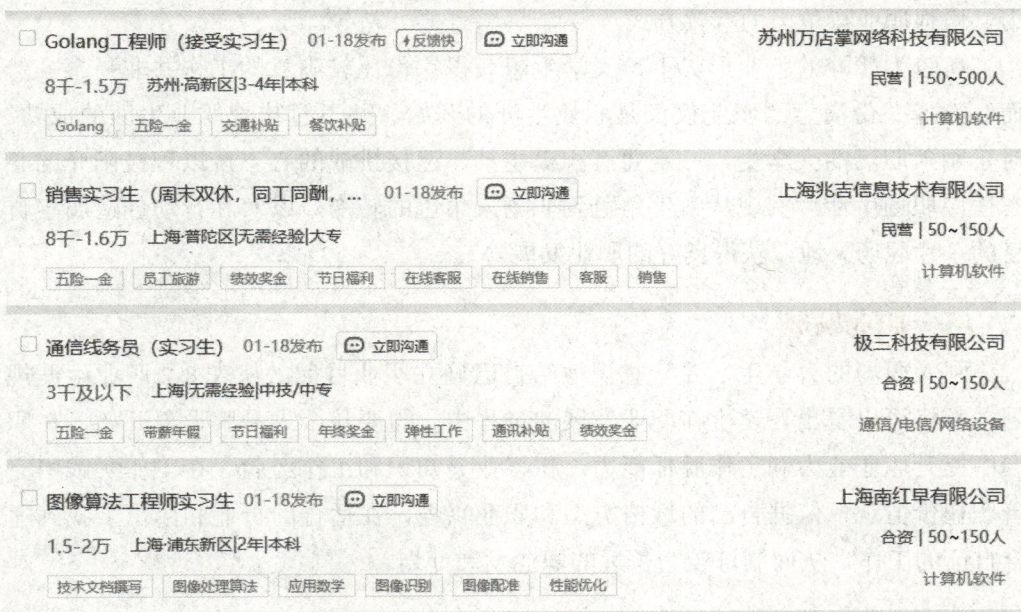

图 8-3　51job 网站中搜索结果

4. 准备面试

准备好面试资料，精心做好面试准备。如面试成功，便可以开始实习工作了。

大家在实习的过程中，一定要增强自我保护意识，注意辨别实习信息的真伪性，要通过正规的网站查找和辨认实习相关信息，谨防以实习或兼职形式的诈骗。

另外，现在很多大型企业都通过招聘"管培生"进行人才储备，学生可以在各大网站或通过校园招聘的形式参加管培生的竞选和面试，抓住管培生这个机遇，进入名企实习和工作，提升就业质量，为以后职业发展奠定良好的基础。

大学阶段的实习确实很重要，一份对北京高校学生的数据调查显示：63.6%的人认为大学生实习经历将影响就业，被问及大学生实习的目的是什么？"积累社会实践和工作经验"以72.1%的得票率排名第一。接下来的排序为：专业实践（57.3%），获得就业机会（51.7%），了解职场沟通技巧（44.5%），了解用人单位的需求（39.3%）。实习确实能起到开阔视野、锤炼技能、丰富体验、提升职业竞争力，进而增进职业认同的作用。但是，大学生不能为了实习而实习，应结合专业所学、个人所长，带着规划去实习，在"真刀真枪"的实习场所练就真本领，力求实习与未来求职方向一致，在实习过程中真正有所提升。如果时间和精力不允许，也要做出取舍。

当然，提升职业能力有多种途径，实习并不是丰富简历的唯一途径，学生应对实习持有客观的态度。除了实习之外，多读一些好书，多听一些高质量的讲座，多参加一些有价值的校园活动，多与行业专家学者深入交流……这些都是提升能力、增强职业竞争力的有效方式。

在较为严峻的就业形势下，大学生想获得一份比较满意的工作并非易事。然而，选择一份满意的职业仅仅是职业生涯的开始，并不意味着职业生涯的成功。对于刚入职场的大学生，一定要有积极主动、迎接挑战的心态，以积极阳光的心态适应职场生活，实现从学生角色到职场人角色的转变，以实际行动创造属于自己的一片职场天地，获得良好的职业发展。

三、职业发展

刚入职场的大学生，要有意识地给自己确立职业目标。从表8-2职业生涯规划九宫格可以看出，学生在职业发展的过程中，需要从个人品牌形象开始，在职场中提升职业能力和工作胜任能力，积累业务知识和工作经验，在工作实践中完善职业价值观，依据自己的性格类型和职业兴趣，在适合的行业和岗位上找到适合自己的工作，从而制订较为长远的职业发展计划。

表 8-2　职业生涯规划九宫格

个人品牌 我希望将来进入职场后给他人留下什么印象?		
能力倾向及工作胜任力 为了在工作中表现出色，我应该培养哪些能力素质?	工作价值观 我工作是为了什么?	适合行业 哪些行业是有前景又是我容易进入的?
	性格类型 我的人格类型适合什么样的工作性质及职场环境?	
知识与经验 为了在工作中表现出色，我应该积累哪些知识和经验?	职业兴趣 我喜欢什么类型的工作?	适合岗位 哪些职业方向是我适合的?
行动计划 为了实现上述目标，我应该做什么?		

如果把职业发展当成人生的打怪升级之路，我们还需要以下几项重要的装备：个人身份、人力资本、社会资本、心理资本、职业认同，它们之间的关系如图 8-4 所示。

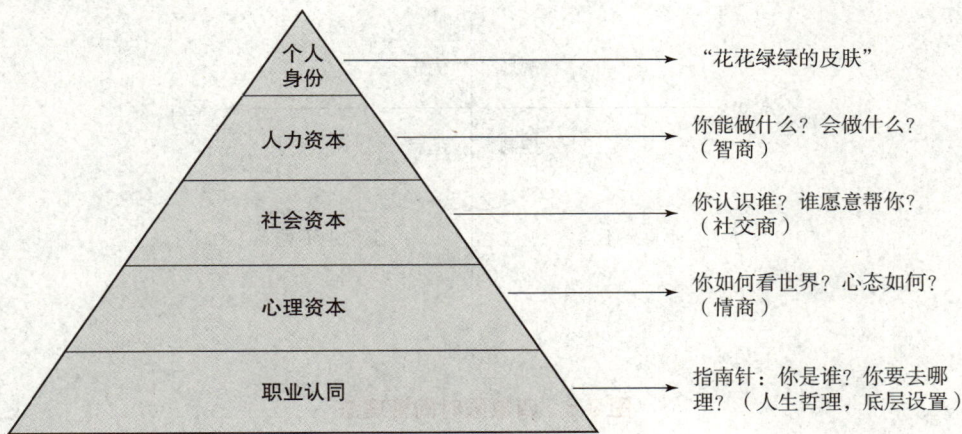

图 8-4　职业发展关键因素

这些装备总体上来说是一个冰山模型，越是在上面的装备越显见，容易被看到，容易操练；越是在下面的装备越隐性，不容易被看到，需要长期修炼，却起到了基础性决定作用。了解了装备的分类，学生对于职业生涯发展会有更清晰的思路，同时能够更加明确自己的努力目标。

随着科技发展和全球化竞争带来的未来职业的变化，在挑战和机遇并存的环境下，我们唯有不断提高自我能力，提升竞争优势，才能在未来职场中站稳脚跟，未来的职场中必备的五项基本能力，即学习力、整合力、迁移力、规划力、创新力。

作为初入职场的大学生，应从认知到实践，全方位提升自己的能力。在这五项能力中，需重点提升对时间管理和目标管理的规划能力。

规划其实是能量分配，重新组合优先顺序，在最重要的地方，投入最大的能量，才能带来最高效益。在职场中，管理好时间和目标，重点需掌握以下两种方法技巧：

1. 四象限时间管理（见图 8-5）

在日常工作中，很多时候有机会很好地计划和完成一件事，但没有及时去做。随着时间的推移，造成工作质量的下降。因此，在繁杂的事项中，为提高工作效率，应明确事情的轻重缓急，按照紧急和重要性维度标准，做好工作分类。规划不是计划，是在把握整体框架的基础上，有重点地实施行动，针对可能发生的问题提前制定可以灵活变通的对策。

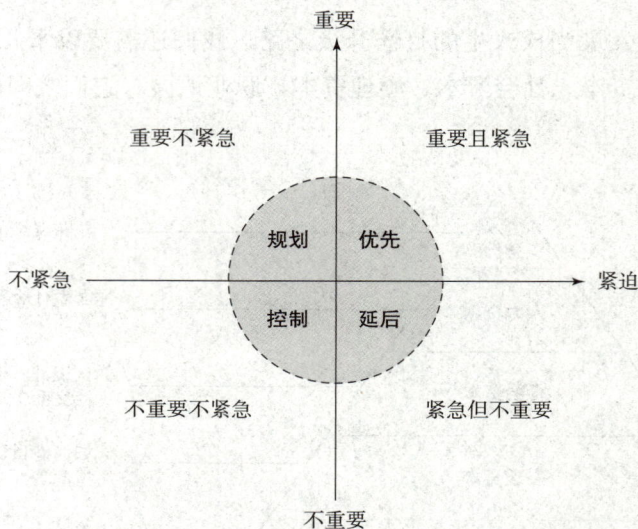

图 8-5　四象限时间管理法

2. 二八时间原则（见图 8-6）

二八时间原则具体表述为：80% 的成绩是在 20% 的时间内取得的；反过来说，80% 的时间只创造了 20% 的成绩。它揭示了那些能为我们带来 80% 收益的事情是重要的事情，把最重要的事情放在最前面去做，那些不重要的事情应合理安排时间去做。二八时间原则是判断一项工作重要性的方式，为我们进行时间管理提供了一种思考模式，即专注更重要的事情，把 80% 的时间和精力重点放在 20% 的重要事情上。

回报率

回报总值

成本

20%　　　　　　　　　80%

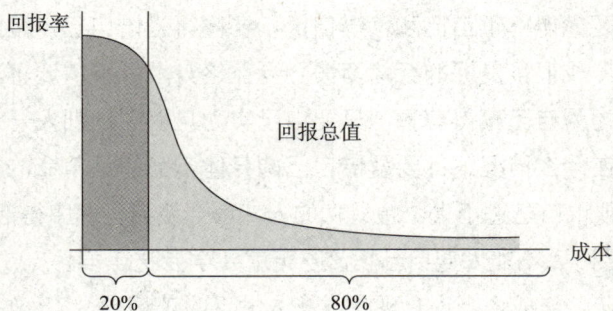

图 8-6　二八时间原则

近年来，在严峻的就业形势下，大学生想获得一份比较满意的工作并非易事。然而，选择一份满意的职业仅仅是职业生涯的开始，并不意味着职业生涯的成功。对于刚入职场的大学生，一定要有积极主动、迎接挑战的心态，以积极阳光的心态适应职场生活，实现从学生角色到职场人角色的转变，以实际行动创造属于自己的一片职场天地，获得良好的职业发展。

🔔 知识拓展

职场生存法则 20 条

职场心法一：不管你身处何处、何种外部环境，都不能没有目标！

很多人初入职场很迷茫，结果几年过去了，也没有什么长进，就是因为他没有清晰的目标，并且没有付出足够的努力。我们工作的目的无非就是为了养家糊口、为了学习成长、为了积累知识技能、为了积累人脉、为了积累客户以备自己的创业，等等。为了养家糊口是最低级的目标，如果能有更远大的目标那么你的进步就是飞快的。你能走多远取决于你能看多远！

职场心法二：无论你身边的环境如何，你只要用心做事，就一定可以影响它！如果你真是个能人，那就改变它！

专心做事、用心做人。人是万物之灵，一个人的诚心可以感天动地。所以做工作一定要用心，你没有改变环境（工作环境和人际交往环境），是因为你做得还不够。最后切忌，如果自己真的改变不了环境，就改变自己去适应现有的环境；如果使自己适应目前的环境会使自己遭受更大的损失，就去寻找更适合自己的环境。"愚公移山"精神可嘉，但最好的方法就是搬家。

职场心法三：这个世界能真正给你自尊的人，只有你自己！真正懂得珍惜自己的人也只有你自己。

人，一定要懂得尊重自己和珍惜自己，要懂得爱惜自己，按照健康的生活方式去生活，养成很多良好的行为习惯会受益终身，做事情要不卑不亢，要懂得通过自身努力为自己赢得尊重，只要自己实力足够了，别人一定会改变对你的看法。无论在什么情况下都要爱惜自己的身体，身体是革命的本钱，大不了从头再来，无须跟自己过不去。想成功的人，都会使自己健康得活下去。

职场心法四：人不能太宠自己！该吃苦就要学会吃点苦。

吃得苦中苦，方成人上人！现在很多人缺乏吃苦精神，工作总爱挑三拣四，就像吃饭一样，挑食的人总是长不壮实，只有在做好本职工作基础上可以承担更多其他工作的人，才会更快得成长，才会更被老板器重。不要怕苦怕累，否则一生也无出头之日。做不好小事的人就一定做不成大事，所以不要小看每一件事。能做的就尽力做到最好。记住，对自己仁慈的人，就是同样对敌人仁慈的人，总有一天会被敌人干掉。

职场心法五：心在哪里，收获就在哪里！人和人的不同是通过如何利用业余时间来分别开的。

要学会充分利用业余时间，要学会自我管理。很多人没有成长是因为没有学习进步；很多人成长非常快，是因为他把所有的业余时间都用在学习提高上了。业余时间就是工作、睡觉、吃饭之外的任何时间。有人上厕所都能利用起来学习成长。很多企业中层、高层都把自己的时间安排得满满的，根本没有时间享乐，一直在工作和学习，就算和客户一起玩也是为了给自己增加人脉关系。所以，要不断督促自己成长，否则就会被淘汰。

职场心法六：做好工作，做出一般人做不出的漂亮结果，就不用担心他人发现不了，尤其不用担心你的直接领导发现不了！

有些人总觉得自己的工作做得再好也不会被领导发现，于是得过且过，永远没有出头之日。记住只要把每件事都做得尽善尽美，就一定可以获得上级领导的赏识。除非你做得不够！如果领导真的发现不了，你就该找个头脑聪明、眼睛明亮的领导了。记住，天道酬勤，君子以自强不息。

职场心法七：市场人员、业务人员必须要将自己的客户关系公司化。

公司是自己成长的基础，所以作为公司的业务人员，不能把客户资源归为己有，如果那样你会更快得被老板辞掉，这是所有老板都很介意的事。要学会把客户资源公司化，不要担心自己的客户会被公司完全吃掉，除非你做得不够好。记住，中国是人情社会，只要你做得足够好，客户会成为你的朋友，变成你的铁杆战友，你走到哪里他们会追随你到哪里。诚信待人，坦诚为人，赢得别人的认可，是你的就一定能够得到，不是你的就不要梦想独享。

职场心法八：想到 + 做到 =（可能）得到。坐而思，不如起而行。成功之路就在脚下。

不要被自己的想法束缚，当遇到问题时到实践中去寻找解决的办法，不要把自己关在屋子里想。办法是在实践中找出来的，不是靠异想天开找到的。就好比失业者一样，要多去人才市场走走才可能有出路，在家里等用人单位的电话是不现实的。如果你只顾往四周张望，你就一定停滞不前，所以说实践是检验真理的唯一标准。只要有想法就要马上去做，大不了再从头开始，但只要做了就有希望，就有成功的可能。做不好，就是经验教训，失败乃成功之母，失败让自己更加强大。

职场心法九：是人就一定有缺点，作为一个下属一定要善于发现上级领导的优点，而不能总是去抓住上级领导的缺点，要能合理地给主管上级提建议、发表个人见解。

要学会主动表现，对于自己可以把握的事情，就一定要坚持自己的意见。学会向领导提建议，学会向领导提出自己的想法，很多新的改革都是从基层开始的，基础群众是最有发言权的，不要吝惜自己的权利。

职场心法十：人要学会感恩，尤其对于那些帮助了自己成长的人，包括自己的竞争对手！

受人滴水之恩，当涌泉相报，自古中国就有很好的感恩文化。只有懂得感恩的人才会孝敬父母、忠于企业。所以要常怀感恩之心，这样领导才会更加放心地重用提拔你。对于竞争对手，常怀感恩之心才能化干戈为玉帛，也才能使自己更快进步。

职场心法十一：做事时别总是想着做了多少数量，而要把心放在结果上！如果有可能，还要进一步把心放在事情能不能做到更好的思考上！十件做得差的事情也抵不上一件做得好的事情！

要学会安排分配自己的时间，把时间多用在更加关键的事情上。努力做好每一件事，如果不能面面俱到，那就努力做好一件事。人不是万能的，所以要懂得取舍，只有懂得放弃的人，才会获得更多。

职场心法十二：相对于人的一生，短暂与长久都是相对的，也是相互影响的。

专心做事且能够耐得住暂时的寂寞的人，往往可以得到较长时间的精彩人生！用历史的眼光看，付出与得到往往是正比例的。在不得意的时候，要学会养精蓄锐，丰富成长自己。要相信付出一定会有回报，没有回报是因为努力的还不够。有时候退一步是为了跳得更高更远，一定要沉住气。人生苦短，如果不先吃苦，那么苦就长了！奋斗的时间再长，也抵不过你下半生享福的时光长，如果不抓紧时间吃苦奋斗，那么你的下半生将在困苦中度过。

职场心法十三：职业生涯过程中，你不能要求一件或者几件事情中你的付出与获得的结果之间完全成正比。

如果你要求生活与工作给你公平，你就必须要给予相当长的时间，在积极行动中等待结果的到来。付出了想马上得到回报的人是"钟点工"；付出了能等一个月后拿到工资的人是"普通企业员工"；付出了可以等到年底拿到更多盈利分红的是"企业高管层"；付出了能够等到三年以后再拿到更多回报的是"老板"，因为老板知道要钓大鱼必须得放长线。

职场心法十四：今天的结果是昨天的付出决定的，昨天是否愿意付出，是前天的态度决定的；反思是一种职场能力！

思考力是万力之源，很多成功的人就是因为会思考，所以他们知道眼下该做什么事、如何做！于是将来他们会得到他们想要的。失败者之所以失败，是因为他们不知道自己明天要得到什么，也就不知道今天该做什么，更不知道现在该想什么！没有思考力就没有动力，没有动力就没有行动，没有行动就没有结果。

职场心法十五：位置与待遇是你把该做的事情做好后的副产品，眼睛中要一直盯着事情，要一直思考如何才能把事情做好，这才是关键与前提。

很多人只是等到合适的待遇和位置有了才肯去做合适的工作，所以一直没有得到自己想要的待遇和位置。而聪明人恰恰知道这一点，他们会努力做好应该去做的工作，等工作完成了老板就会给他们应该的位置和待遇。如果你拿1000元的月薪就干1000元的活，你的工资就永远是1000元。努力多做一点，下个月你的工资才有可能比1000元多一些。

职场心法十六：领导是你工作中最有利用价值的资源。

你的领导，一般都做过你现在的工作，都是从基层锻炼起来的，所以他比你更成熟。要善于向领导请教和学习。和领导保持好关系，如果有一天你不在这家公司了，你原来的领导也是你的人脉，说不定还可能成为你新的客户。而且同事的能力是有限的，有时候领导帮你做点事会让你省很多麻烦，要学会和领导要资源，因为他们本身就是最有利用价值的资源。他之所以是你的领导，就是因为他比你更有能力更高明，所以向更高明更有能力的人学习没有错。你领导的今天，就是你的明天。

职场心法十七：好人缘是做出来的。

你不可能让公司里所有人都喜欢你，但你可以让公司里大部分人喜欢你。所以你平时要勤奋努力，能帮助别人的，在做好本职工作的同时就尽量多帮助别人，人心都是肉长的，你的付出大家都会看在眼里，你的成长大家都是见证人。不要说别人坏话，言多必失，如果没有必要尽量少开口，多听，多应和别人。

不要参与派系纷争，如果你还没有实力就不要加入任何一方，在公司内部派系纷争中，牺牲的往往是最卑微的人。

职场心法十八：和主管领导以及老板处好关系。

在私人企业里都是老板领导说了算，所以一定要和领导处好关系，就算所有的同事都不喜欢你，但只要领导喜欢你，你就没有事。反之，就算所有人都喜欢你，偏偏老板看不惯你，那你也肯定没有好下场。和领导处关系不一定非要拍马屁、送红包。现在都是讲效益讲功劳的，所以你的业绩和能力是取得领导赏识的关键，然后你再学会把握领导的兴趣爱好，能够适时地和领导近距离相处，你的地位基本就保住了。记住，上级主管都是对的，老板都是对的，做错了就是自己做错了，跟领导没关系，要学会反思，不要推卸责任或者抱怨领导。

职场心法十九：公司的利益高于一切。

平时做事情干工作，一定要把公司的整体利益考虑进来，不能只顾个人利益和部门小集团利益，而去伤害公司的利益和形象。这样做的唯一后果就是让领导生气，轻则处分，重则"拉出午门外斩首"！现代企业讲究"团队合作"，讲全局、讲整体，不谋全局者不足谋一隅。想成大事者，一定要有全局意识。做人不能太自私，要有利他心，多为别人着想。

职场心法二十：要成功就一定要有使命感和责任感。

低级的员工谋工作，高级的员工谋事业，有事业心的人才能成大事。一个有使命感的人就一定是一个目标明确、有坚定信念和执着信仰的人，他的做事动机是正面的，他的主观能动性是很强大的。不用领导费心，他会自动自发地去努力。不用别人去引导，他会朝着自己正确的目标前进。这种人的进步速度往往是惊人的，他的成功也一定是很快的。在他看来，方法一定比困难多。所以困难就是还没有找到方法解决的问题，一个有责任感、使命感的人，会想尽一切办法去达到他的目标。所以要成功就要有自己坚定的信念和执着的信仰，使自己具备成功者的潜质。

第三节　职业评估与调整

（1）试想一下，在你将要从事的工作中，你可能会遇到哪些困难？

_____

_____

_____

（2）如果你在一份工作中，无法实现自己的职业目标，你会采取哪些行动？

_____

_____

_____

_____

🔗 知识链接

一、职业评估

初入职场的大学生，总是对未来的职业充满期望，希望自己能快速在职场中找到属于自己的一席之地。然而，在工作的过程中，很多学生会发现当初并未想到的问题接踵而来，曾经认为理想的职业也没有那么理想了。此时，大家就需要重新考虑，是否要对职业进行适当的评估。

🔔 课堂活动

案例：小王大学毕业后进入了一家电子企业，从事产品质量管理工作，按照他的职业规划，他希望从事自己大学所学的电子信息技术专业方面的工作，可无奈找了很多次工作，都没有合适的，只好先找一个工作干着。一晃三年过去了，他感觉目前的工作单调且没有技术含量，加班也比较多，未来发展的空间也很受限。他很郁闷，当初自己是不是做出了错误的选择，如果能从事电子信息专业方面的工作，既能发挥自己的专业特长，也不至于像现在这么辛苦。他在思考下一步该怎么走，是不是应该放弃现有的工作，继续去找专业对口的工作？

阅读以上案例，你有何感想？如果你是案例中的小王，下一步你将采取怎样的行动？

在职业发展的过程中，由于现实条件的限制，难免会有一部分学生从事的工作并非理想中的工作。因此，在确定自己要采取什么样的行动时，我们可以先对职业进行评估，通过合理的评估再采取行动。

1. 职业发展目标评估（决定是否需要重新选择职业）

如果学生一直无法找到所期待的学习机会和工作，那么需要根据现实情况重新选择职业；如果自己一直无法适应或胜任现有的工作，在学习工作中得不到应有的发展，导致自己长期压抑、不愉快，那么就需要重新评估自己的职业目标；如果成家后，职业给家庭造成极多的不便，或家人反对你所从事的职业，那么综合考虑，你可能也需要重新调整自己的职业。

2. 职业发展路径评估（决定是否需要调整发展方向）

当出现更适合自身发展和职业生涯发展的工作机会时，如果经过认真考虑和多方面的综合考量，认为新的职业更适合自己未来的职业发展路径，那可以尝试调整发展方向。通常来说，职场发展一般有专业技术发展路线和管理岗位路线，无论从事哪一方面的工作，学生都应该先明确自己的职业发展路径，沿着这条路径往前走。

3. 实施策略评估（决定是否需要改变行动策略）

在职业发展的过程中，通常学生会制定一些职业发展的策略，但现实的各种变化不一定如所预料的那样，比如经济大环境的影响、行业竞争激烈以及公司发展前景不佳等，这些可能都会导致学生在职业发展的过程中，改变自己的行动策略，找到更适合自身发展的职业发展方式。

4. 其他因素评估（身体、家庭、经济状况以及机遇、意外情况的及时评估）

面对世界和自身变化的多样性，职业评估是职业发展过程中不可或缺的部分。当自己想要提升学历或者参加一些重要的考试时，你可能就把更多的精力放在自我提升上，甚至暂时放下工作；或者当家庭需要更多照顾时，考虑的重点就更多偏重于对家庭的付出；如果身体条件不允许，你可以放低对自己的职业要求；如果还有其他意外，你可能不得不调整自己的职业。

在职业评估的过程中，评估可以参照各类短期、中期预定目标和实际结果比照而行。一般来说，任何形式的评估都可以归结为自我素质和行为对现实环境的适应性判断，分析自己当前的状态，特别是针对变化的环境，找出偏差所在，并做出修正，在评估时应重点做到以下几点：

（1）抓住最重要的内容。在职业生涯的某一阶段，总有一个最重要的核心目标，其他目标都是指向这个核心目标的。我们完全可以通过优先排序，重点评估可能达到这个核心目标的主要策略执行的效果。

（2）分离出最新的需求。针对变化了的内外环境，我们要善于发掘最新的趋势和影响；对于新的变化和需求，明确怎样的策略是最有效且最有新意的。

（3）找到突破方向。有时，在某一点上取得突破性的进展将对整个局面产生意想不到的改变。想一想，先前职业生涯规划中的策略方案，哪一条对于目标的达成具有突破性的影响？达到了吗？为什么没达到？如何寻求新的突破？

（4）关注弱点。管理学中有个著名的木桶理论，即一只沿口不齐的木桶能装多少水，不是取决于最长的那块木板，而是取决于最短的那块。职业评估的过程中当然要肯定自己取得的成绩与长处，但更重要的是切合变化的环境，发现自己的素质与策略的"短木板"，然后想办法修正，或把这块短木板换掉，或扬长补短。唯有如此，你的职业发展这只桶才能有更大的容量。一般来说，你的短木板可能存在于观念差距、知识差距、能力差距、心理素质差距等方面。

二、职业调整

职业发展的过程中会出现这样或那样的问题，如跟不上社会发展形势、职业发展预期无法实现、个人兴趣爱好与现有工作不符等，职业生涯本身就是在发展中不断调整。根据实施结果的情况及变化，学生再进行及时的调整与修正。

（一）调整的依据

当职业发展受阻，特别是在学习工作中认识到出现以下问题时，个人需要及时调整自己的职业规划：

1. 怀疑自己不合格

排除身心疾病造成的痛苦，如果我们在工作学习中感到痛苦，通常是因为自己表现不佳而又不愿正视问题。因此，当感到痛苦时，我们应该扪心自问：自己到底做得如何？不妨请专业人员对自己的表现进行评定，以确定是否仍符合要求；也可以请教一位有经验的前辈，为自己做一个非正式的评估。

2．学习或工作过于轻松

如果自己不废力气都能轻松学习工作，这可能表明自己的能力已远远超越了现阶段的任务和要求。这时你可以问自己几个问题：我还能在哪些方面做得或学得更多、更好？我可以进一步发展自己的技能吗？

3．与领导不合拍

测试自己领导是否合拍，有一种较好的方法：在领导身边时，是自在放松还是紧张不安？领导的工作方式自己是否能接受？是否能真正理解自己的意图？双方看待问题的观点和解决问题的出发点是否一致？如果经过一段时间调整和适应之后，问题依然严重，那就需要考虑调整职业发展计划。

4．无法融入工作环境

在工作中，我们应调整自己去适应周围的环境，但在一个环境中工作一段时间后，如果自己始终觉得和周围同事交往时，觉得格格不入，或者周围人对自己都不友好，这时首先考虑的是自己要如何改变去适应环境，但是半年、一年下来，如果自己还是无法融入这个环境，这时可能就需要换一个工作环境。

（二）调整的内容

1．职业选择调整——从职业认知开始重新进行

经过一段时间的自我成长，或外部环境发生重大变化后，如果之前的职业选择与现在的实际情况差距太大，你可以重新进行一次职业选择。

2．职业路线调整——选择其他职业发展路线

当先前设定的职业路线由于外部环境因素的限制难以通行时，你就可以尝试通过其他路线达到实现职业目标的目的。

3．职业目标调整——重新做一次生涯规划

职业目标调整是指在生涯决策时选择的职业，在计划的时间内没有达到预期的目标，你会采取的措施，包括继续坚持，或是换一个新的职业。

4．行动计划调整——对首选目标的行动计划进行调整

行动计划调整是指你为了实现职业目标所采取的行动计划与策略，如果在特定的时期发现无法达到预期的目标，这个时候你就该采取其他的行动计划和策略。

（三）调整的方法

调整的方法从主观和客观的角度，概括起来主要有以下四个方面：

（1）重新剖析自我条件——"我喜欢干什么？能干好什么？"

（2）重新评估生涯机会——"我可以干什么？"

（3）重新评估生涯目标——"我为什么干？"

（4）修订落实生涯规划——"我应该怎么干？"

通过反馈评估和修正，我们可以更加清晰地了解自己：对自己的强项充满自信，知道自己的强项是什么；对自己的发展机会有一个清晰的了解，知道自己什么地方还有待改进；找出关键的有待改进之处；为这些有待改进之处制订详细的行为改变计划；以合适的方式答复给予反馈的人并表示感谢；实施你的行动计划，确保你能取得显著的进步和职业成就。

总之，职业选择和调整是一个持续动态的过程，学生应从树立明确的职业目标开始，朝着理想的方向前进。"如果你知道去哪里，全世界都会为你让路"，希望大家能在工作中学会成长，通过职业评估和调整不断找到适合自己的职业目标和方向。

三、职业瓶颈与突破

身处职场的人，尤其是刚入职场的大学生，往往都是一开始满怀斗志，一旦连续在职场遇到多个难题，或在一家公司连续几年没有得到晋升，就或多或少会产生焦虑感，严重时还可能让人开始怀疑当初选择的正确性。

这时候有些人很可能会忽然发现，自己在工作岗位上晋升无机会，工作没挑战，跳槽没门路，形势有危机。如果出现这种情况说明你的工作进入了倦怠期，即职场常见的职业瓶颈。职业瓶颈，是很关键的时期。如果此时你能突破自己，找到努力的方向，你的职业可能会进入"第二春"；如果你无法突破，始终没有找到合适的路径，职业可能就会进入倒退期。职业发展一旦进入倒退期，就会出现"一退、退到底"，让你面对未来的职业发展失去信心。

身在职场中，你需要了解职业发展瓶颈期的主要表现：

（1）每天上班有气无力，不想改变自己，抑或每天上班睡到自然醒，毫无压力；

（2）自己连续出现三次跳槽失败，每次停留时间均不超过六个月；

（3）长时间停留在舒服区，无法突破自己的认知边界；

（4）在一家公司同一个岗位连续工作三年以上没有得到升职加薪；

（5）整天想着兼职提高收入，却没有想到要打造自己的"一技之长"；

（6）在工作选择问题上很容易被外界干扰，无法自主做出决策。

从以上的表现可以看出，在职业发展过程中，当进入到一定阶段时，上升空间就会变小，感觉工作停滞不前，迫切想要改变，但是出于对未知的恐惧与不确定，又不愿意轻易跳出舒适圈。

课堂活动

通过了解职业发展瓶颈期的主要表现，如果身处职场中的你，面临这种状况，该如何处理？

_____

_____

从职业发展瓶颈期的主要表现来看，职业理想和职业现实的差距是长期存在的。在这过程中，你需要积极调整好心态，从过往的工作中总结经验教训，把握未来职业发展的趋势，从而更好地促进自身职业的发展。

为了更好地突破职业发展瓶颈期，你要主动谋求自身的改变，以自己的改变来更好适应职场发展的要求，可以从以下几方面努力：

1. 及时调整好心态

职场是一个大社会，在这个大社会中，职业发展不仅取决于自己的工作能力，很多时候机遇也很重要，和领导以及同事的关系也很重要。因此，当职业发展不够顺利时，你应重新进行自我梳理、客观评价自己，调整目标，重新出发。职场上，只有正确客观地评价自己，才能清晰地认识自己，才能校正自己的原始目标，更好地实现最终目标。同时，要始终放低姿态，时刻以友好的态度与人交流，要把自己的上司、同事、客户当作老师，努力在与他人的交流中学会寻找他人的优点，并学习他人的优点来提升自己，从而始终保持自省和谦虚的心态。

2. 找准职业发展瓶颈

各行各业都会有职业发展瓶颈，关键在于你如何发现它并试着努力去改变。在工作中出现了问题后，针对自身存在的问题，勇敢地正视现状才是正确的处理方式。例如，有人害怕自己没有进步，然而事实并非完全没有进步，可能只是你没有发现自己的进步，或是自己的进步不够明显。面对这种顾虑，首先要思考的是自己为什么没有进步，在抱怨这种职业发展遇到瓶颈的时候，不妨反思一下，是不是工作方式方法上还存在需要提升的空间？是不是学习能力需要提升？如何才能把工作做得更好？如何做才能更好地赢得上司和客户的认可？这些都是工作中应该思考和改进的问题，从而通过采取行动提升自我。

3. 循序渐进提升自己

职场自我提升是一个持续的过程，在这个过程中，你可以通过给自己设定一年、三年、五年的提升目标，让自己感受到进步。尤其是工作的过程中，要及时了解行业及专业领域的前沿成果，以及一些权威人士的观点，通过关注行业的最新动态或通过努力取得一些专业的资格证书等，这些具体可见的目标将会对职业发展起到非常重要的作用。同时，在工作中，要善于运用积极的心理暗示，要不断给自己输入正能量，让自己朝着既定的目标努力，人往往会受到各种各样的心理暗示，适当地给自己心理暗示，能够起到意想不到的效果。

4. 明确职业发展规划

影响大多数人职业能力发展的一个重要原因是缺乏清晰、合理的职业发展规划。工作的发展目标有很多，但是对于每个人来说，重要程度并不一样。可能很多人认为，收入提高是职业发展的重要依据。但是，在衡量职业发展的多重维度中，收入、劳累程度、受尊重程度、稳定性、新鲜感、成就感、风险等诸多因素，都是你需要考虑的。因此，在每个人的职业发展过程中，可根据自己所认可的职业目标，以及在职业中所看重的因素，重新梳理自己的目标，弄明白这些目标对于自己的重要程度，明确自己的职业发展规划。

5. 建立广泛的人脉资源储备

工作的过程，也是人脉资源建立的过程。工作中的很多机会都来自人脉圈。尤其是在职场中打拼多年的资深人士，要充分认识到人脉资源的重要性。在一个特定的行业或专业领域，了解权威的企业是哪些、行业顶尖人才是哪些，都是未来职业发展的重要资源。对于个人来说，这个人脉既包括一个企业内的人脉，又包括行业内的人脉，还包括其他圈子的人脉。一个人的交际圈中，关系越多、越牢固，可能选择的机会就越多。另外，在职场中要学会主动尝试。有些圈子和职业相对封闭，除了人脉交际，关键还要主动尝试。在主动尝试的过程中，可能要尝试自己没做过的，如跨界、跨领域、跨项目的工作内容，通过不同的尝试，可以增强自己的职业体验，从而在尝试中找到更加明确的方向，并验证自己的价值，进而不断扩大自己的人脉资源，为未来的职业发展创造机会。

当然，阅读、运动以及在工作中乐于坚守、耐得住寂寞等都是职业发展的重要因素。在职业发展的过程中，要始终具有超强的执行能力，再好的行动计划不执行也无济于事，只有在工作中不断摸索，找到自己的职业目标与市场需求的契合点后，立刻开始行动，在持续的行动中不断总结和提升自我，从而减少因抱怨和发泄情绪而浪费的时间，始终保持积极进取的心态，开拓思维和视野，从而成长为理想中的"职场达人"。

知识拓展

职业生涯发展中最常见的六大困扰及解决思路

职业生涯咨询师李枢老师在其著作《生涯咨询 99 个关键点与技巧》中，通过对常见咨询案例进行汇总和梳理，将我们这一生遇到的形形色色的职业问题，概括为六类常见生涯议题：

1. 职业定位类

常见困惑：（1）不清楚适合自己长期发展的职业方向，自我认识不足，对职场也不大了解，不清楚自己喜欢干什么，擅长干什么，适合干什么；（2）觉得自己的性格、兴趣、价值观等与现在所从事的职业不符——对工作不上心，厌倦焦虑，也做不出好业绩，困惑迷茫。

对个人来说，定位是战略性的核心问题。

职业规划最关键的问题就是职业定位。职业定位，就是找到内心深度认同的职业发展方向的过程。通过职业定位，找到每个人的独特竞争优势，确定最适合自己发展的独特的职业领域，从而实现与他人的差异化发展。我们一生的职业生涯很长，如果缺乏职业定位，很容易掉进职业发展的沼泽地，陷入"闯荡十年却未找到自己的职业目标"和"5 年换了 N 份工作，越换越迷茫"的窘境。

职业定位类议题常有两种解决思路：

（1）由内向外这种思路会优先考虑个体的意愿：从内心的理想生活状态出发→寻找职业机会并探索→评估能力资源并聚焦→尝试实践，提升能力→调整完善，修订目标。

（2）由外向内这种思路优先考虑外部机会：从了解职业机会并探索开始→评估能力资源并聚焦→从中筛选出相对满意的方向→尝试实践，提升能力→调整完善，修订目标。

这两种咨询思路是殊途同归，都需要进行自我探索和对外探索来确定未来努力的方向。

2. 生涯决策类

生涯决策就是在生涯发展的节点做出选择，这类议题也一直是生涯咨询最为经典的议题。

常见困惑：①同时面对 2～3 个工作机会，哪个更合适，究竟应该怎么选？②即将毕业，是考研、考编、留学还是就业？③对现在的工作不满意，是否应该辞职?

生涯决策类议题的特点是我们需要在一定的时间限制内做出明确决定，总结为：有时间压力的"N 选 1"的议题。

解决思路：认知信息加工理论对于如何做决策有清晰的决策流程和方法，咨询师可以通过 CASVE 循环（见图 8-7）帮助来访者做出理性决策。

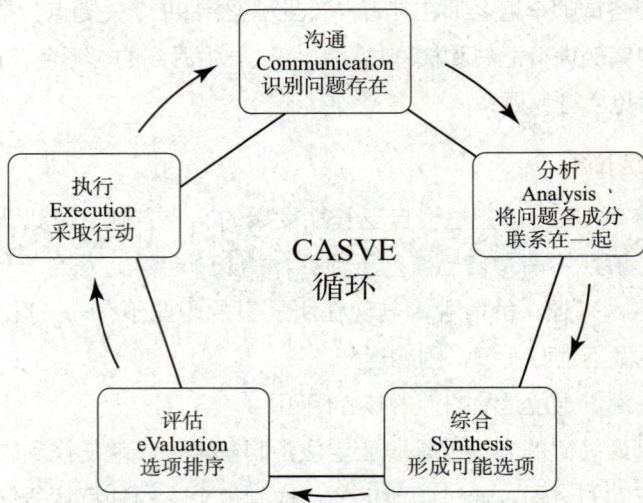

图 8-7　CASVE 循环

3．生涯适应类

常见困惑：因换工作、晋升、转岗等而产生的适应问题。

包括学生不喜欢所学专业或遭遇学业压力等学业适应问题，以及上班族因为跳槽、晋升或组织变动等引发的职业适应问题。如职业倦怠、人际关系难以处理、工作遇到挫折、职业压力较大导致身心疲惫、裁员危机等。

解决思路：明尼苏达工作适应论（见图 8-8）可以很好地帮助分析不适应的原因并提出解决方案。

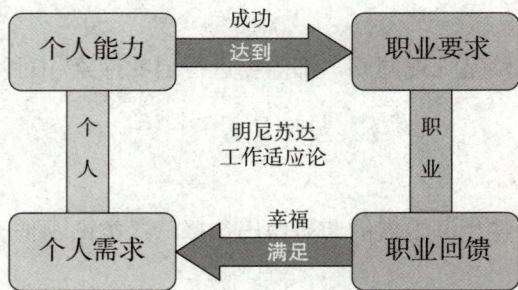

图 8-8　明尼苏达工作适应论

　　面对来访者出现工作适应不良的种种问题，咨询师帮助来访者聚焦厘清问题：到底是"能力达不到工作要求"（个人能力—职业要求）引发的挫败，还是来访者"想要的东西这份工作给不了"（个人需求—职业回馈）引发的不满意，这是明尼苏达工作适应论用来分析职业适应问题的两组维度。

　　明尼苏达工作适应论不仅要求来访者提升"个人能力"或者"降低个人需求"，来访者同样可以根据所在机构和工作性质，向组织提出降低"职业要求"（如降低工作量）或改善"职业回馈"（如增加薪资）的诉求，即工作适应两组维度上的四个因素均可调整。工作适应论指出了工作者职业适应的四条出路，分别是晋升、转岗、离职和留任。

4. 能力提升类

　　常见困惑：①求职困难——投出去的简历总是石沉大海，好不容易有了面试机会却总是拿不到 Offer。②职业发展遇到瓶颈——遭遇玻璃天花板，外界客观存在且个人不能把握的因素阻碍自己的发展。

　　解决思路：这类议题需要对目标职业进行胜任力分析，即分析工作对从业者有哪些能力要求，梳理从业者自身的能力现状，找到差距，制订学习成长计划，如图 8-9 所示。

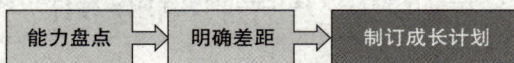

$$能力盘点 \rightarrow 明确差距 \rightarrow 制订成长计划$$

图 8-9　能力提升解决思路

5. 生涯平衡类

　　常见困惑：无法平衡工作、学习、家庭、生活和兴趣爱好的安排，导致多个人生角色的时间分配出现冲突或混乱。例如，学生在学业和学生干部工作之间的冲突，上班族在家庭和工作中难以平衡等。

　　解决思路：这类议题会通过价值观分类卡、生涯彩虹图、角色拼图（见图8-10）等咨询工具，明确现阶段最主要的任务，使个体在不同角色之间进行平衡和取舍。

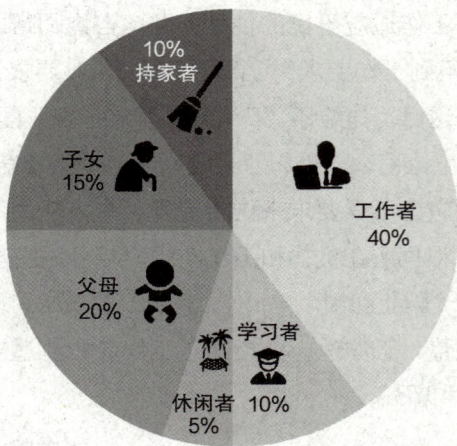

图 8-10 角色拼图

6. 职业转型类

常见困惑：由于行业或个人喜好的原因离开现有生涯领域，完成职业的重大转型，不知这一步怎样才走得稳，而相对于普通的换工作，职业转型的风险要更大。转型的风格如图 8-11 所示。

转型的风险：转行转职 > 转职 > 转行

图 8-11 转型的风险

解决思路：职业转型类议题其实是前面五个议题的大融合，相对更为复杂，前面介绍的解决思路可能都需要用上。

（1）决定到底往哪个行业哪个职能转，这是职业定位议题；

（2）筛选出几个转型方向，但最终选哪个开始探索，是生涯决策议题；

（3）既然是转型，现有能力与新领域的能力要求肯定有差距，需要提升哪些能力，怎么提升，这是能力提升议题；

（4）进入新领域，新环境，新的人际关系，如何更快更好地适应，这是生涯适应议题；

（5）转型后需要更多的时间精力投入新的领域，要学的东西很多，这时如何平衡工作、学习、家庭、生活，就是生涯平衡议题。

为了更好地归纳总结生涯发展中的困扰，虽然把生涯发展议题分成了六大类，但这几个议题并不是泾渭分明的，在具体问题的解决过程中，用到的生涯理论、探索工具，咨询思路可能是相通相融的。

毕竟，许多时候，人的思想是复杂的，问题也不是单一的，解决问题的思路多种多样，复杂问题的解决最终还是要回到具体问题具体分析，希望这些分析对大家有所帮助。

✏ 课后思考与实践

　　根据自己所学的专业知识，并结合自己的兴趣爱好，试着去找一份职业实习的工作，在实习的过程中重点记录工作中遇到了哪些难题，自己是如何解决这些难题的。对今后的工作有哪些重要启示？试着总结这些问题，并以此撰写一篇不低于 800 字的职业实习报告。

参考文献

［1］王瑛，蒋晋红．大学生职业发展与就业指导 [M]．北京：高等教育出版社，2015.

［2］瞿立新，孙爱武．职业生涯规划 [M]．北京：高等教育出版社，2016.

［3］李怀康，梁美娜．职业发展和就业创业指导 [M]．北京：高等教育出版社，2018.

［4］龚永坚，戴艳，吴乐史．大学生职业生涯规划 [M]．北京：高等教育出版社，2016.

［5］罗二平，艾军．大学生就业指导 [M]．北京：高等教育出版社，2014.

［6］段丽华，尤佳．大学生就业指导 [M]．北京：高等教育出版社，2019.

［7］刘莲花，张剑波．创新创业教育与就业指导 [M]．北京：高等教育出版社，2017.

［8］张立新，王晓典．大学生就业指导 [M]．北京：高等教育出版社，2018.

［9］许春蕾．大学生就业指导 [M]．北京：高等教育出版社，2018.

［10］项甜美，秦雪莲．大学生职业发展与就业指导 [M]．北京：高等教育出版社，2019.

［11］田蜜，陈肖霖．大学生就业指导理论与实务 [M]．北京：高等教育出版社，2017.

［12］王祖莉．就业与创业指导 [M]．北京：高等教育出版社，2017.

［13］陈磊，张晓敏，黄利梅，等．大学生职业发展教育 [M]．重庆：重庆大学出版社，2018.

［14］胡楠，郭冬娥．大学生职业规划与就业指导教程 [M]．北京：人民邮电出版社，2017.

［15］黄必义．大学生职业发展与就业指导教程 [M]．北京：高等教育出版社，2018.

［16］方法林．大学生创新创业实训教程 [M]．北京：中国旅游出版社，2017.

［17］徐伟．职涯导航 [M]．北京：北京理工大学出版社，2018.

［18］黄必义．大学生创新创业实训教程 [M]．北京：高等教育出版社，2018.

［19］喻科，黄林．大学生创新创业仿真实训教程 [M]．北京：中国石化出版社，2017.

［20］徐炜，届茹．大学生创新创业教程 [M]．北京：人民邮电出版社，2018.

［21］钟谷兰，杨开．大学生职业生涯发展与规划 [M]．2版，上海：华东师范大学出版社，2016.

［22］王丽，武海燕．职业生涯规划训练手册 [M]．北京：北京理工大学出版社，2017.

［23］魏国江．大学生创新创业基础 [M]．北京：清华大学出版社，2019.

［24］孙洪义．创新创业基础 [M]．北京：机械工业出版社，2020.

［25］蔡静，吴维俊．"双创"时代大学生创业法治素养的提升 [M]．太原：山西经济出版社，2022.

［26］靳诺，刘伟．中国大学生创业报告 [M]．北京：中国人民大学出版社，2020.

［27］陈虹．大学创新创业教育 [M]．北京：文化发展出版社，2020.

［28］陈丽如．互联网＋环境下的大学生创新创业发展研究 [M]．昆明：云南人民出版社，2019.

［29］苏白茹，苏庆谋，黄真真．大学生创新创业基础 [M]．厦门：厦门大学出版社，2019.

［30］胡楠，郭冬娥，李群如，等．大学生职业规划与就业指导教程 [M]．北京：人民邮电出版社，2017.